億トレーダー スキャトレふうたの FXバイブル

ぱる出版

はじめに

友人にＦＸを勧められたのがきっかけで、ＦＸトレードを始めました。

もうかれこれ10年以上も前になります。

最初の2か月は勉強とデモで練習し、３００万円位利益を出せたのでリアルトレードに移行しました。

その後数か月間、順調に勝てるようになったのですが、調子に乗ってしまい負け始めるとどうやって勝っていたのかわからなくなり、もう一度一から勉強しなおすことにしました。

基礎を勉強しなおしたことで、土台のようなものができ、そこから基礎を重要視しながらトレードをしていると意外と勝ちやすいことがわかり、トレードを始めて1年目以降からさらにいろいろなテクニカル分析を身に着けて進化して、会社の月の給料以上に勝てるようになりました。

自信がついてきたのはトレードを始めて1年半位のころからですね！

トレードは勉強がとても大切だと思います。

ＦＸに限ったことではありませんが、勉強や努力をしないで結果が出るほど世の中は甘くありません。

　トレードの勉強は、最初は難しく感じるかもしれませんが、幸いにもＦＸは覚えることがそれほど多くありませんので、リアルチャートを見て何度も本書を読み直していくと徐々に理解できるようになってきます。

　初心者の方にもわかりやすいように、できるだけ文章を省き、図や箇条書きで解説しています。

　焦らずに毎日コツコツ頑張っていけばいつかは扉が開かれますので一緒に頑張っていきましょう!!

２０２３年９月

スキャトレふうた

目次

第2章【環境認識】

第4章【移動平均線】 99

第5章【MACDとRCI】 121

第6章【相場の法則】 141

装丁デザイン　五藤友紀（bookwall）
本文デザイン　株式会社アドグラフィックス
イ ラ ス ト　まるみや
企 画 編 集　五十嵐恭平

第1章

【平均足】

初心者の方にも
エントリーポイントがわかりやすい
【色】変わりを狙え！

第1章
01

初心者でもＯＫ！すぐに「マネ」できる勝てるトレード！

☑エントリーがわかりやすい平均足

ＦＸで安定して利益を上げていくには、どうすればいいか？

いろいろな方法を試していく中でたどり着いたのが平均足を使ったトレード方法でした。平均足はトレンドの流れを確認するうえで、最も基本的なテクニカルチャートの1つです。

まずは左の図を見てください。

トレードしたことがないＦＸ未経験でも、色変わりのポイントでトレードすれば儲かりそう！と直感的にイメージいただけるのではないでしょうか。

色が変わったらエントリーし、利益がのったら決済というイメージです。

☑ふうた平均足とは？

平均足とは、ローソク足をトレンドの流れがわかりやすいように表示方法を変えたチャート分析方法の1つです。

ふうた平均足とは、通常の平均足に改良を加え、トレンドがわかりやすく、エントリーや決済ポイントまでをわかりやすくしたオリジナルの平均足です。

左の図を見てください。何となくワクワクしてきませんか？

本書でエントリーや決済が上手くなるようにレクチャーしていきますので焦らず読み進めていってください。

表示方法を変えるだけで、劇的ビフォーアフター！

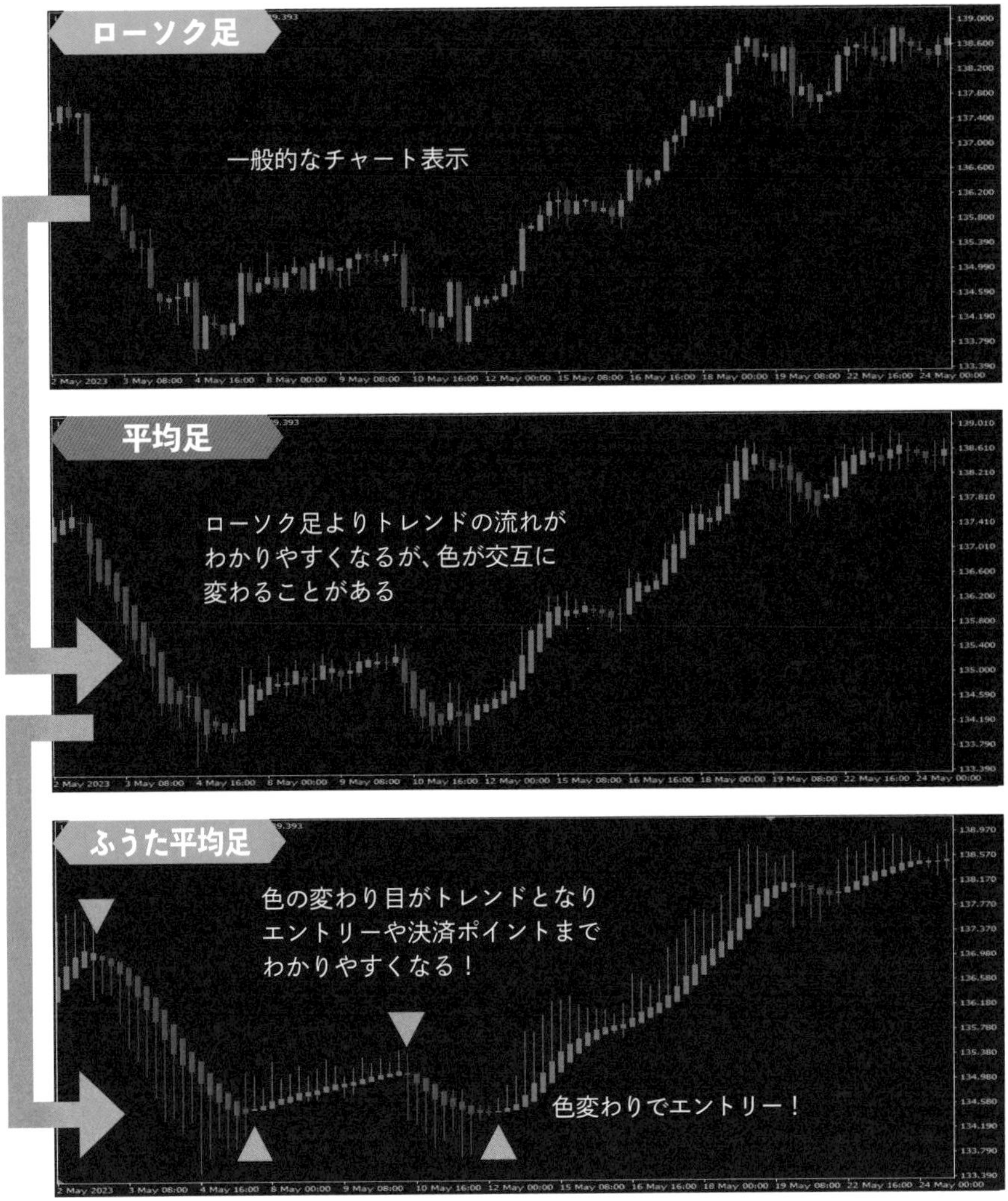
ローソク足
一般的なチャート表示
平均足
ローソク足よりトレンドの流れがわかりやすくなるが、色が交互に変わることがある
ふうた平均足
色の変わり目がトレンドとなりエントリーや決済ポイントまでわかりやすくなる！
色変わりでエントリー！

チャートをわかりやすくするだけで
誰でも勝てそうな気がしませんか？

第1章
02

平均足の「色変わり」でエントリーを判断！

☑シンプルなエントリー

エントリーするタイミングは、

・平均足が陽線（青）になったらロング
・平均足が陰線（赤）になったらショート

が基本となります。

「ロング」とは「買う」ことをいい、「ショート」とは「売る」ことをいいます。

本書では「ロング」「ショート」で進めていきます。

相場はなかなか上がらないのに対し、下がるときはすぐに下がることが多いことからこのように呼ばれるようになったそうです。

是非覚えてください。

☑なぜ色変わりでエントリーするの？

・平均足が陽線になると「買いが優勢」
・平均足が陰線になると「売りが優勢」

にある状況だからです。

売りが優勢のときにロングしても、そのあと下がっていく可能性が高いので、ロングするなら「買いが優勢」になったとき、つまり平均足が陽線になったときを狙います。

私のトレードは、平均足のこの基本的な特徴を活かしてエントリーや決済を考えていきます。

ここからは平均足の見方と使い方を少しずつ更に詳しく掘り下げていきます。

タイミングがはっきりするので迷わない！

ふうた平均足 1分足

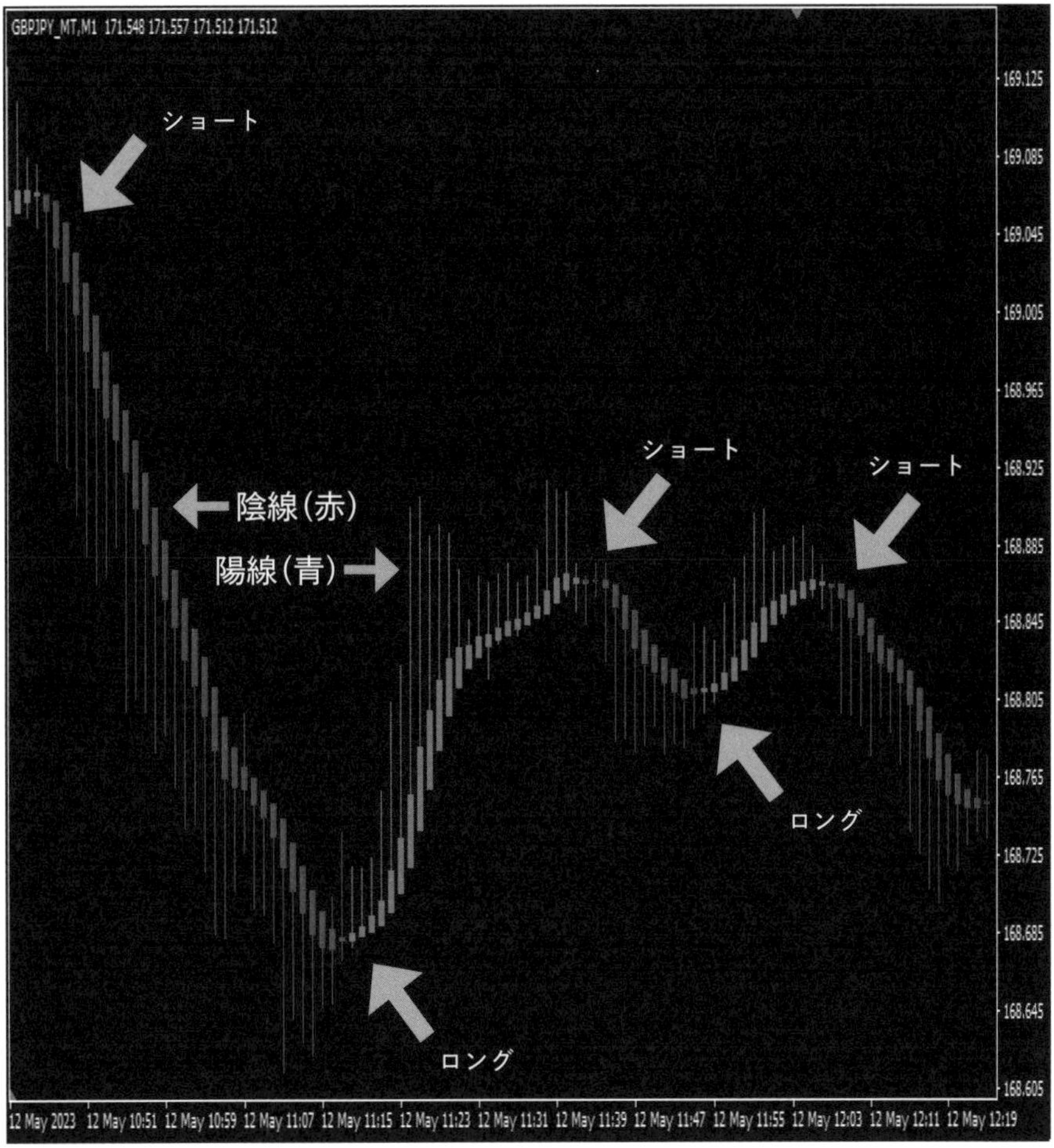

色が変わった時にエントリーをするかどうか。
相場分析と合わせて考えることで
精度が増します。

第1章
03

平均足は「色の連続」でトレンドを判断！

☑平均足でトレンドを判断

トレンドとは、一定の期間同じ方向へ値動きが継続する傾向のことです。

ローソク足のチャートでもトレンドは見て取れますが、平均足ほどには明確にわかりづらいですよね。

トレードを始めて気づくのが今どちらにトレンドが向かっているのかわからないということで、それを補ってくれるのが「平均足」なのです。

左の図は15分足で、ローソク足と平均足の比較です。

トレンドの転換ポイントとトレンドがわかりやすいですね！

☑平均足がＦＸに合っている理由

為替相場は、方向感がないときはレンジとなり同じところを行ったり来たりを繰り返すときもありますが、ひとたびトレンドが発生すると、トレンドがしばらく継続しやすいという特徴があります。

トレンドの発生や継続を平均足で見抜くことができれば、その流れに乗ってトレードすれば勝ちやすいというわけです。

どちらの方向に向かって為替相場が動いているのかを把握できるだけでも、逆方向のトレードをしなくて済みますので必然的に負けにくくなります。

トレンドは「色」で把握！

ローソク足 15分足

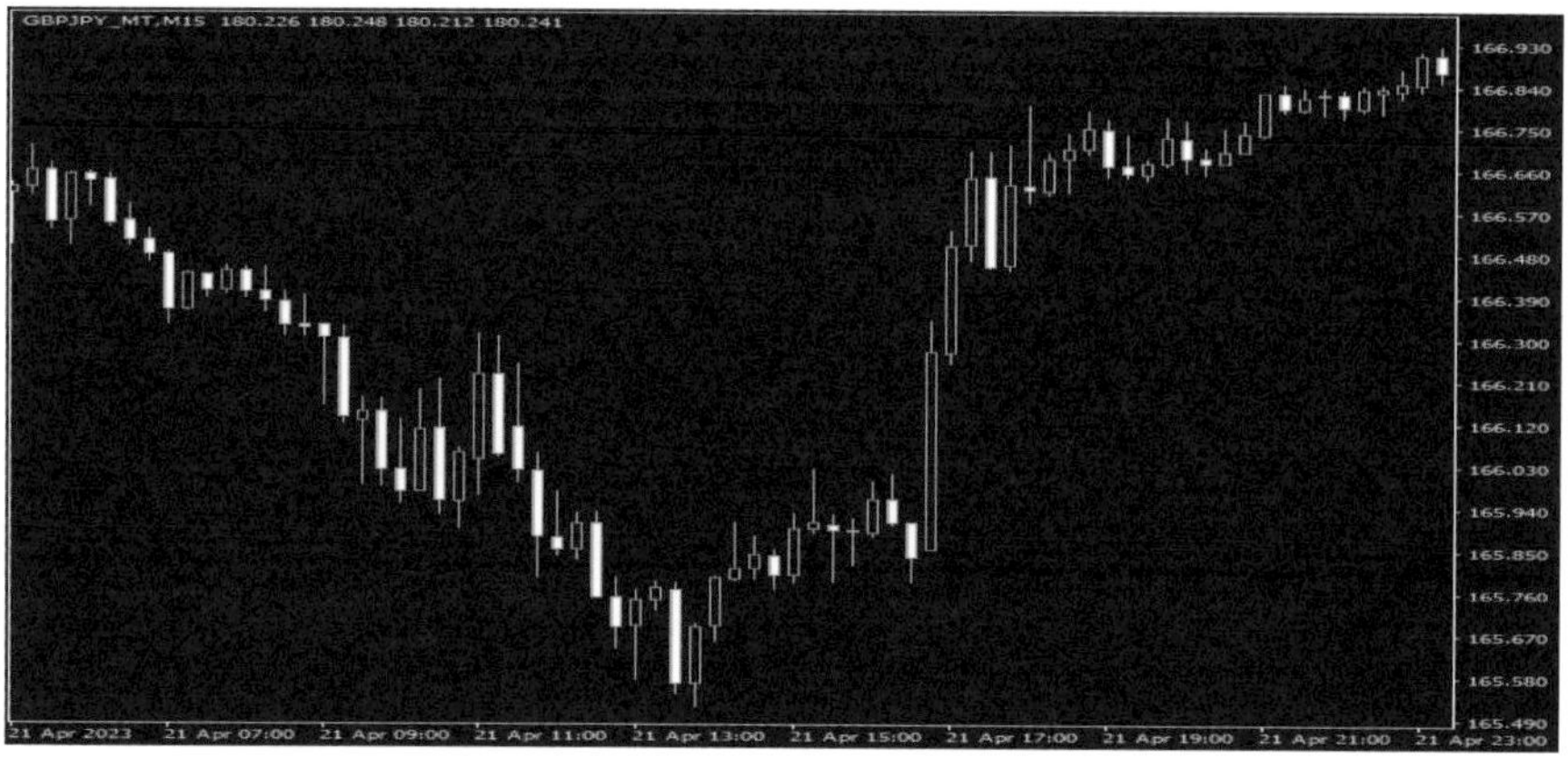

ふうた平均足 15分足

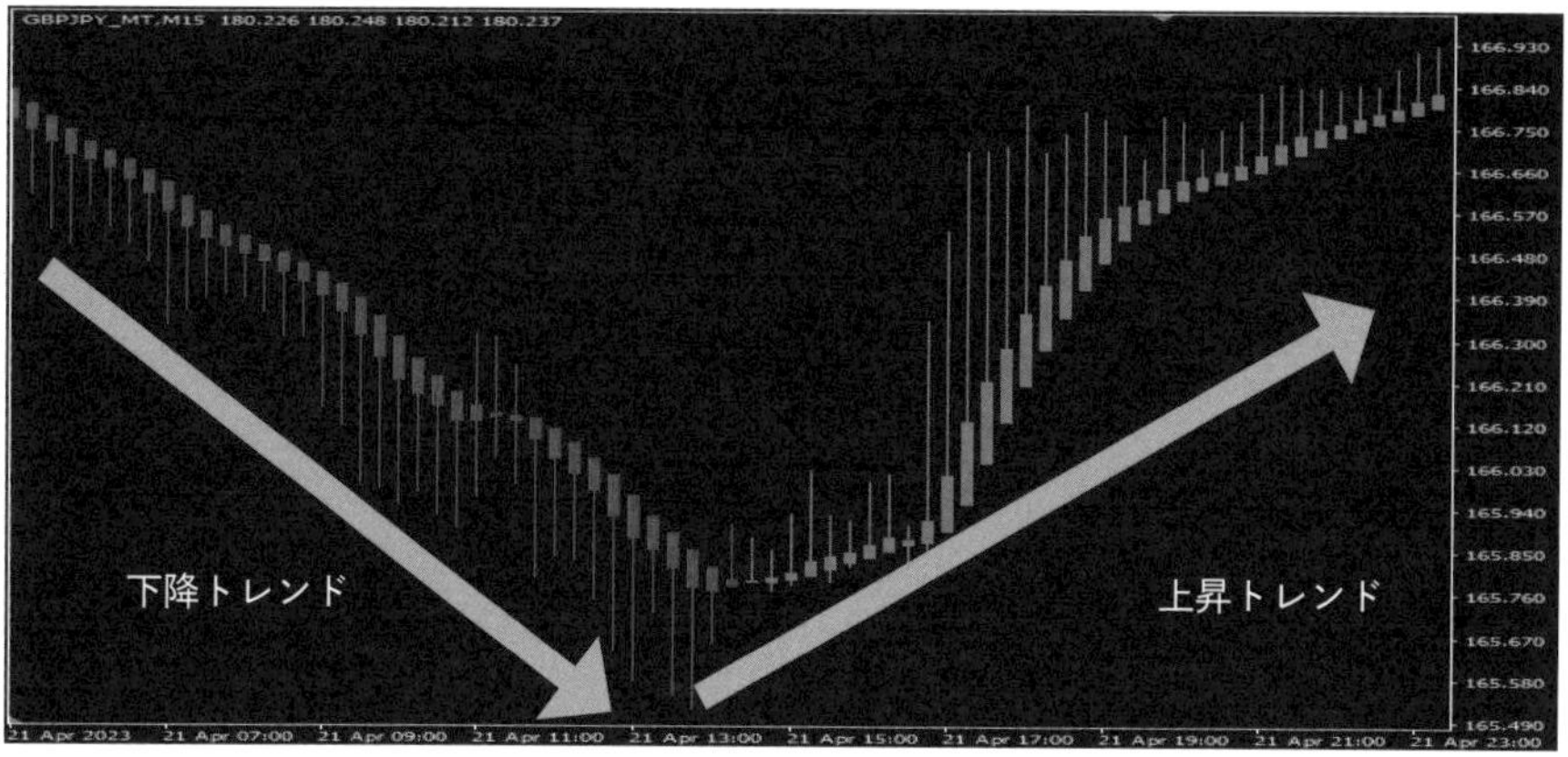

「色でトレンドを把握する」だけで、どちらの方向にエントリーすればいいか明確ですね！

第1章
04

平均足の「長さ」が勢いを教えてくれる！

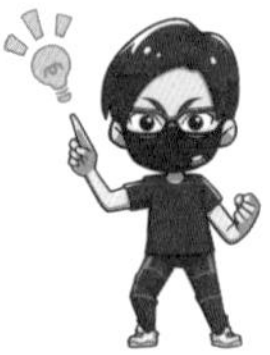

☑平均足の長さで目先の勢いを把握

平均足は長さで相場の勢いを教えてくれます。平均足が長くなると勢いが強いのでその方向へ向かいやすくなりますので流れに逆らうのは注意してください。

平均足が短くなることで流れが変わりやすくなりますので、その特徴を意識してエントリーや決済に使うと便利です。

左の図のように、平均足が赤へ色変わりしたらショートをして、平均足の長さが短くなってきたら「売りが弱まっているな、そろそろ決済しよう」と決済の目安にも使えます。

平均足の長さが短くなるということは、トレンドの反転が近いことも教えてくれます。

☑相場の勢いって？

長年トレードをしていれば、相場の勢いが「強い」または「弱い」と判断することができるようになりますが、経験を積まないとわかりません。

そのためトレードを始めたばかりの頃にわかるはずがありません。

左図のように、ローソク足だけで見ていても、相場の勢いが弱くなってきていることがわからず「まだ下がる」と思ってしまいそうですが、平均足では相場の勢いが「可視化」できるので、売りの勢いが弱くなっていて相場が反転しそうなことまでわかってしまいます。

相場の勢いが「強いとき」「弱くなってきたとき」

ローソク足5分足

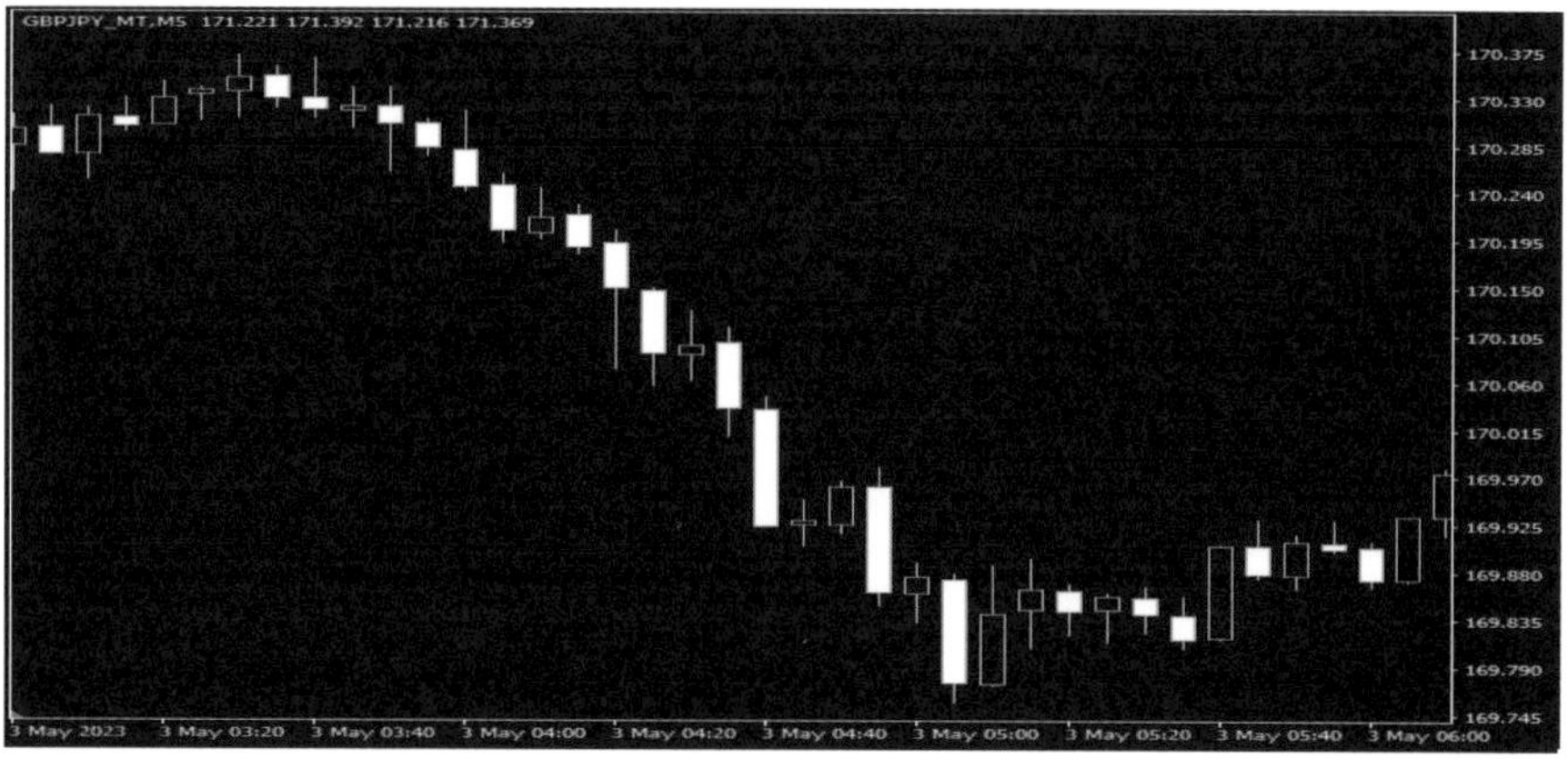

ふうた平均足5分足

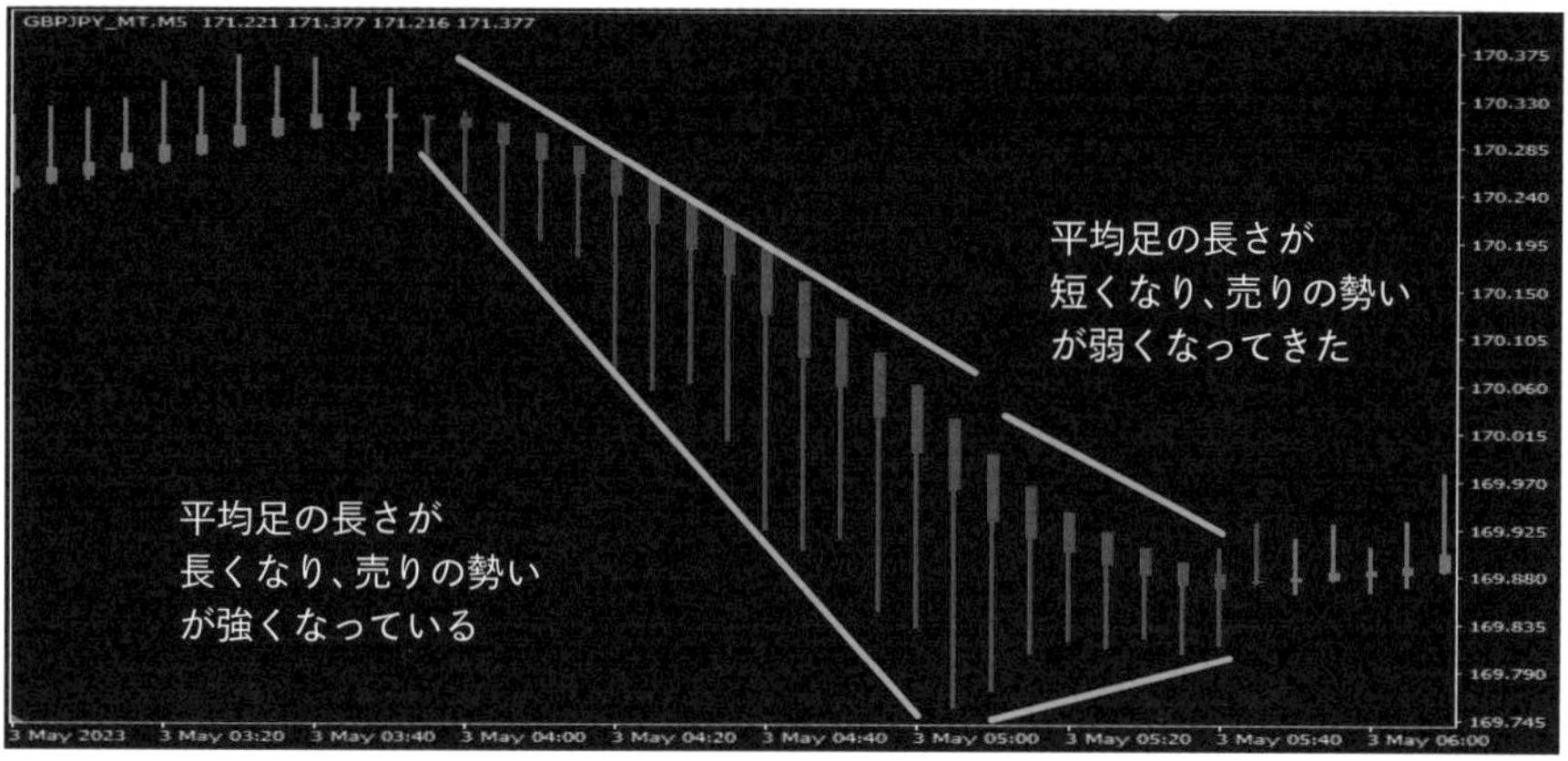

「長さ＝勢い」と考えて、短くなってきたら反転サインと覚えておくとトレードに役立ちます！

第1章
05

平均足は「ヒゲ」で相場の傾向がわかる！

☑「ヒゲ」の長さ＝トレンドの勢い

平均足のヒゲはトレンド方向に伸びる特徴があります。上昇トレンドでは上ヒゲが、下降トレンドで下ヒゲが出ます。

ヒゲの長さでトレンドの強弱を計ることも可能です。単純に上ヒゲが長いほど「上昇トレンド」の勢いが強く、下ヒゲが長いほど「下降トレンド」の勢いが強いと見なすことができます。

平均足のヒゲが長くなったらその流れには逆らわないように注意して、その方向にエントリーするように意識します。

平均足のヒゲや実体の長さが短くなることでトレンド転換に向かいやすくなります。

☑平均足の「逆ヒゲ」は反転サイン

平均足は「ヒゲ」でトレンド転換の兆しも察知できます。基本的に上昇トレンド中は上ヒゲ、下降トレンド中は下ヒゲが出ますが、

・上昇トレンドが下降トレンドに転換しようとする局面では逆ヒゲ（下ヒゲ）が出始める
・下降トレンドが上昇トレンドに転換しようとする局面では逆ヒゲ（上ヒゲ）が出始める

逆ヒゲは相場の勢いにブレーキがかかっているときに出現しますので、反転のサインとして捉えてください。

左図では、平均足が色変わりする直前に「逆ヒゲ」が出ていますね！

「逆ヒゲ」がでたら反転サイン！

ローソク足 1分足

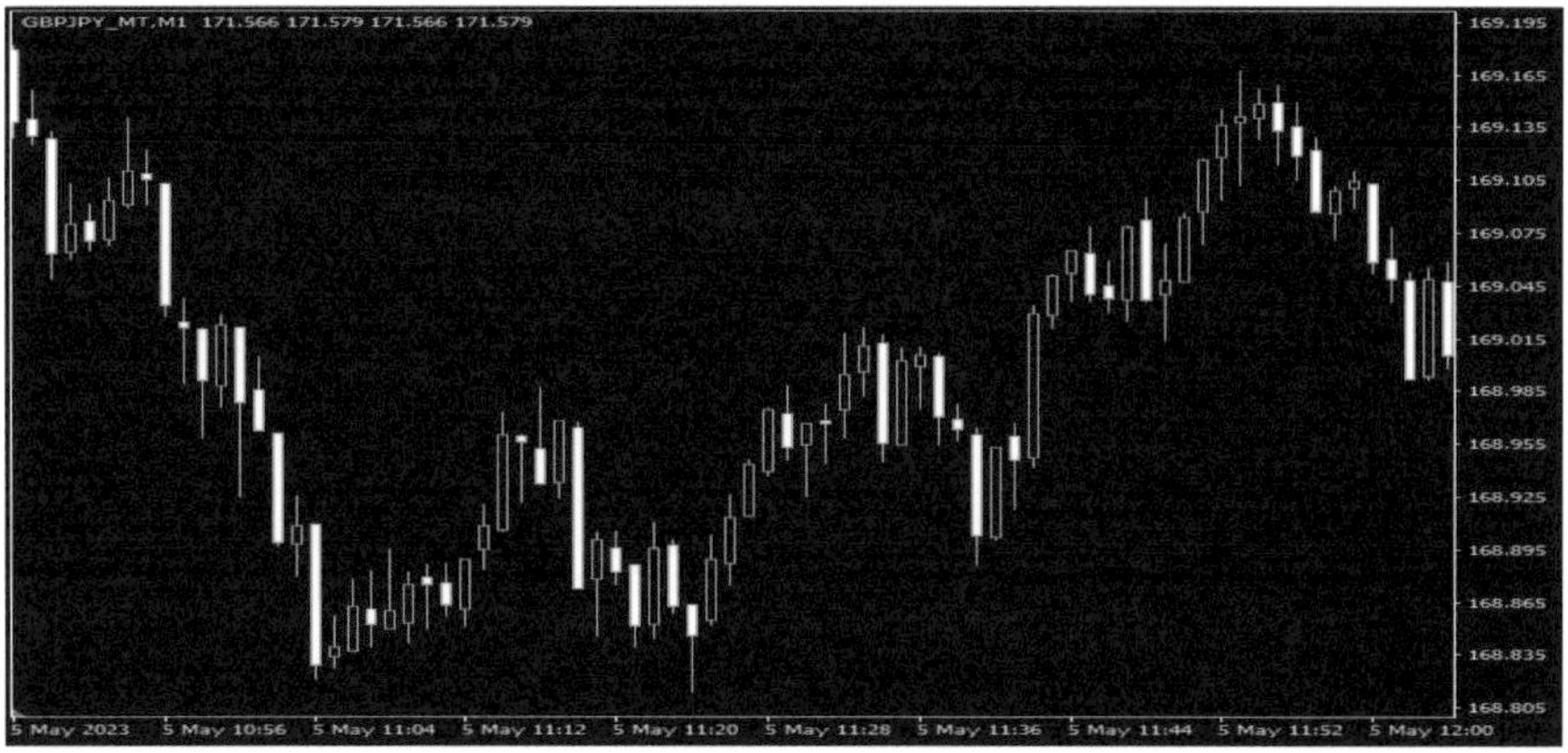

ふうた平均足 1分足

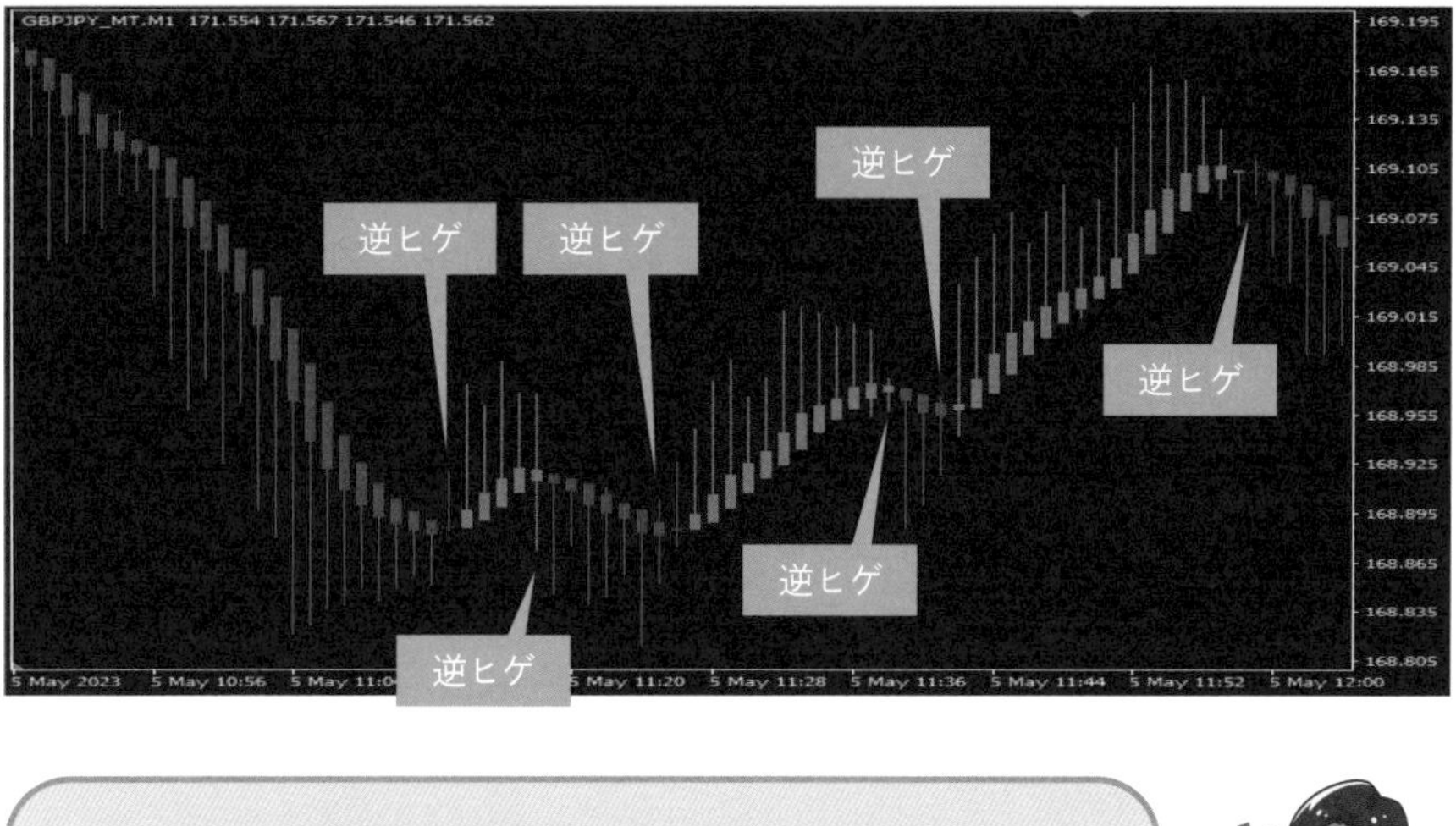

いきなり平均足の色が変わるのではなく、
ほとんどのケースで「逆ヒゲ」がでますので
「エントリー」に備えることができますね！

第1章
06

平均足の「実体の長さ」でそろそろ感！

☑実体の長さはトレンドの強弱

ローソク足で実体の長い陽線が連続した場合は強い上昇トレンド、実体の長い陰線が連続した場合は強い下降トレンドと判断されるように、平均足も同様の見方をします。

平均足はトレンドが発生していると陽線・陰線が連続しますので、ヒゲと実体の長さの変化に注目することでトレンドの強弱が読み取れます。

トレンドの勢いが強いときは平均足のヒゲや実体が長くなり、トレンドの勢いが弱まってくると平均足のヒゲや実体が短くなるという特徴があります。

平均足が長いときは流れに逆らわない方がいいということです。

☑実体が短くなれば反転の兆し

平均足は実体の長さの変化からトレンド転換を察知することも可能です。

例えば、1本前の足の実体よりも短い実体の平均足が形成された場合は、目先の勢いが弱まっていることを表します。

また、連続する平均足の実体が徐々に短くなっているなら、トレンド転換する可能性が高くなります。

他にも、実体が極端に短い平均足（寄り引け同時線）で上下に長いヒゲを出した場合は、トレンドが転換する可能性が高いです。

実体が極端に短く、上下に長いヒゲのある平均足

「そろそろ」勢いが止まりそう！

ローソク足5分足

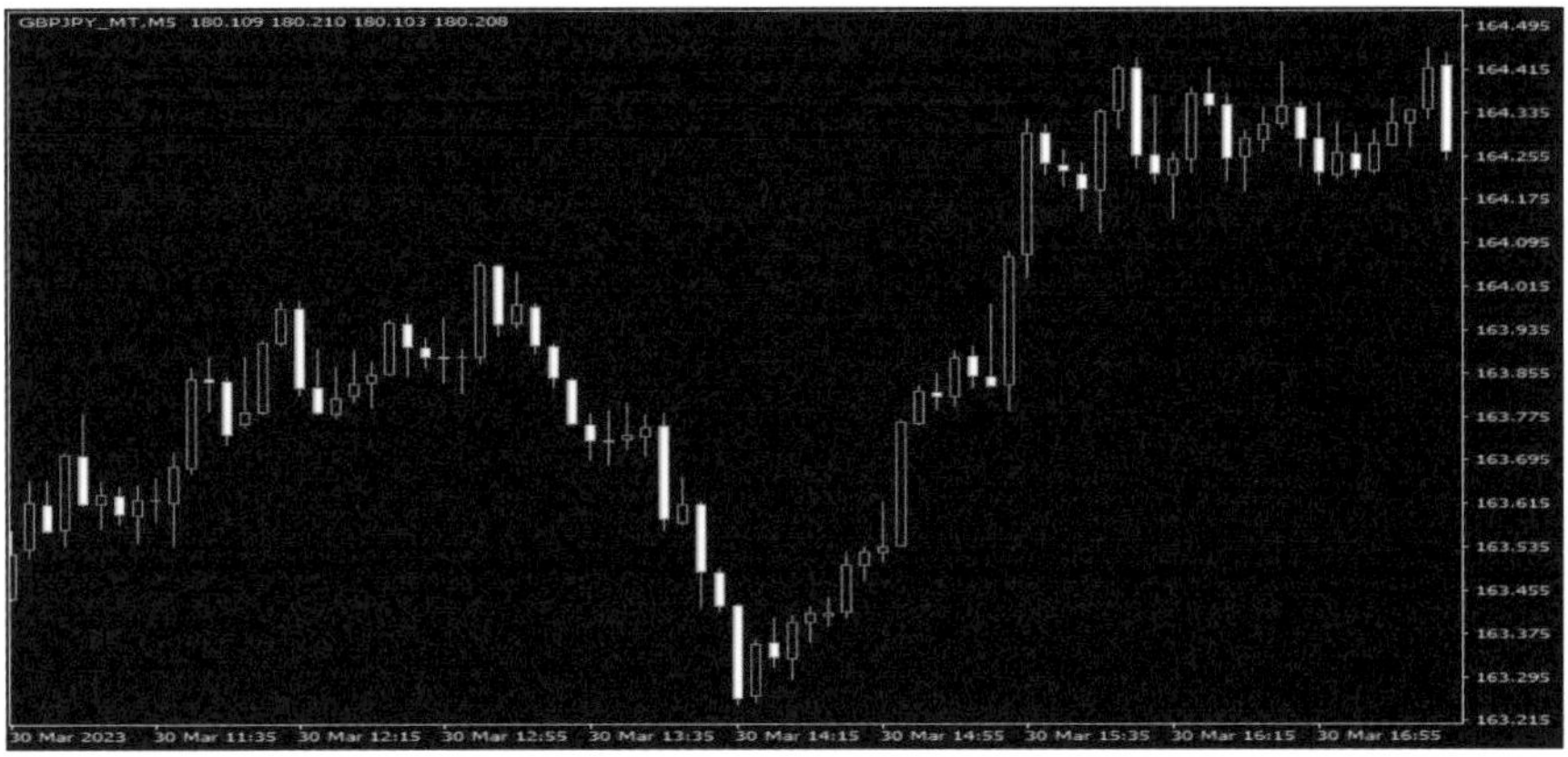

ふうた平均足5分足

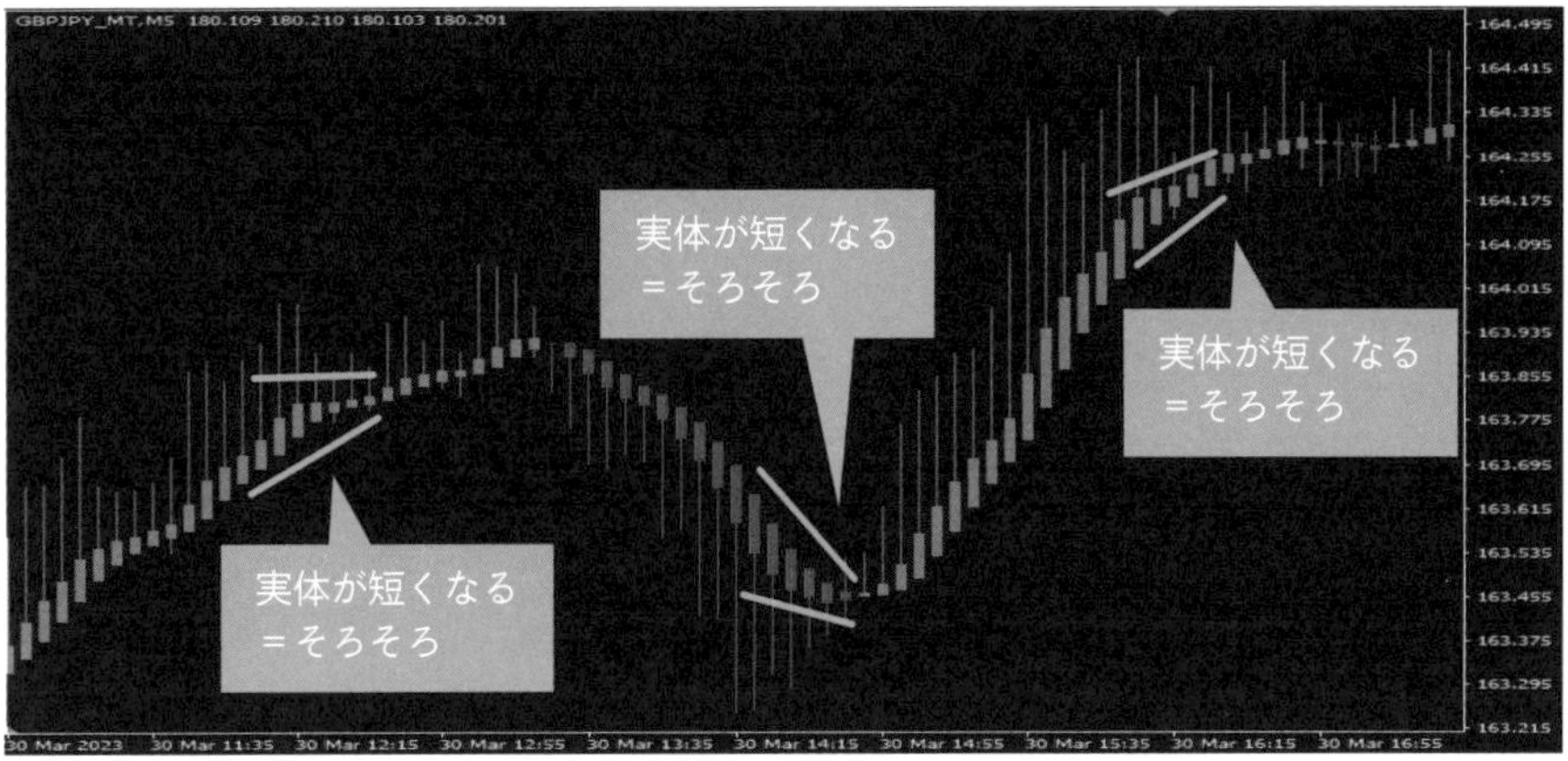

「そろそろ」感は利益確定の目安にもでき、
次のエントリーの準備にもなります！

第1章
07

平均足は「トレンド」に強い!

☑平均足はトレンドに強い

相場には主に「レンジ(方向感と値幅がない状況)」と「トレンド(方向がはっきりしている状況)」という2つの流れがありますが、平均足はどちらかというとトレンドが発生したときに強いインジケーターです。

平均足は買いが優勢になると陽線になり、売りが優勢になると陰線になり、それらが「トレンド」として連続しやすいという特徴があるからです。

☑平均足のエントリーに向かないとき

・上ヒゲと下ヒゲの両方がある平均足の頻度が多い
・値幅があまりない

こういったときはエントリーは控えましょう。

☑ふうた平均足の長所・短所

レンジの場合だと、値幅があればレンジでも十分に平均足を活かすことができます。

しかし、レンジの値幅があまりない状況で、かつ、伸びしろがあまりないと左図のように平均足の色が変わってもそれほど伸びずに戻ってきてしまうことがあります。

トレンドが発生した場合だと平均足の色が変わるとその流れが継続しやすく値幅を取りやすくなりますので、下位足だけでなく上位足でトレンドが発生したときに、より下位足での平均足の実力が発揮されます。

平均足はトレンドで勝負する手法

ローソク足1分足

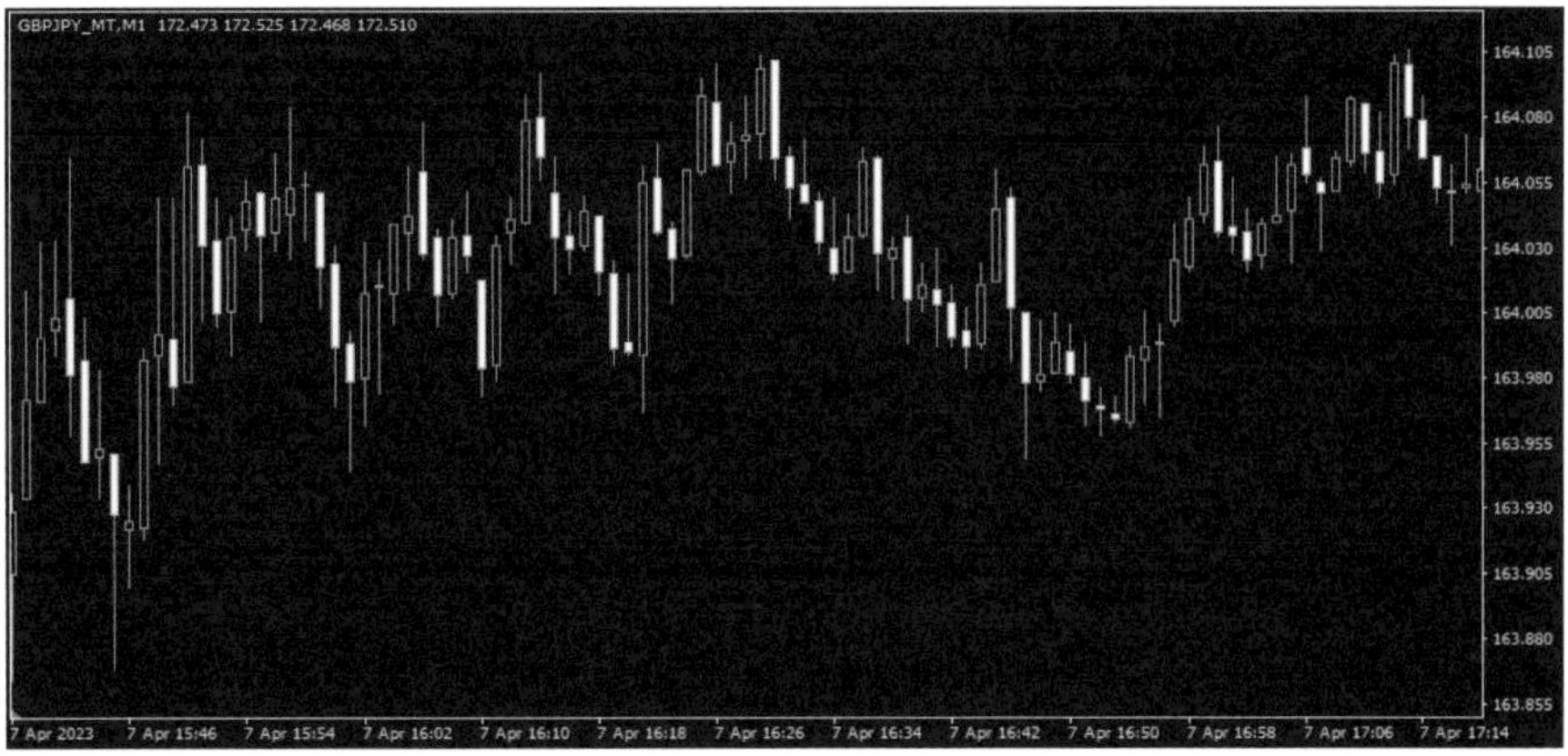

ふうた平均足 1分足

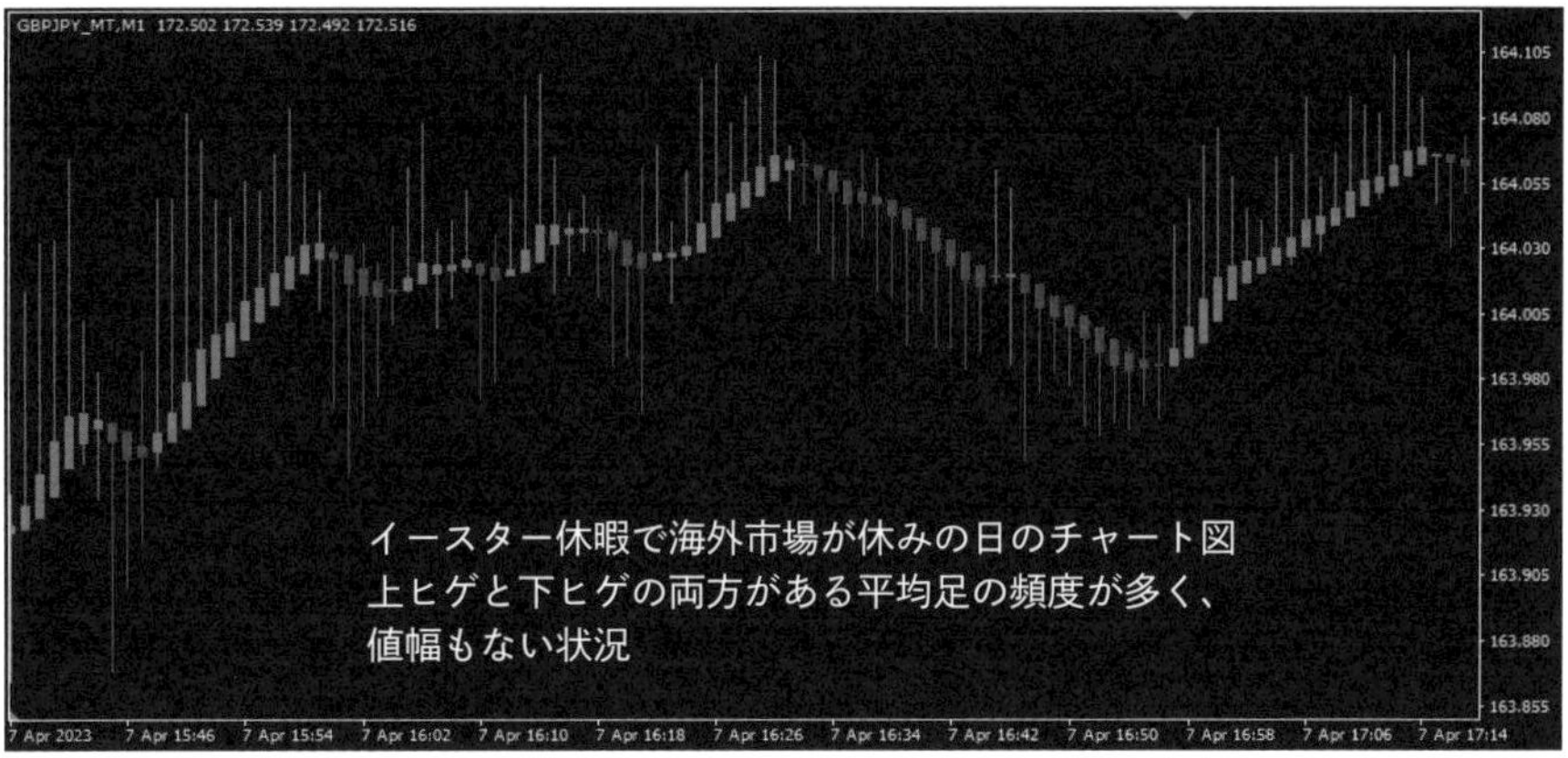

値幅のないレンジだと勝ちづらくなるので
トレンド発生を待つ！

第1章 08

チャートパターンと平均足の色変わり

☑チャートパターンとの組み合わせ

平均足の色変わりを狙う際、チャートパターン（6章で解説）を合わせて見ることで、トレンド転換の分析精度を高められます。

チャートパターンはトレンド反転のシグナルですので、平均足と複合して考えるとエントリーポイントが見えてきます。

並行して平均足の形状の変化をチェックしておくことで、チャートパターン完成を根拠に、平均足の色変わりでエントリーします。

このように根拠を重ねることで、より精度の高いトレードを実現できます。

☑チャートパターンを平均足で先読み！

左図は勢いよく上昇してきて、平均足が陰線になり、その後また陽線になり上昇しますが、直近の高値を超えられずに再び平均足が陰線（赤）となり下落に向かっているチャートです。

２つ目の山が完成しチャートパターンであるダブルトップとなったためトレンドの反転シグナルが発生しました。

また、２つ目の山の高値が直近の高値を更新しなかったためダウ理論（第6章で解説）からも下降トレンドへの転換を示唆している局面です。

次の陰線に転換したタイミングでショートしようと狙っていくと、エントリーのタイミングがとても取りやすくなります。

相場の転換サインに気が付きやすい！

ふうた平均足5分足

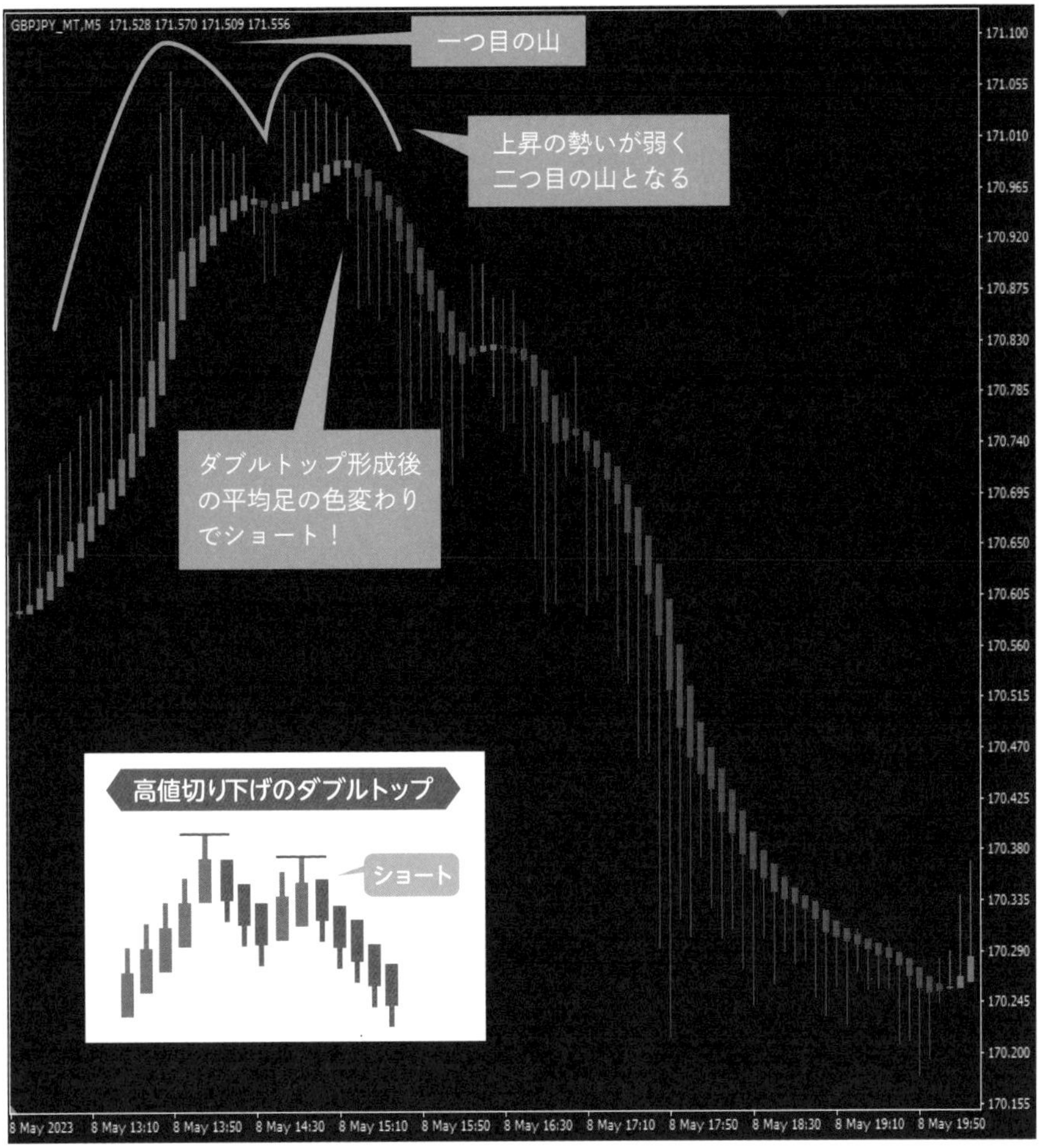

平均足の色でチャートパターンがわかりやすく
エントリーのタイミングがとりやすい！

第1章 09

トレンド転換しやすい平均足の型！

☑3本の山型・谷型に注目！

トレンドの転換ポイントを判断するのはとても重要です。ローソク足と同じように平均足もトレンド転換しやすい形を作ることがあります。これも重要なのでぜひ覚えてください。

注目してもらいたいのは、左の上段の図の様な3本の平均足の組み合わせによる三角形の山型・谷型です。

山型（中央の平均足の高値が最も高く、その両端の高値が中央よりも低い形）の形成は、下降トレンドへ転換する際によく見られ、谷型（中央の平均足の安値が最も低く、その両端の安値が中央よりも高い形）の形成は、上昇トレンドへ転換する際によく見られます。

☑その他の注目パターン

また、前ページで挙げた上昇局面でのダブルトップなどのチャートパターンも、トレンド転換のポイントで出現するパターンです。

平均足の変化などからトレンド転換が想定されるポイントの付近でこれらのパターンが発生したら、精度が高まると考えます。ただし、相場に１００％はないのでリスクには備えることが必要です。

相場は思惑通りに動くとは限らないので、中途半端なポイントでは、トレンド転換を示唆するパターンが出現しても一時的な反転と捉えることが大切です。

また、後述しますが、上位足のトレンドも併せて考慮することが秘訣となります。

トレンド転換しやすい平均足の形

谷 型

山 型

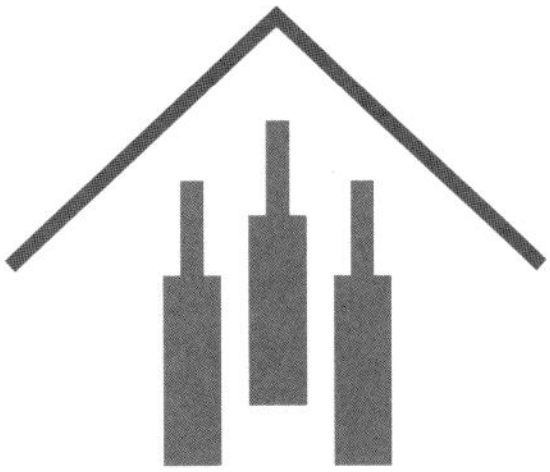

安値切り上げのダブルボトム

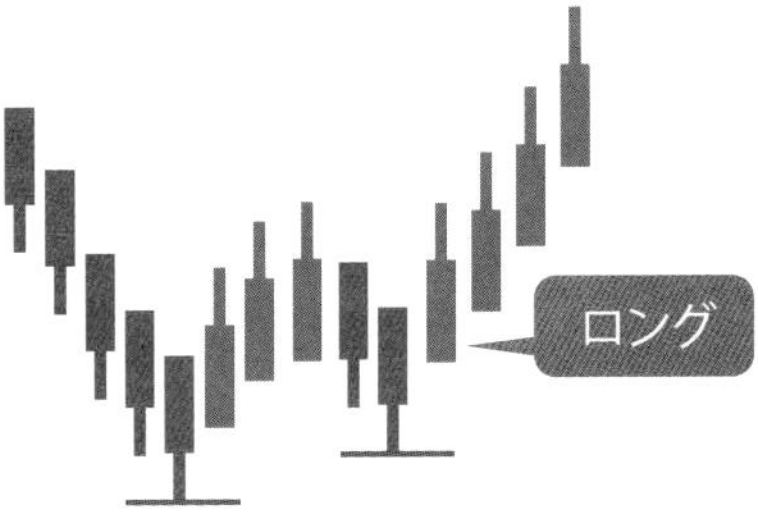

安値が同じダブルボトム

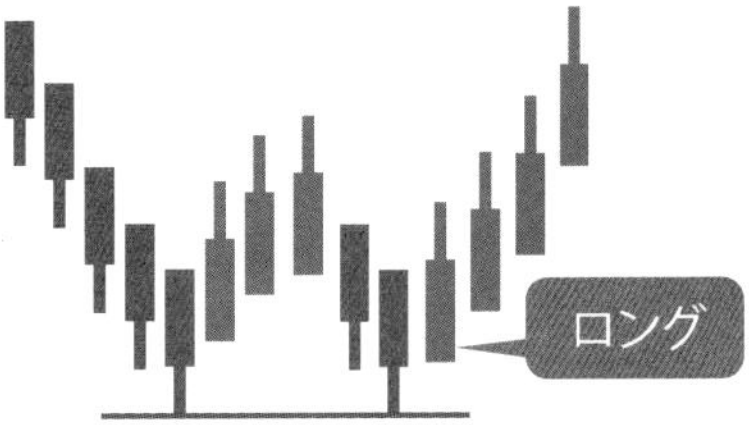

高値切り下げのダブルトップ

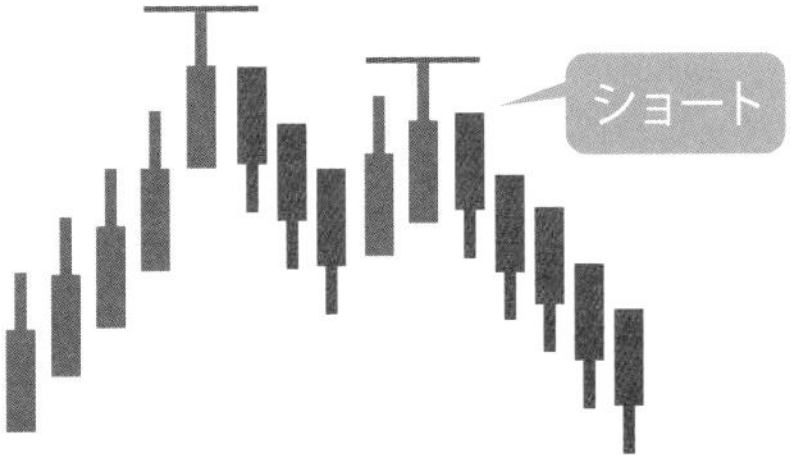

高値が同じダブルトップ

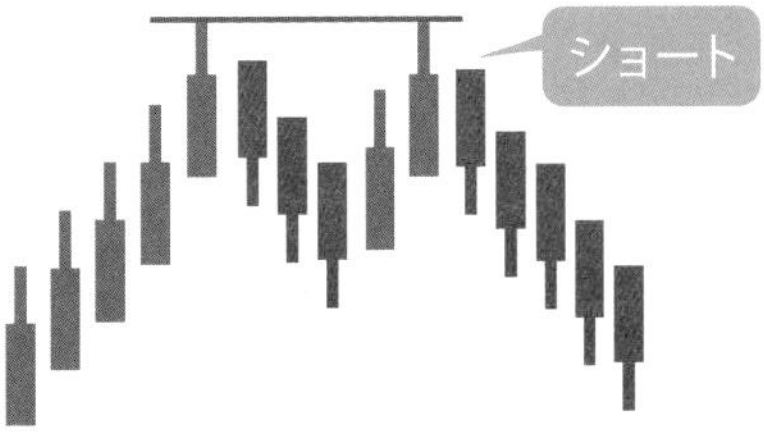

上記の様なトレンド転換のサインが、
ボリンジャーバンド・移動平均線・水平線などの
付近で出現した後のエントリーを心がけましょう！

第1章 10

大きな流れの反転ポイントを狙う！

☑上位足のチャートパターンにも注目

短期売買では、基本的に1分足チャートの平均足を見てタイミングを取ってエントリーすることが多いです。しかし、エントリーの精度を高めるためには、複数の時間軸でエントリーポイントを模索することが重要です。

例えば1分足チャートを見ながら5分足チャートがどうなっているか？　更には60分足など上位足の状況もどうなっているかを確認すると全体の流れを把握できます。

これをマルチタイムフレーム分析といいますが詳しくは第2章で説明いたします。

☑ボリンジャーバンドで流れをつかむ！

ここで少し手法を説明します。

1分足のボリンジャーバンドの設定を5分足に変えて、大きな流れを1分足のチャートで確認しつつ平均足の色変わりでエントリーするという手法です。(左図)

ぱっと見てわかるとおり、ボリンジャーバンドのミドルラインや±2σ《シグマ》のポイントで平均足が色変わりしています。

大きな流れの反転ポイントで平均足が色変わりしているので、こういったところでエントリーや決済をします。

この様にすると「マルチタイムフレーム分析」がわかりやすくなります。

1分足チャートに5分足のボリンジャーバンドを表示

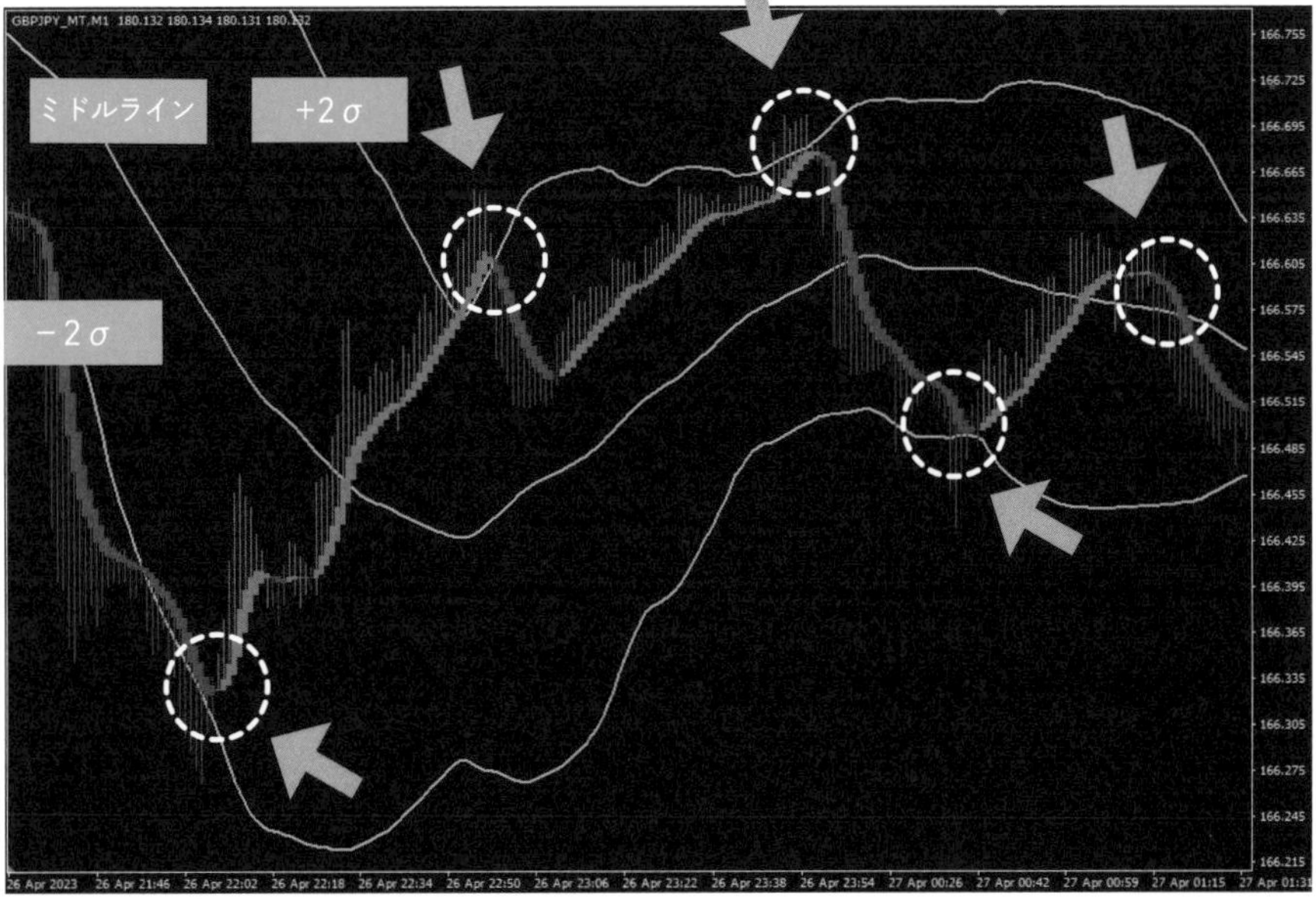

上位足の状況と合わせて考えることで精度が増します。

☑複数の時間軸をチェック

5分足や15分足、他の上位足のボリンジャーバンドのミドルラインや±2σのポイント付近に到達した時に、「1分足チャート」ではダブルボトムやトリプルボトムなどのチャートパターンが形成していることがよくあります。そういったポイントもしっかり見ていくことによって、複合的なエントリーの根拠、精度の高いエントリーができます。

5分足や15分足、上位足のチャートで、何らかの材料から押し目買いが狙えると判断できる局面があったら1分足を見るように意識していくと少しずつタイミングが見えてくるようになると思います。

第1章
11

エントリーのタイミングの取り方

☑平均足で見たエントリーの判断

平均足でのエントリーは基本的には色変わりのタイミングで行いますが、局面によって、少し早くエントリーしたほうがいい場合や、逆に少し遅れて入ったほうがいい場合があります。

タイミングは1分足で取りますが、上位足のトレンドに合わせて考えるとかなり勝率が上がります。

地味なことですがこのタイミングが上手く取れると勝率も上がるし、利益幅も多くなります。

ただし、欲張るがゆえに早まってエントリーするのだけは避けたいですね！

上位足のトレンド判断は本書を読み進めていただくと理解が深まるはずです。

☑ケースごとの使い分け

1の場合、基本パターンでもありますのでここを狙っていくのがベストかなと思います。

特にNY市場などは流れができ始めるとそのトレンドが継続しやすい傾向があるので、平均足の色変わりが確定してからの方が騙しにあいにくいと思います。

上位足のトレンドに合わせて1本目の平均足の色変わり確定後にエントリーを狙いますが、エントリーに自信が持てない場合は、2本目の平均足の確定後にエントリーするなど少しタイミングを遅らせてもいいでしょう。

2の場合、上位足の流れに乗るときはこのケースがいいときもあります。

平均足で見たエントリーの判断

1. 平均足（1分足）の色変わりが確定した後にエントリー
2. 平均足（1分足）の色が変わり始めたら確定する前にエントリー
3. 平均足（1分足）の逆ヒゲで反転を先読みしてエントリー

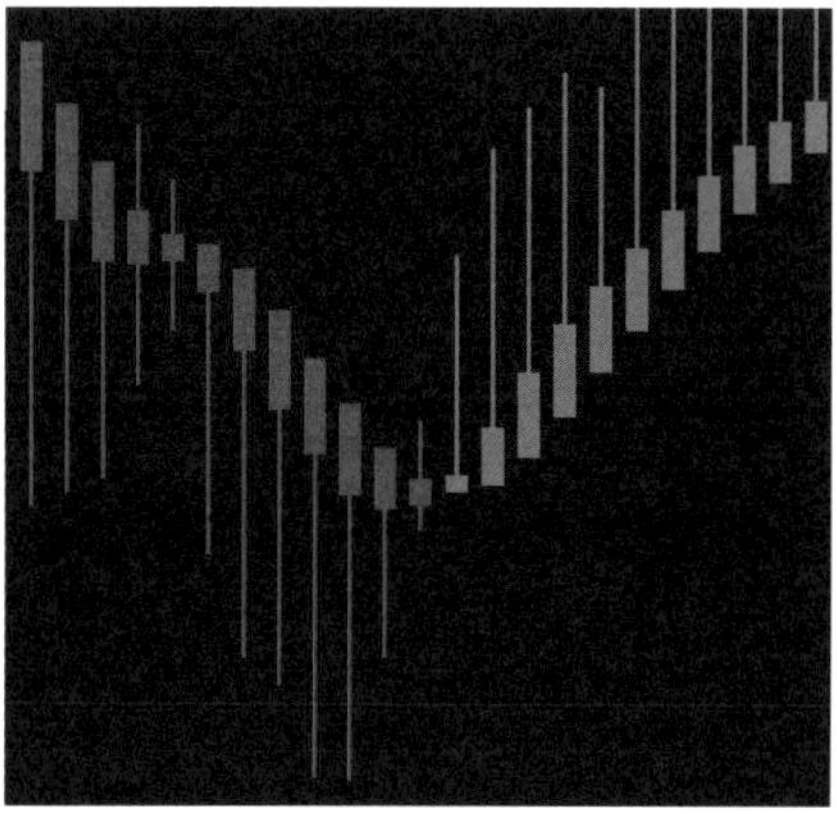

1が基本で上位足の
トレンドに合わせて2や3を
状況に応じて考える

例えば、上位足が上昇トレンド時に平均足の色が変わり始めてエントリーに悩んでいると、かなり伸びてしまいエントリーができなくなるケースもありますので、上位足のトレンドに勢いがあるときは2のケースでエントリーを考えてもいいでしょう。

3の場合、平均足で「陰線＋逆ヒゲ」が出てきたら下降トレンドにブレーキがかかる可能性が高まるサインと考えて、早めにロングエントリーしておくときに有効です。

2と同様に上位足のトレンドと同じ方向のエントリーに有効です。

ただしトレンドが必ず変わるわけではないので不用意にエントリーしてしまうと負けてしまう可能性もありますので、しっかり検証をしてタイミングを掴んでいくことが大切です。

1で十分に慣れたら、2や3のタイミングでのエントリーに挑戦すると良いと思います。

第1章
12

焦ってエントリーはしないこと①

☑エントリーを考えた時に焦りは禁物

1の場合、1本目の平均足の色変わりが確定しても、値動きが乏しいとエントリーに悩む場合があります。
その場合は、2本目の平均足の色変わりが確定してからエントリーするといいでしょう。

平均足は同じ色の足が2本続くと、3本目から伸びやすい傾向がありますので、2本目の平均足の色変わりが確定した後、または確定しそうな時にエントリーを検討しても良いです。

大切なのは、平均足が色変わりしたからといって焦ってエントリーするのではなく、その後の値動きをしっかり確認してから、大きく伸びそうなところでエントリーすることです。

2の場合、上位足のトレンドに逆らってエントリーするのは基本「逆張りエントリー」と言って初心者の方が負けやすいポイントです。

ただし、上位足の下値ポイントや上値ポイント（水平線、ボリンジャーバンド、移動平均線などを根拠）に到達したときにエントリーを考えた場合、そんなときほど平均足の変化が役に立つことがあります。

逆張りエントリーになりますので、平均足の逆ヒゲや色変わり途中でエントリーするのは早計です。平均足の色変わりが確定した後にエントリーするように意識して、その後の反転が弱いなと感じたら利益確定や損切りポイントに到達していなくても決済をします。

3の場合、じり上げ、じり下げの時は、上位足でもトレンド発生した時になりやすい展開です。また、流れに逆らってエントリーすると負けやすいのも特徴

エントリーを控えたほうがいい局面

1.平均足の色変わりが確定しても反転の勢いがなさそうな時
2.上位足のトレンドと逆の方向にエントリー
3.じり下げ、じり上げ(※)展開の時のエントリー(第8章9を参考)
4.平均足が確定した時に伸びきってしまった時
5.値動きが乏しくなる時間帯

1の例

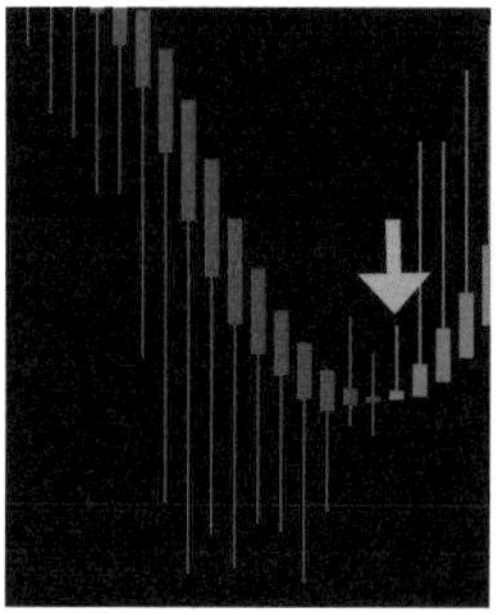

4の例

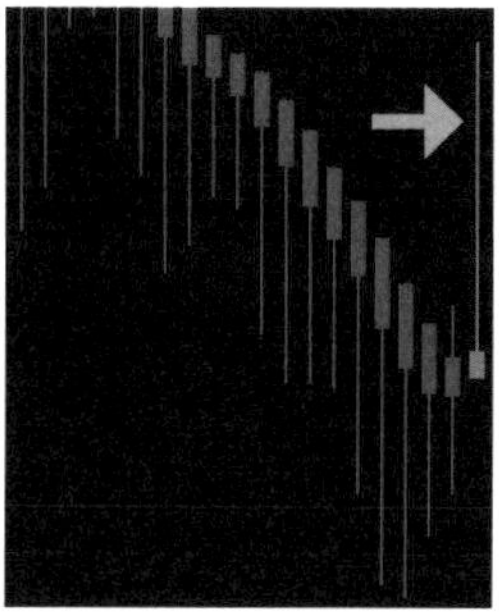

です。

じり上げのときは平均足が、「陰線+逆ヒゲ」が出たり、陽線で色変わりをしてきたり、平均足が陽線で確定したらロングエントリーするように心がけて、陰線になったからといって不用意にショートエントリーしない方がいいでしょう。

じり下げのときは平均足が、「陽線+逆ヒゲ」が出たり、陰線で色変わりしてきたり、平均足が陰線で確定したらショートエントリーするように心がけて、陽線になったからといって不用意にロングエントリーしないようにするといいでしょう。

※大きな値動きがないまま、ゆっくりと時間をかけて上がっていく、もしくは下がってくためエントリーがしづらい状況です。

第1章
13

焦ってエントリーはしないこと②

4の場合、平均足が確定した時に伸びきってしまった場合は、目先の高値掴み、安値掴みになりやすいので、できる限り平均足の実体付近まで戻ってきたときにエントリーするように心がけましょう。

もしそのままぐいぐいと伸びてしまった場合には焦ってエントリーはせずにエントリーを見送るのが無難です。

5の場合ですが、相場には値動きが激しい時間帯と値動きが乏しい時間帯があります。

早朝、アジア市場・ロンドン市場・NY市場の終盤、祝祭日などは一般的に値動きが乏しくなりやすい特徴があります。

初心者のうちはそれを知らずに値動きが乏しいときにエントリーしてしまいそのまま放置して逆行、負けてしまうケースもあります。

平均足は大きな値動き（トレンド）があるとき、波があるときというのは平均足がとても機能します。

☑平均足の短所

しかし、便利な平均足にも短所があります。

平均足は、値動きが乏しくなると、上下にひげが出てしまったり、平均足の色が確定しても伸びきらずに戻ってきてしまうケースがあります。

値動きが乏しいなと感じたり、下位足で値幅がなくなったり、横ばいのレンジかなと感じたら様子見するのがベストでしょう。

色変わり後の値動きを確認する

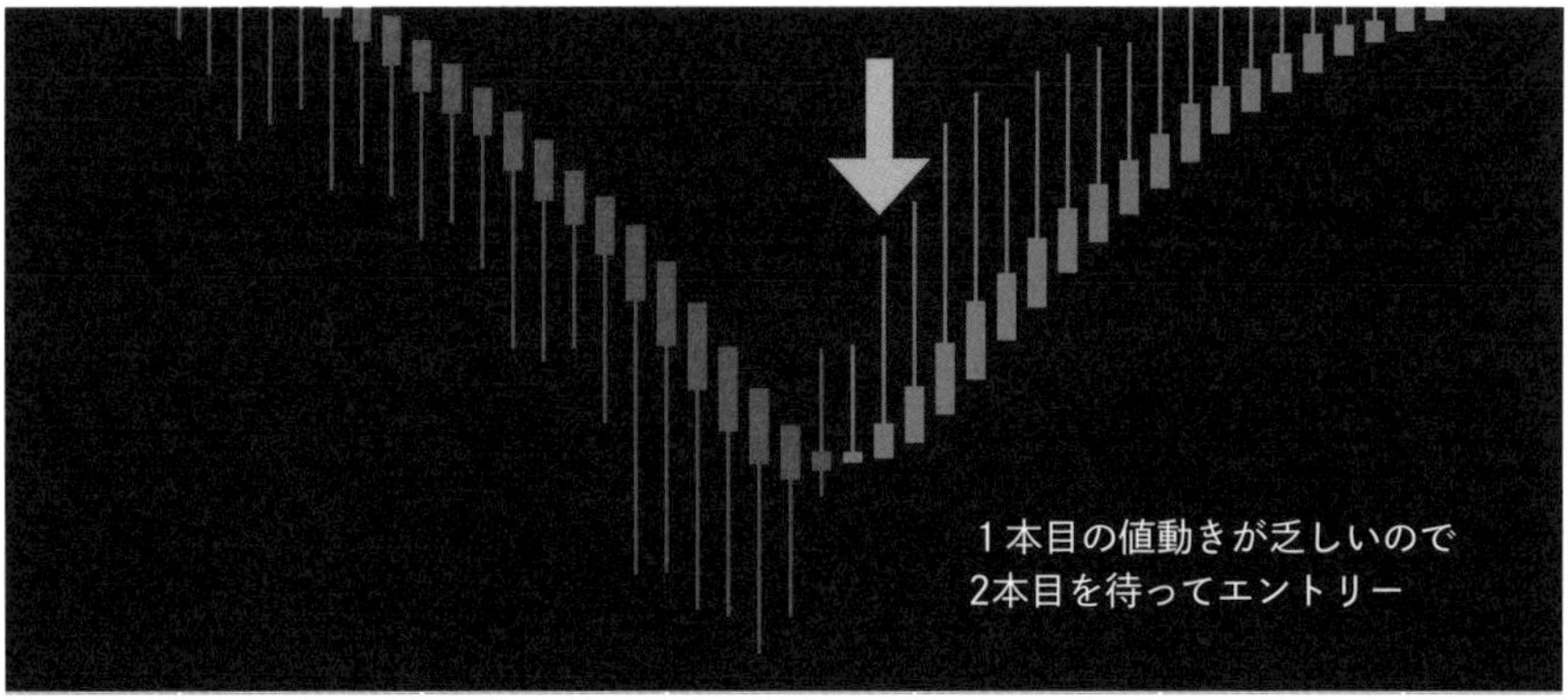
1本目の値動きが乏しいので
2本目を待ってエントリー

色変わりしても、値動きが乏しい場合はダマシになってしまう可能性があります。ダマシを回避するために、2本目の色変わりを待つ方法も有効です。

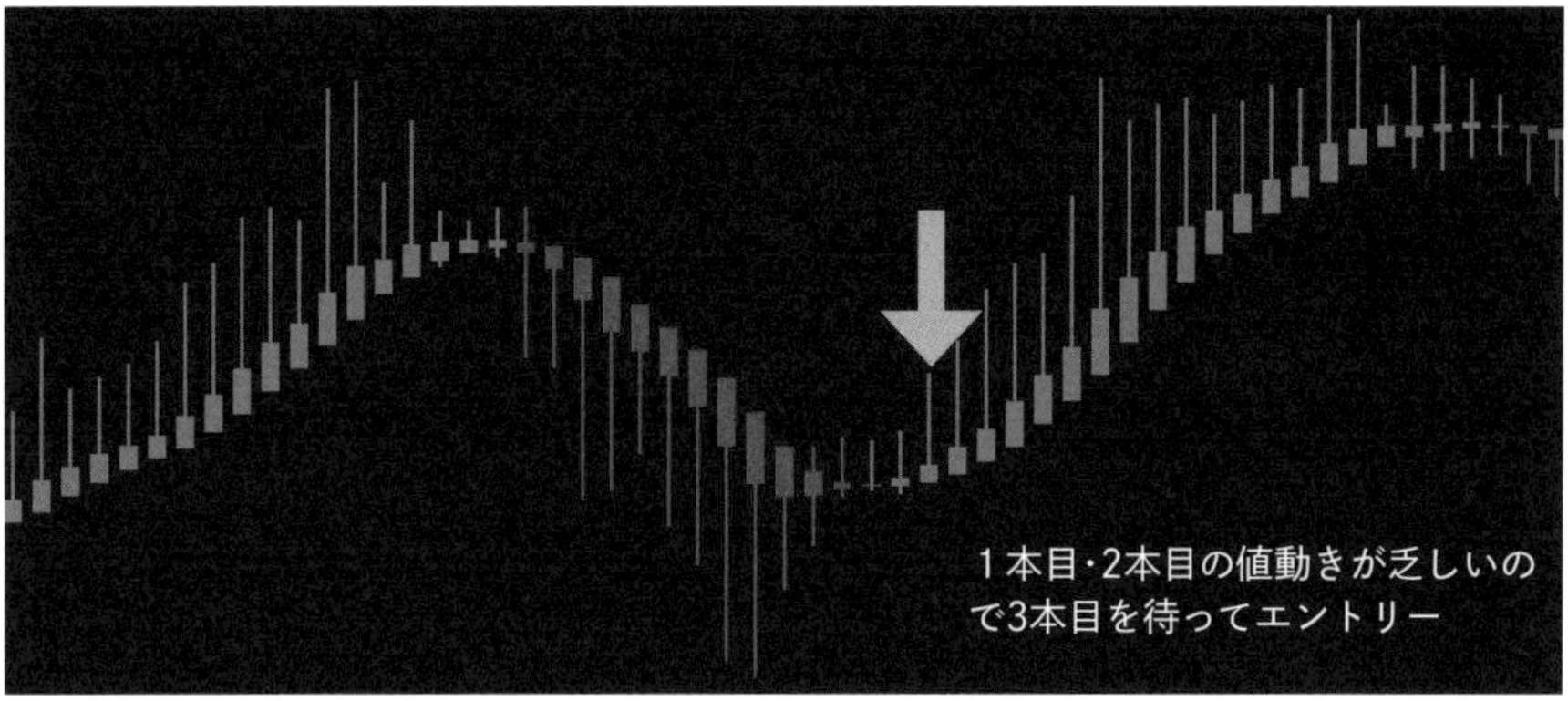
1本目・2本目の値動きが乏しいので3本目を待ってエントリー

同じ色が2本続くと3本目から伸びやすいので、2本目の値動きが乏しくても焦ることはありません。3本目を待ってからのエントリーでも十分に利益は狙えます。

第1章
14

エントリーした後の決済について ふうた流 利確ポイント①

☑ 決済（利確や損切り）の目安も平均足を見るのがベスト！

利確（利益を確定すること）に関しては色々とやり方や考え方があります。

私は経験年数があるので「pips数」で利確を管理することが多いですが、トレードを始めたばかりの方はエントリーと同様に平均足の色変わりのタイミングで決済を狙ってもいいと思います。

まずは平均足の特徴を意識したエントリーと決済、これを初心者時代にしっかり試しながら検証して、平均足の特徴を理解し、トレードに慣れていくことがトレーダー成長への近道かなと思います。

☑ ふうた流、利確ポイント

1の場合、ロングポジションを保有している場合は平均足が陰転したら決済、ショートポジションは陽転したら決済という感じで利益確定の目安にしてもいいでしょう。

ただ平均足の色変わりで大きく逆行してしまうケースも中にはありますので、逆ヒゲで決済とかもルールに入れるようにしていくと決済の精度も上がります。利確は相場の状況に応じて対応しましょう。

2の場合、ボリンジャーバンドは「1分足」の±2σ、±3σ付近を目安にすると意外と無難です。

エントリー後にボリンジャーバンドがスクイーズに向かっていれば抑えられる可能性が高いと考えて±2σ、±3σ付近で利確。

ふうた流、利確ポイント

1. 平均足の色変わりで決済（初心者におすすめ）
2. ボリンジャーバンドの±2σ、±3σ付近に到達したら決済
   ※1分足、5分足など
3. 予め決めたpips数で決済
4. 直近の高値と安値付近で決済

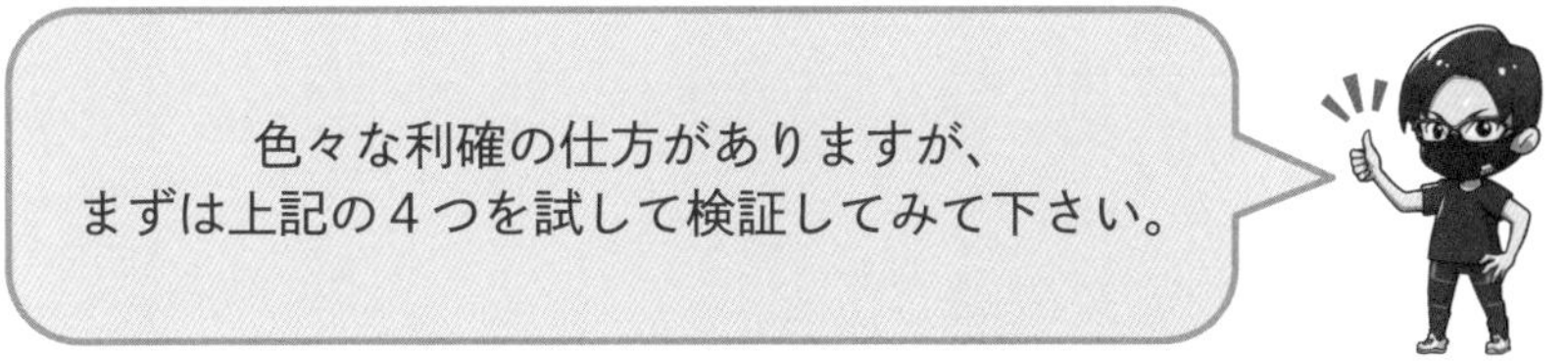
色々な利確の仕方がありますが、
まずは上記の４つを試して検証してみて下さい。

エントリー後にボリンジャーバンドがエクスパンションしている、または、エクスパンションしそうであれば更に5分足の±2σ、±3σ付近まで続伸する可能性を考えて利確を狙うといいでしょう。

ボリンジャーバンドについては「第3章」で解説します。

3の場合、これはエントリーした後に何pips（※）で利確をするのか決めておきます。

私はスキャルピングの時は10pipsを目標にしていて、状況に応じて5pipsから10pips位で利確するイメージでエントリーしていきます。

デイトレードで考えた時はそれ以上の15pipsから20pips、流れが向けば30pipsを目安にしていきます。

※pips数につきましてはFX会社さんによっては桁が違う所もあります。私が言っているのは1pips＝1銭で解説しています。

エントリーした後の決済について ふうた流 利確ポイント②

4の場合、目先の高値と安値がとても意識されます。

直近の高値というのは上位足の高値と安値ではなくて、下位足、1分足や5分足、15分足などで見た高値や安値が意識されます。

直近の高値と安値は、1分足や5分足でチャートが折り返したポイントに水平線を引いて決済の目安にしてみてください。

1～4のいずれの場合においても、利確目標の少し手前で利確してまったく問題ありません。

「頭と尻尾はくれてやれ」の格言どおり、欲張らないことが大切です。利確は正義です！

初心者時代というのは一度大きく負けるとビビってしまい、2～3pipsでも利益が出るとすぐに決済してしまう傾向があります。ここは値幅が取れるというところでも2～3pips程度で利確してしまうと経験値も溜まりません。

トレードというのはエントリーと決済をすることで経験値が溜まっていき、それが上手くいくようになるとそれらの体験が自信に変わっていきます。

ここぞ（根拠のあるポイント）というときにしっかりエントリーして、自分が意識したポイントで決済ができるようになりましょう。

また、利確は謙虚な気持ちを持つと利確がしやすいです。

利益を確定するときにあと少しと欲張ると、上手く利確できずに建値まで戻ってきてしまうことがあるからです。

ふうた流、4つの利確ポイントのイメージ

ふうた平均足 1分足

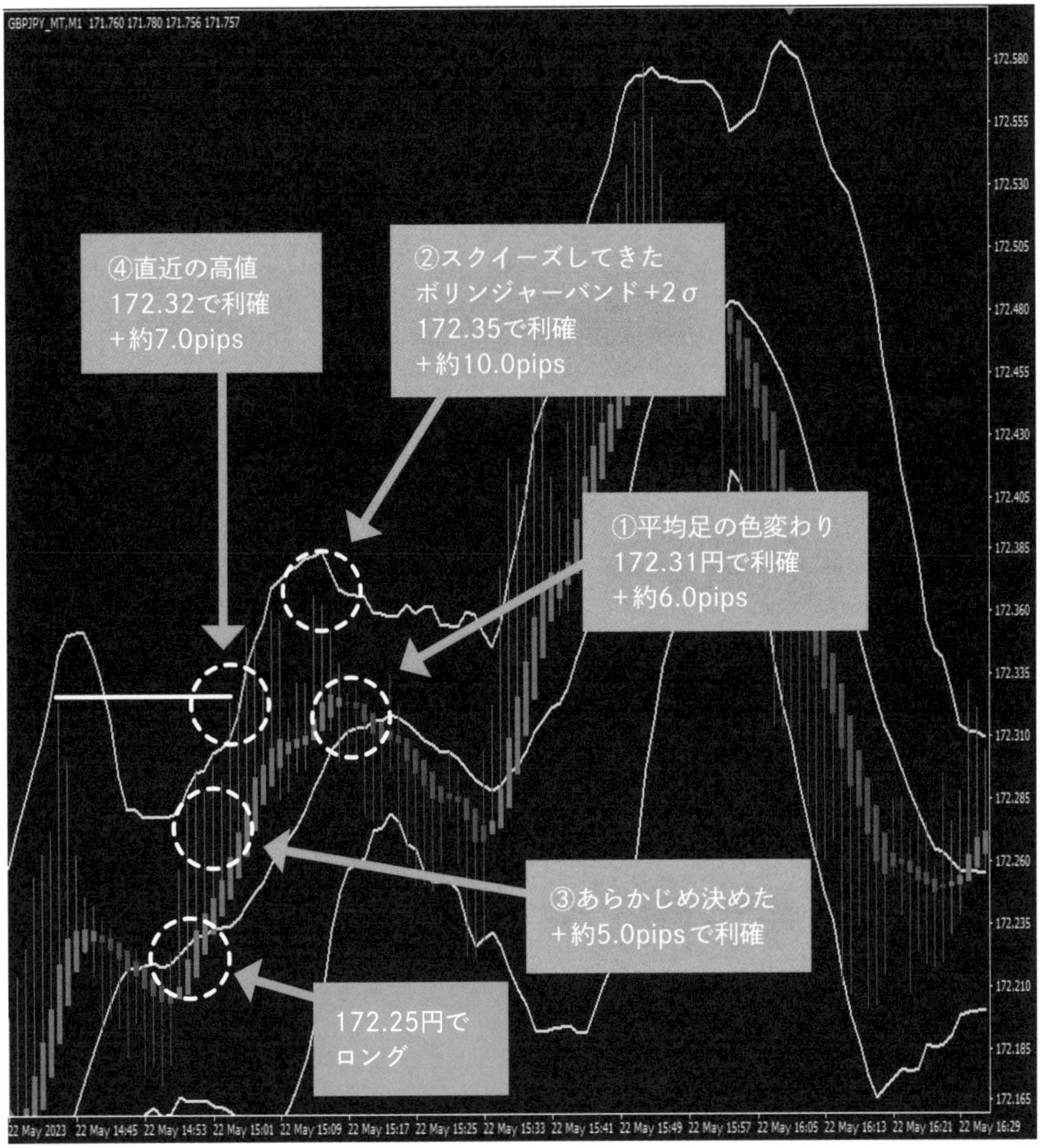

第1章 16

エントリーした後の決済について ふうた流 損切りポイント①

☑損切り（損を確定すること）について

損切りも初心者時代はかなり難しいと思います。含み損になってもずっと持っていれば戻ってくるケース、含み損から含み益に転換するケース、そのまま大きな含み損になるケースと色々とあります。

しかし、損切りも利確と同じように**決めたポイントでルール通りに損切りをしないといずれは大きな含み損になってしまい、大きな損を出してしまうことになります。**

脅しではなく、損切りをしないといつか一回の負けが取り返せないほどの大きな損失となって、相場から退場することになってしまいます。

☑初心者時代の損切りの難しさ

初心者時代というのは含み損が出るとなかなか切ることができず保有してしまう方も多いと思います。

大きな含み損を決済することになれば相場から退場することにもなり兼ねませんのでここはしっかりルールを決めて損切りを行うようにしてください。

保有している間というのは資金が拘束されてしまいトレードができなくなってしまいます。

早く諦めて、次のチャンスを狙ったほうが効率面でも資金面でも良いです。

ふうた流、損切りポイント

1.あらかじめ決めたpips数で決済

2.直近の高値と安値付近を割り込んだら決済

3.エントリー後に思ったような値動きがなかったら決済

●「あらかじめ決めたpips数」(スキャルピング)のまとめ

【利確pips数】

ドル円・ポンド円10pipsが目標。状況に応じて5~10pipsで利確

【損切りpips数】

ドル円10pips・ポンド円11pips　※自動損切りです

☑ふうた流、損切りのポイント

1の場合、これはもっとも簡単な損切り方法だと思います。エントリー時に、「逆指値」注文をセット発注してトレードしましょう。指定したpips数に到達したら自動で決済(損切り)されます。

初心者時代でなくても損切りが上手くできないという方も少なくないと思います。逆指値やpips数で管理しておけばあとは機械的に損切りしてくれるため大きな含み損にならなくて済みます。

しかし、自分がエントリーした後に雰囲気が悪く逆行してしまった場合、逆指値の設定に到達したら自動で切られるから待とう的な考えはやめた方がいいです。逆指値という設定はあくまでも保険であって、大きな値動きにあった時に大きな含み損にならないようにするための保険と考えてください。

そのため、10pips、11pipsなどで逆指値を設定したとしても、エントリーして思惑通りに動かなければその手前でも損切りできるようになると損切り上手になれると思います。

第1章
17

エントリーした後の決済について ふうた流　損切りポイント②

　2の場合、これはスキャルピングに限らず、デイトレードなどでも損切りの目安にするにはいいかなと思います。

　直近の安値付近でロングして、その後に逆行してしまい直近の安値を割り込んだら損切り。直近の高値付近でショートして、その後に逆行してしまい直近の高値を更新したら損切り。

　この時の直近の高値と安値は1分足や5分足のネックライン（折り返したポイント）を意識します。

　もしエントリーしたところから直近の高値や安値まで値幅があるようであればその前で一旦は決済するようにしましょう。

　3の場合、これは自分が思った方向に値動きがなかった場合に決済します。

　1分足などで見ているとちょっとした値動きに翻弄されてしまいますので、平均足が青に変わってロングしたときになかなか上昇せずに逆ヒゲが出てしまった場合など、何か目安を見つけて自分なりに諦めて決済することもルールに加えておくといいでしょう。

　決済というのは自分の思惑が大きく入ってしまいがちです。この様になってしまうと長く相場に生き残るのが難しくなります。

　利確も損切りもエントリーする前に何パターンかのポイントを決めておいて、そこに到達したらルール通りにしっかり利確や損切りをするのが一番無難です。

ふうた流、3つの損切りポイントのイメージ

ふうた平均足 1分足

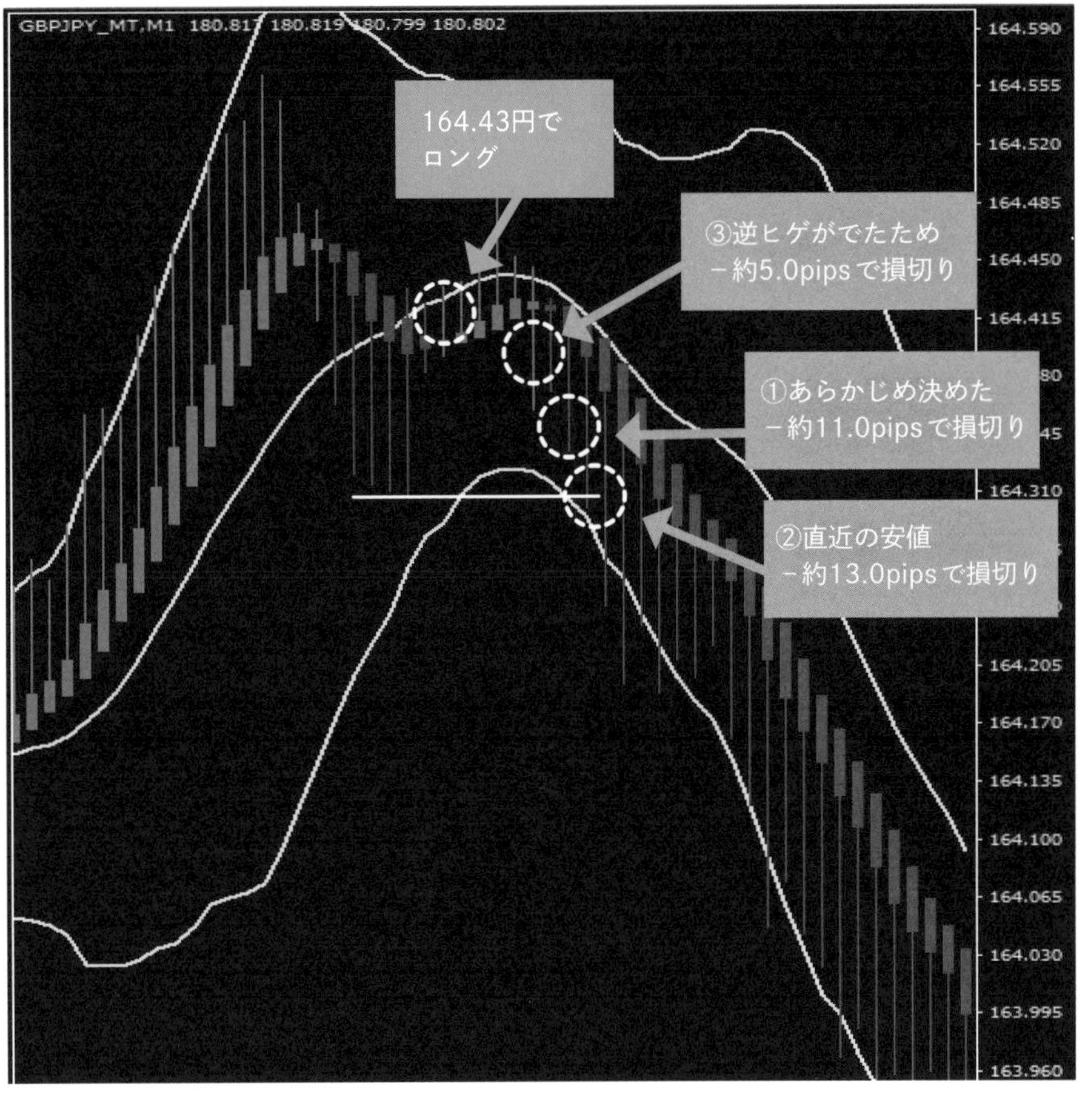

【ワンポイントアドバイス】
利確をしないでずっと持っていると建値付近まで戻ってきてしまい下手したら損切りする羽目になることもあります。含み損になれば大きな損になることもありますので、それを回避するためにもルールを守ることは大切です。

エントリーした後になかなか伸びないケース

☑なかなか伸びないときの対処法

エントリーした後になかなか伸びないケースも多々あります。

平均足が青になった時にロングをして、2本目になってもなかなか伸びないなと思った時には、もう1本見るといった感じで、3本目の平均足が確定するまで様子を見ることも考えます。

平均足は色変わりの3本目に伸びやすい傾向がありますので、その傾向を意識して待つと保有している根拠にできるかと思います。

また、別のテクニックとして、ポジションを複数回に分けて分割決済する選択肢もあります。

例えば、1万通貨でトレードしていた場合、エントリーした後に伸びてきて微妙な値動きになった場合に、半分の5000通貨だけ決済して、もう半分のポジションを残して様子見することで一部利益を確保しつつ、さらなる利益拡大を狙うことも可能です。

左図のチャートは、じり上げ展開のチャートです。

上位足でトレンドが発生して上昇、買いの勢いが強いときによくある状況で、このときは利益の確定は平均足の色変わりで良いですが、逆に平均足が赤になってショートしたときに2本目も伸びないケースのときに3本目を見て保有するか決済するかを判断したりもします。

上位足のトレンドが強い展開のときは、平均足の色変わりが一時的でダマシとなり、元のトレンドに戻る可能性もあります。

2本目や3本目の様子を見ることで、利益を伸ばすか決済をするか考えることもできます。

思ったとおりに動かない…さあどうする？

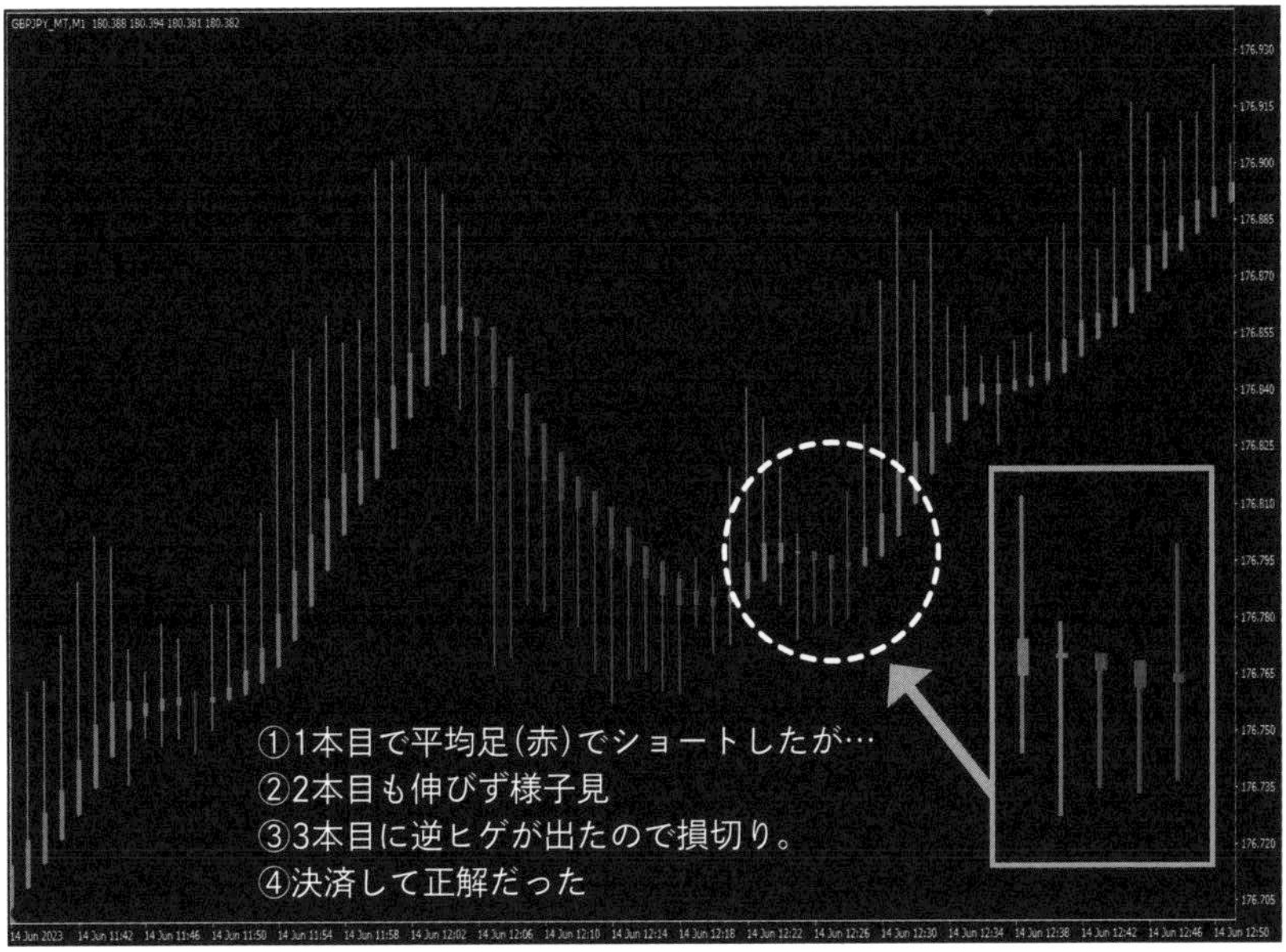
GBPJPY_MT,M1 180.388 180.394 180.381 180.382
①1本目で平均足(赤)でショートしたが…
②2本目も伸びず様子見
③3本目に逆ヒゲが出たので損切り。
④決済して正解だった

3本待っても伸びる気配（高値更新・安値更新）がなければ、その後は利益を失ってしまう、または、含み損になってしまう可能性が高くなりますので決済することも考えましょう。

逆にロングエントリーしていた場合には、この局面を見ることで利益を拡大させるチャンスにもなります。考え方次第ですね！

第2章からは、私の分析のテクニックを余すところなくお伝えしていきます！平均足を用いなくてもトレードで勝つことは可能だと思います。

コラム

会場セミナー

「基礎底力UP編」と「判断力UP編」にわけて、東京と大阪で、年に数回実施しています。内容は平均足やボリンジャーバンドなど一つ一つのテクニカルの基礎的な使い方から応用までをレベルごとに分け、日々のトレードで活かせるようなセミナーにしています。

トレードはある程度の「未来を予測」してエントリーや決済をします。未来を予測するには基礎が大切で、基礎の複合でエントリーポイントや決済ポイントが見えてきます。トレードに100%はない！ 柔軟な対応が必要！ だと私は思っていますので、そういったこともセミナーではお話ししています。特に「判断力UP編」では、なぜこの局面でロングなのか？ あるいはショートなのか？ 皆さんと一緒に考えその後どのようにレートが動いたのかを検証用にチャートを動かし、答え合わせをしています。

最初のトレードは資金を減らさない様に少額トレード、もしくはデモトレードからスタートして、相場に生き残って勉強して成長していけば稼げるトレーダーへの一歩に繋がると私は考えています。

LIVEや動画ではなかなか伝わらないこともあるので、お越しになられた方は毎回とても満足していただいております。セミナーでは爆益祈願のお守りもお配りしています。

第2章

【環境認識】

エントリーしたら逆に動くを減らす
木も森も見て正確な判断

第2章
01

相場の状況を把握する「環境認識」とは？

☑環境認識とは？

環境認識とは、現在の相場（環境）がどのような状況かを把握（確認）することを言います。環境認識を行うことで、売買の判断がしやすくなります。

トレードは大きな流れに合わせてエントリーした方が勝ちやすいので、初心者の頃から意識するようにしておくことで負けにくくなります。

環境認識ができるようになると、

・エントリーしたら逆に動いた
・損切りしたら戻ってきた

このようなトレードが少なくなりますので、ＦＸ取引における最初の重要なステップといえます。

☑環境認識で把握することとは？

・上位足が上昇トレンド中なら
↓下位足で「押し目買い」でエントリーを模索する
・上位足が下降トレンド中なら
↓下位足で「戻り売り」でエントリーを模索する
・上位足の状況が上下はっきりしないなら
↓横ばいの「レンジ」になる可能性を考える

この3つを知るために、環境認識を行います。

相場の基本的な3つの流れを意識して戦略を立てていきます。

環境認識を行っておくことで、決済判断がしやすくなります。再現性の高い勝ちパターンを作っていくうえで重要な要素ですので、是非とも覚えておいてください。

どんな状況なのかを把握してエントリー

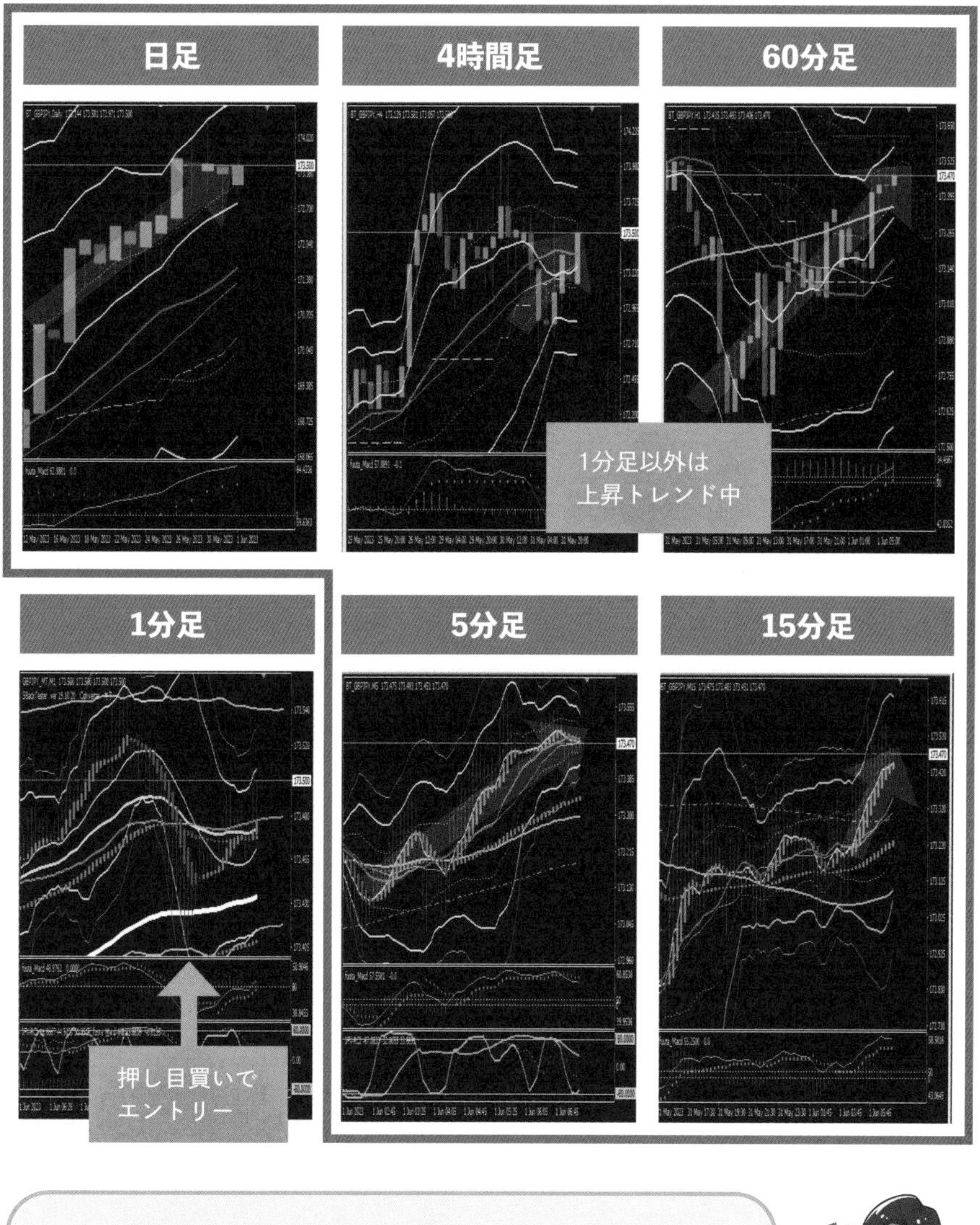

FX取引における最初の重要なステップです。
相場状況を的確につかむために一緒に
学びましょう。

第2章
02

「環境認識」とは、複数の時間軸のチャートを確認するマルチタイムフレーム分析

☑マルチタイムフレーム分析とは

複数の時間軸で分析する方法を、「マルチタイムフレーム分析」と呼びます。

簡単に解説すると、時間軸毎の相場分析をすることで今時点どこが意識されているのか、目先の抵抗線、支持線がわかりますので、エントリーや決済ポイントが見えてきます。

これを強く意識することで相場の流れが把握しやすくなり、ひいてはトレード精度の向上につながるわけです。

私は、このマルチタイムフレーム分析が理解できるようになったことが、初心者から勝てるようになったきっかけだと思っています。

☑上位足の状況確認

トレードする前に、まずは上位足の時間軸を見て環境認識をしてからトレンドの方向性を確認します。

・上位足とは（日足、4時間足、60分足）
・下位足とは（15分足、5分足、1分足）

週足や月足も確認しますが基本は上記の方向性を確認しておくのがポイントです！

大きな流れは上位足の方向性と考え、上位足の状況をテクニカル分析で確認し方向性を見て、その流れに合わせて下位足でタイミングを取りながらエントリーするイメージです。

上位足と下位足

上位足

日足

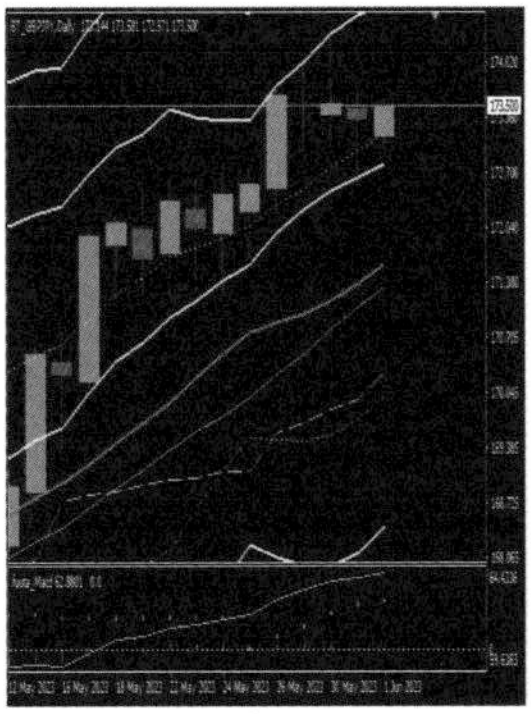

4時間足

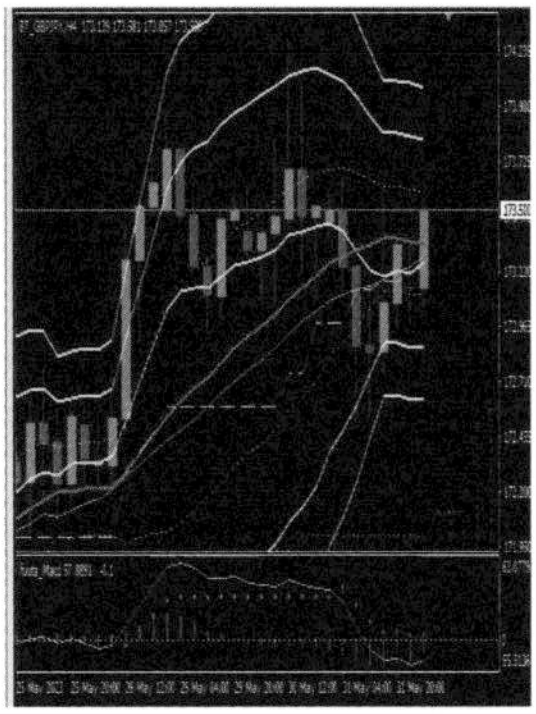

60分足

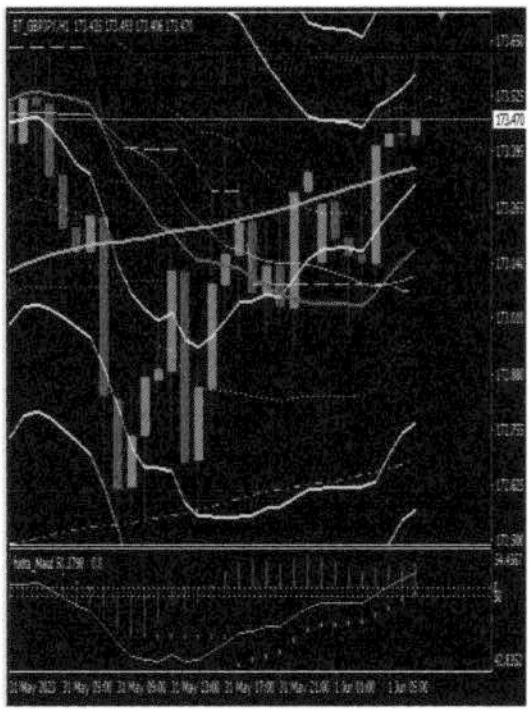

下位足

1分足

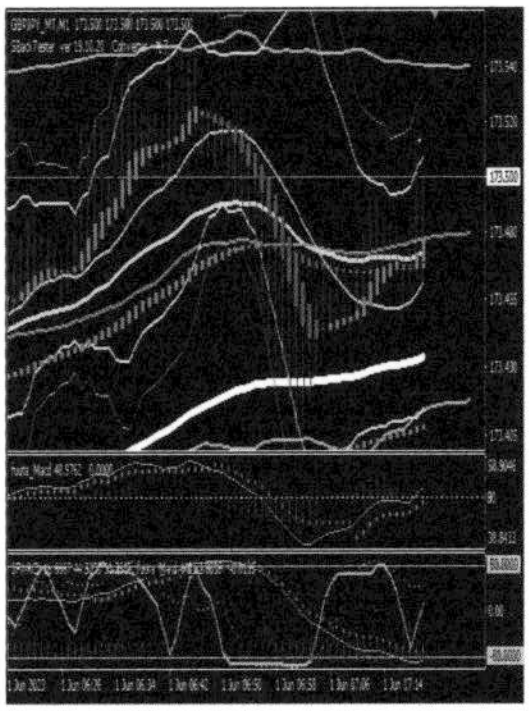

5分足

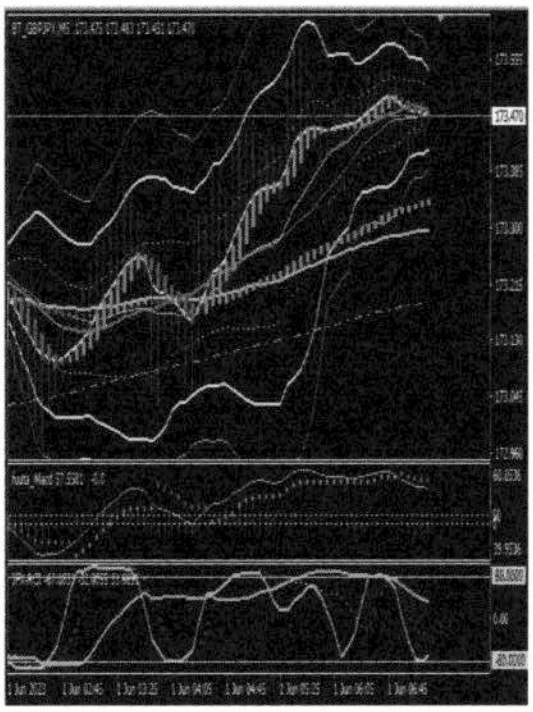

15分足

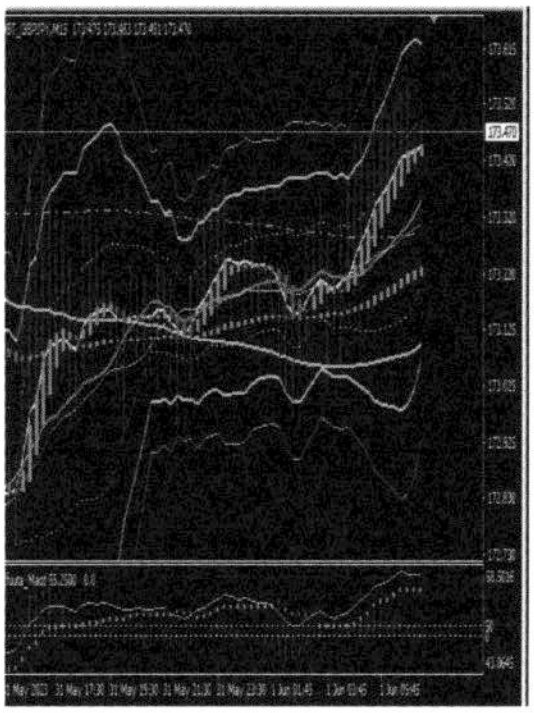

トレンドの方向性は上位足！
エントリーのタイミングは下位足！

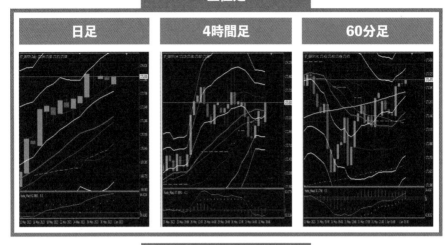

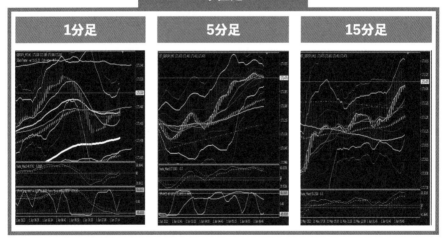

チャート設定

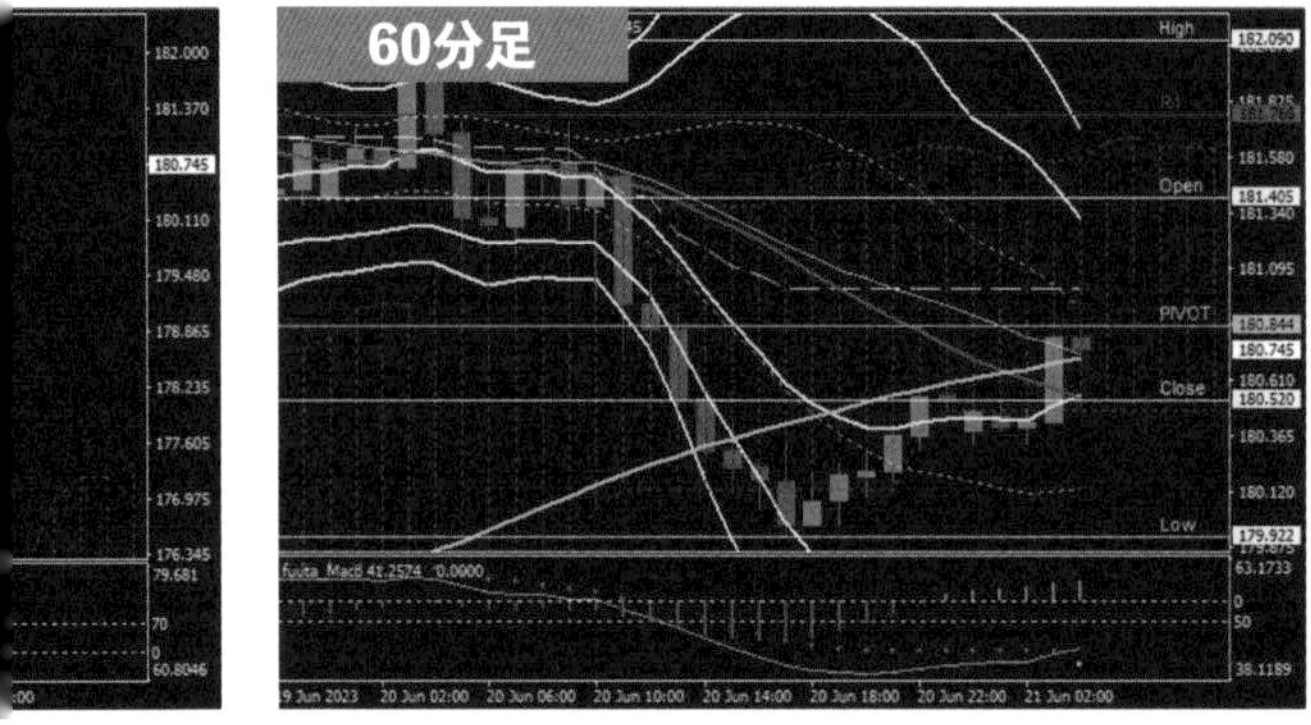

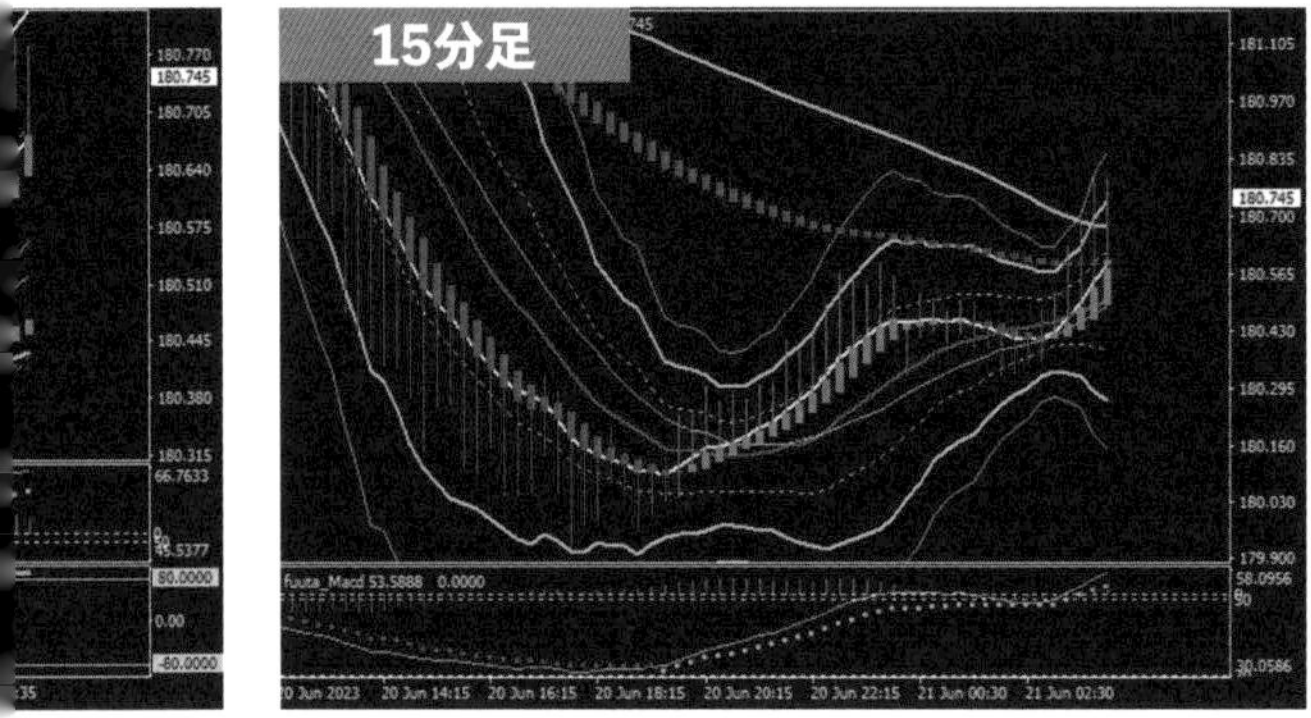

【日足・4時間足・60分足用】

・移動平均線(10EMA、20SMA、25SMA、90SMA、200SMA)

・ボリンジャーバンド(期間20、±1σ、±2σ、±3σ)

・一目均衡表(基準線と雲)※数値はデフォルト

・オシレーター(MACD 12.26.9)

【5分足と15分足用】

・ふうた平均足(ふうた平均足、中期・長期のふうた平均足)

・移動平均線(10EMA、25SMA、90SMA、200SMA)

・ボリンジャーバンド(期間20、±1σ、±2σ、±3σ)

・オシレーター(MACD 12.26.9) (RCI 9.13.27)

スキャトレふうた流

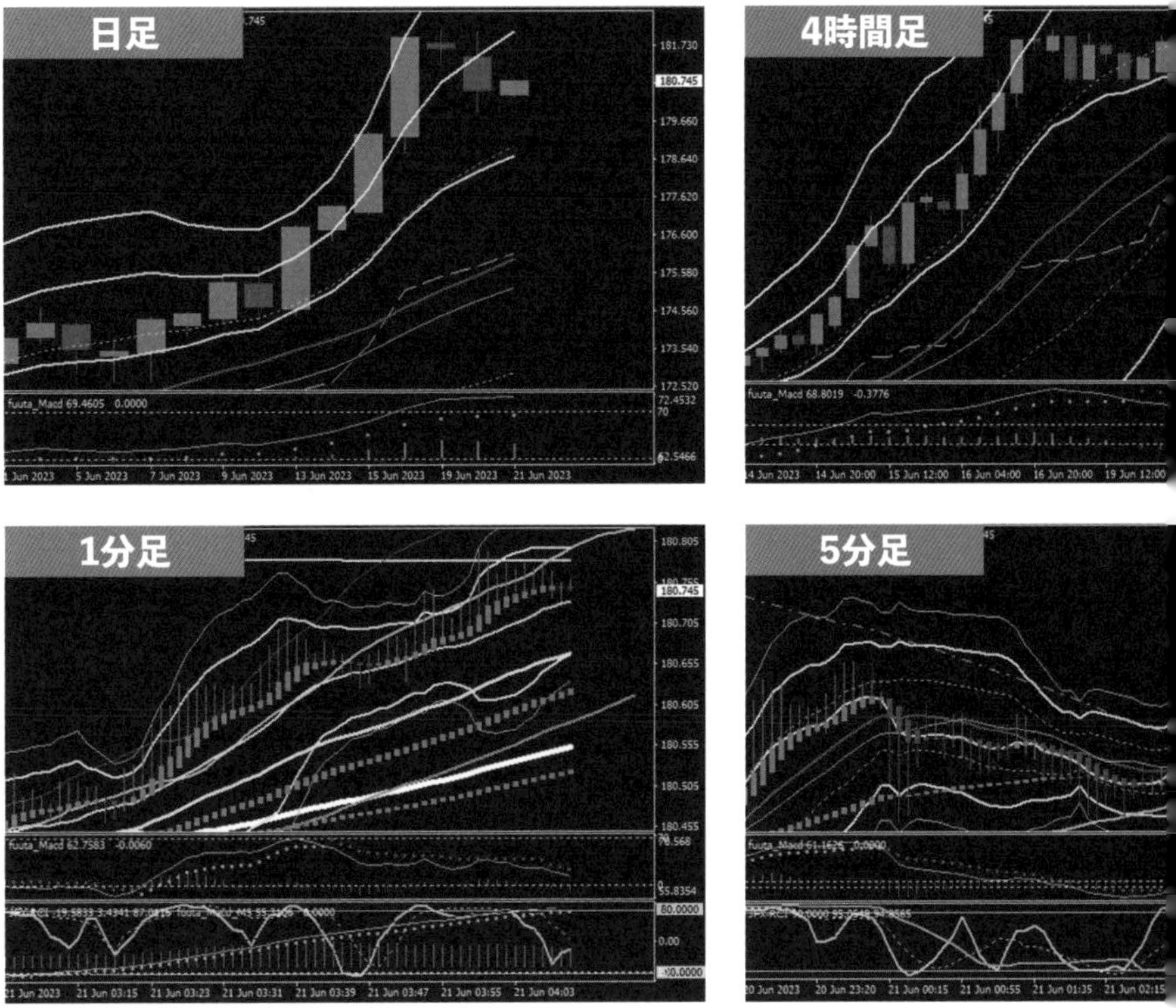

【1分足用】

・ふうた平均足(ふうた平均足、中期・長期のふうた平均足)

・移動平均線(10EMA、50EMA、90SMA、150EMA、200SMA)

・ボリンジャーバンド(期間20、±2σ、±3σ)と(期間70、±2σ、±3σ)

・オシレーター(MACD 12.26.9) (RCI 9.13.27) (MACD 60.130.45)

1分足はエントリーのタイミングを判断するために、
「上位足の数値」の設定を追加しています。

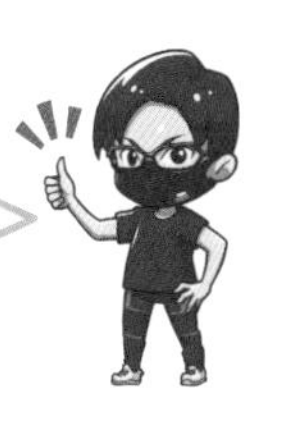

第2章 04

上位足の流れに合わせてエントリー！スキャトレふうた流！上位足の環境認識①

☑上位足のボリンジャーバンド

ボリンジャーバンドはスクイーズやエクスパンションなどの使い方がありますが、**上位足でも基本的な使い方を優先します。**

−2σ、−3σ付近に到達した後の反転でロング、+2σ、+3σに到達した後の反転でショートといった具合に考えてエントリーの根拠として利用しています。

また、ボリンジャーバンドもひとつの時間軸だけで見ずに、**日足、4時間足、60分足など複数の時間軸**でボリンジャーバンドの方向性を捉えるようにするとよいでしょう。

例えば、4時間足以上でボリンジャーバンドの傾きが上向きであれば、60分足以下でのボリンジャーバンドの−2σ、−3σ付近に到達した後の反転でロングを狙ってみます。

【ボリンジャーバンドのロング狙い】

・−2σ、−3σでロングエントリーを狙います。

+2σ、+3σ付近でのロングは負け率が高いので要注意

【ボリンジャーバンドのショート狙い】

・+2σ、+3σでショートエントリーを狙います。

−2σ、−3σ付近でのショート狙いは負け率が高いので要注意

ボリンジャーバンドがスクイーズからのエクスパンション時は流れに逆らわないように注意。

上位足のボリンジャーバンド

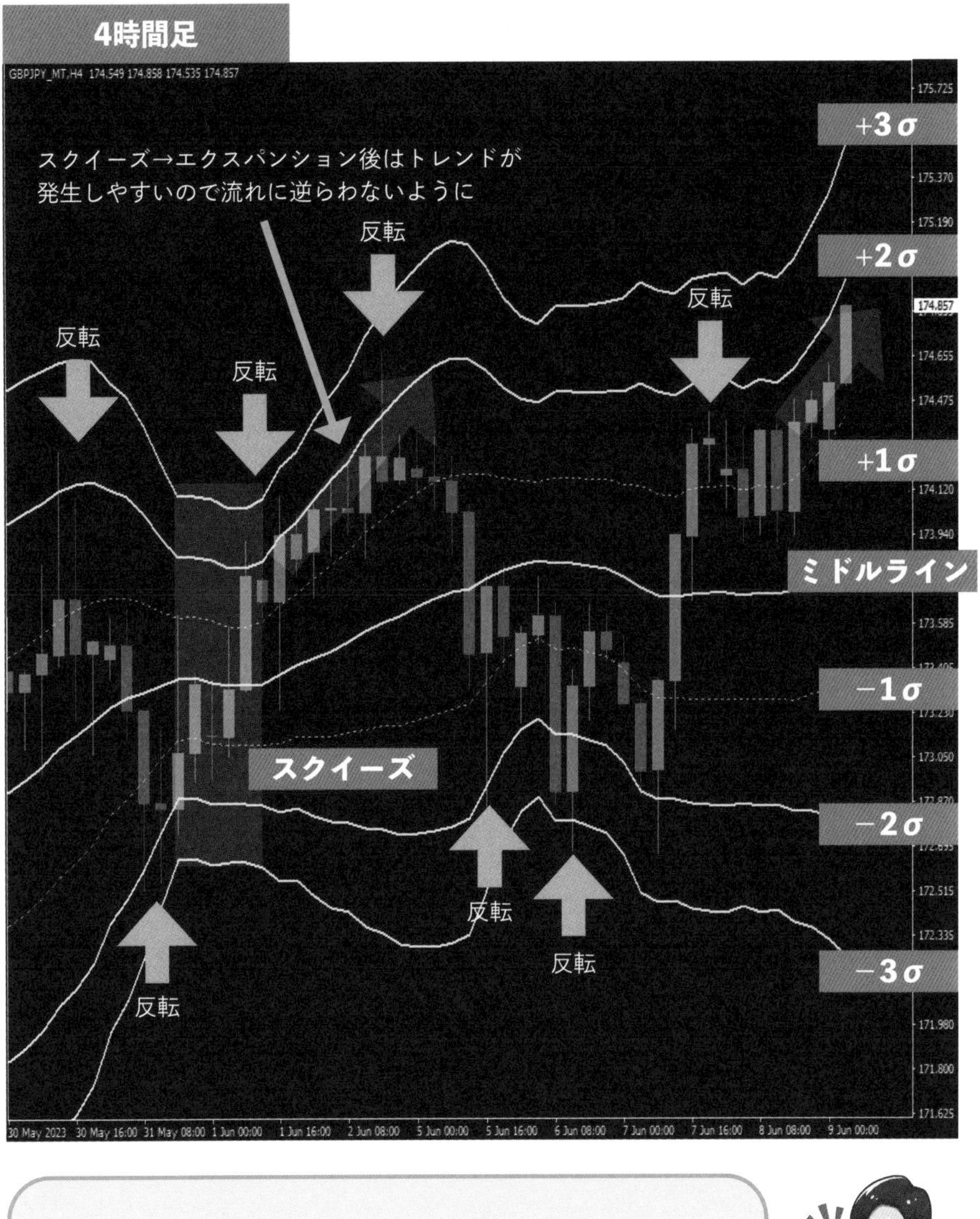
4時間足
GBPJPY_MT,H4 174.549 174.858 174.535 174.857
スクイーズ→エクスパンション後はトレンドが
発生しやすいので流れに逆らわないように
反転
反転
反転
反転
反転
反転
反転
+3σ
+2σ
+1σ
ミドルライン
−1σ
−2σ
−3σ
スクイーズ

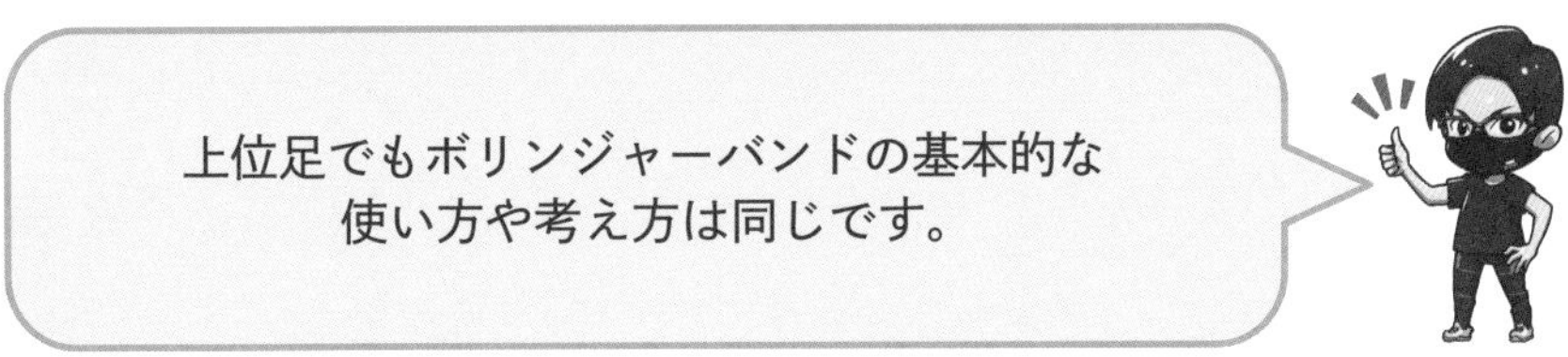
上位足でもボリンジャーバンドの基本的な
使い方や考え方は同じです。

第2章 05

上位足の流れに合わせてエントリー！スキャトレふうた流！上位足の環境認識②

☑上位足の移動平均線

移動平均線は、下位足同様に短期線、中期線、長期線を見て判断しますが、短期線の上でレートが推移している間は上昇トレンド継続で下位足で押し目買い狙いで攻めます。

・短期の移動平均線（10EMA）の上にきたら買い目線

・短期の移動平均線（10EMA）の下にきたら売り目線

（A地点）レートが短期線を割り込んできたら中期線まで下落する可能性を考え、その後は中期線の傾きも見て、中期線が上向きであればまだサポートされる可能性を考えて、中期線の反発で押し目買いを狙ったりもしています。

売りが強く中期線を割り込んでくると短期線が下向きになり、その後に戻り売りが出始め、短期線が中期線をデッドクロスしてくると流れが変わってしまいます。※第4章で詳述します。

【移動平均線の傾き（上位足）】

・中期線や長期線が上向きであれば流れは上目線

↓下位足で押し目買い狙い

・中期線や長期線が下向きであれば流れは下目線

↓下位足で戻り売り狙い

【移動平均線のゴールデンクロス、デッドクロス】

・短期の移動平均線（10EMA）がミドルラインをゴールデンクロスしたらその後は押し目買い狙い

・短期の移動平均線（10EMA）がミドルラインをデッドクロスしてきたらその後は戻り売り狙い

上位足の移動平均線

60分足

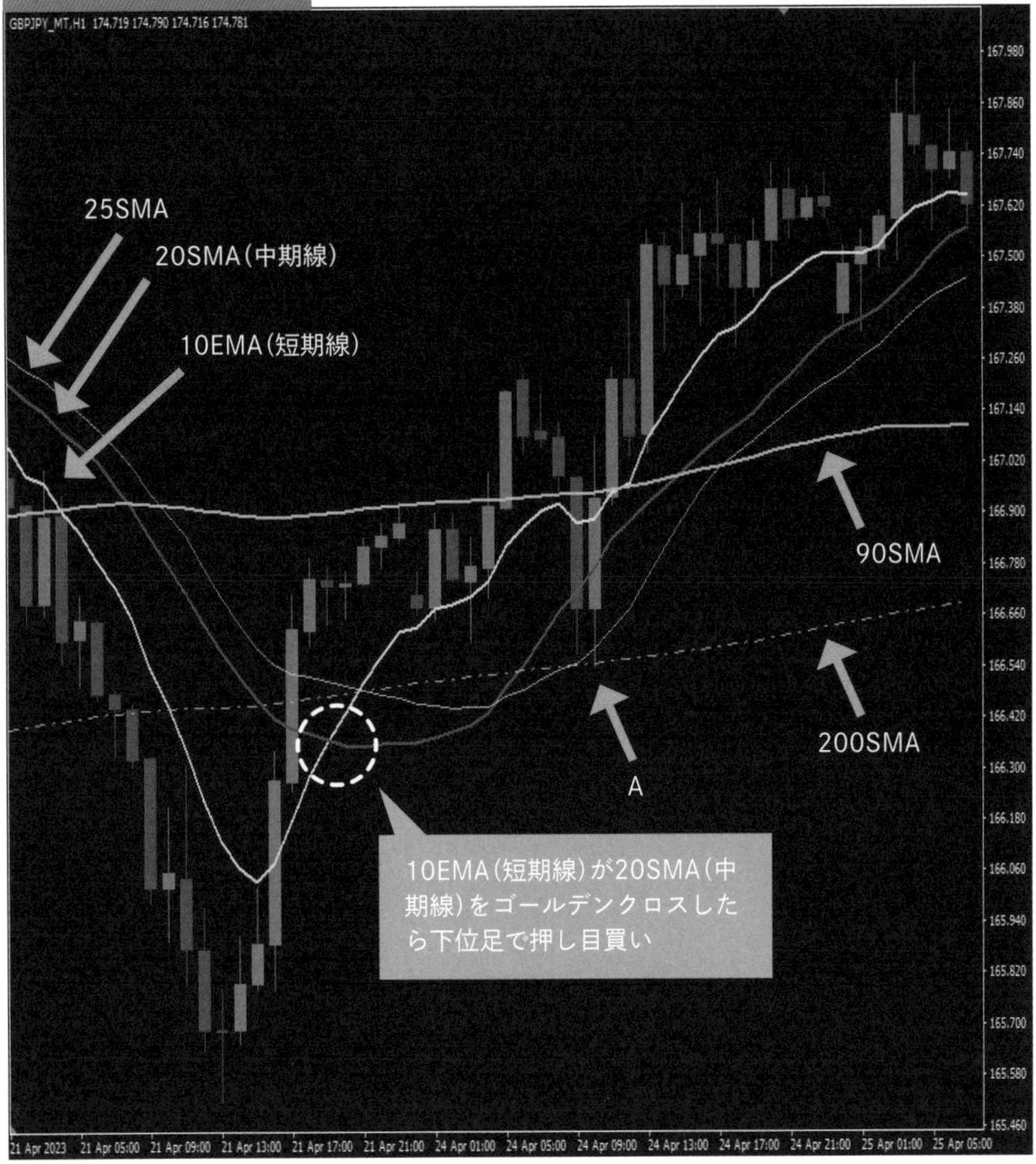

下位足、上位足でも考え方は同じ！
上位足で流れが出始めると下位足ではかなり
長い間トレンドが継続します。

上位足の流れに合わせてエントリー！スキャトレふうた流！上位足の環境認識③

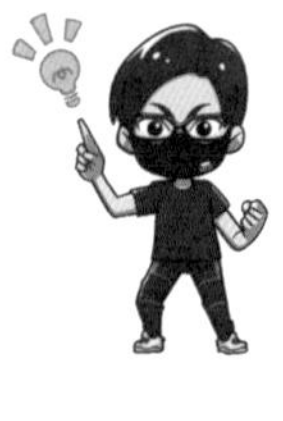

☑上位足の一目均衡表

一目均衡表は、転換線や遅行線などもありますが、基本は「基準線」と「雲」のみを見て判断していくのがよいでしょう。

基準線の上にきたら上目線、基準線の下にきたら下目線、雲は雲の上限と下限を意識。雲の上にいれば上目線で押し目買い、雲の中に入ったら雲の下限まで下落に向かう可能性を考えたりといった具合に、シンプルに考えています。

基準線の傾きが上向きであれば、レートが基準線まで下落してきたら一度はサポートされて反転してくるか様子を見ます。

【一目均衡表の基準線の考え方】

・基準線の上にレートがきたら基準線をサポートに押し目買い狙い
・基準線の下にレートきたら基準線が抵抗線となり戻り売り狙い

【一目均衡表の雲の考え方】

・雲の上にレートがあり、厚い雲なら雲の上限がサポートされやすいので押し目買い狙い
・雲の下にレートがあり、厚い雲なら雲の下限が抵抗線になりやすいので戻り売り狙い
・雲の中にレートが入ったら雲の中での推移、その後上抜け、下抜けするかを考える

※一目均衡表は15分足以上の時間軸だけ見ています。

上位足の一目均衡表

4時間足

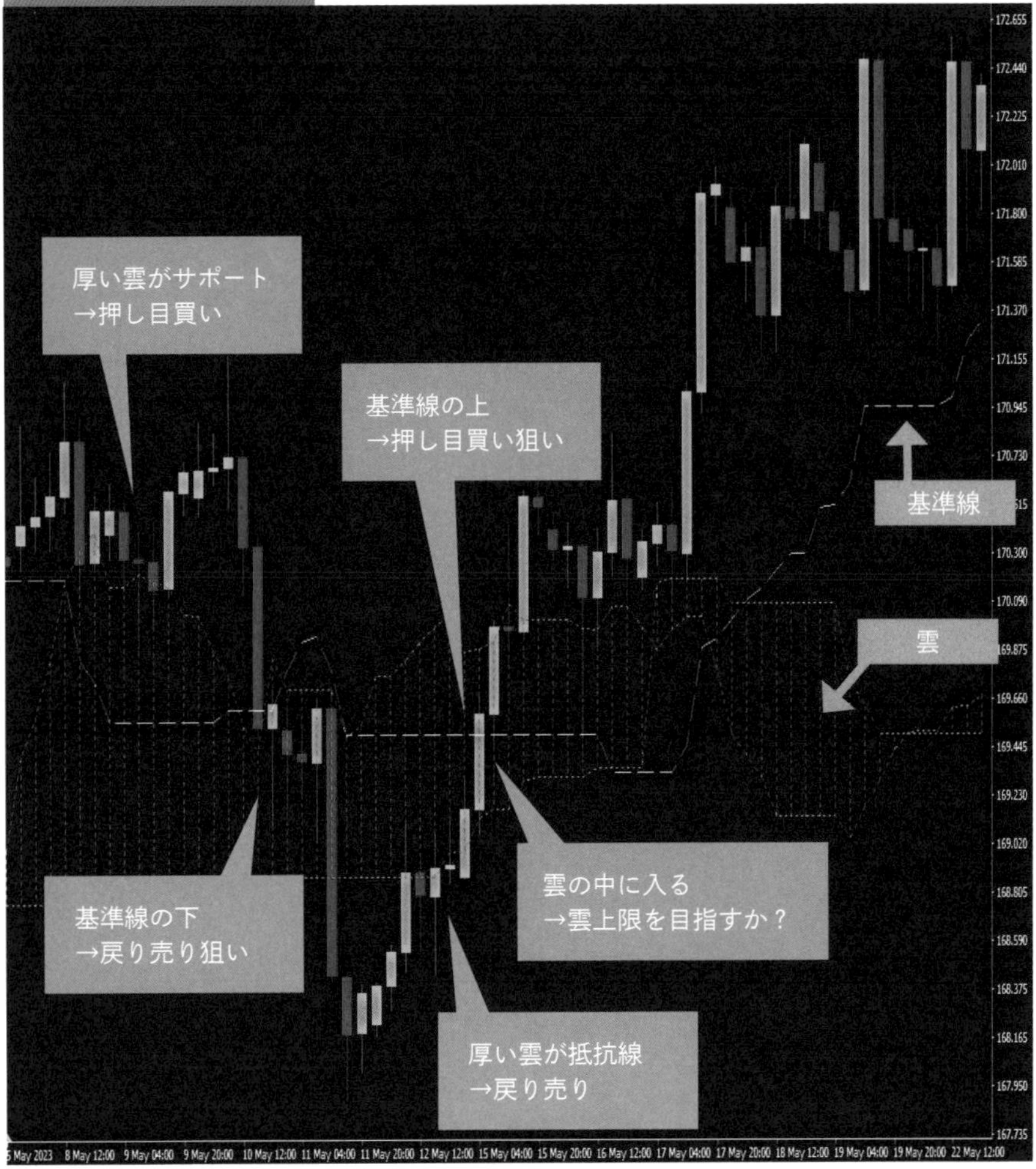

雲の上限下限、基準線の上・下というように
シンプルに考えています。

第2章 07

上位足の流れに合わせてエントリー！スキャトレふうた流！上位足の環境認識④

☑確認するポイント

上位足の環境認識で代表的なのは、水平線やトレンドラインのレジスタンスライン（抵抗線）やサポートライン（支持線）があります。

ただこれだけだと、**水平線やトレンドラインに到達しない時はエントリーや決済をする根拠が少なく判断しづらくなります。**

そこでボリンジャーバンドや移動平均線、一目均衡表の基準線や雲もエントリーや決済の根拠にすることで、エントリーや決済、目先の展開などのイメージがしやすくなります。

ボリンジャーバンドや移動平均線、一目均衡表も世界中のトレーダーが見ていますので機能しやすく、特にボリンジャーバンドのポイントは機能（反転、反発しやすく、エントリーや決済ポイントになりやすいこと）しやすいです。

☑上位足で意識されてるラインがわかれば反転ポイントが読める！

「水平線」「トレンドライン」「ボリンジャーバンド」「一目均衡表」「移動平均線」が主に意識されて、サポート（支持）されて反発したり、レジスタンス（抵抗）になり反転してくることが多いので、ご自身のチャートにもしっかり水平線やトレンドラインを引く癖をつけるようにしましょう。

複合することでより明確になる

60分足

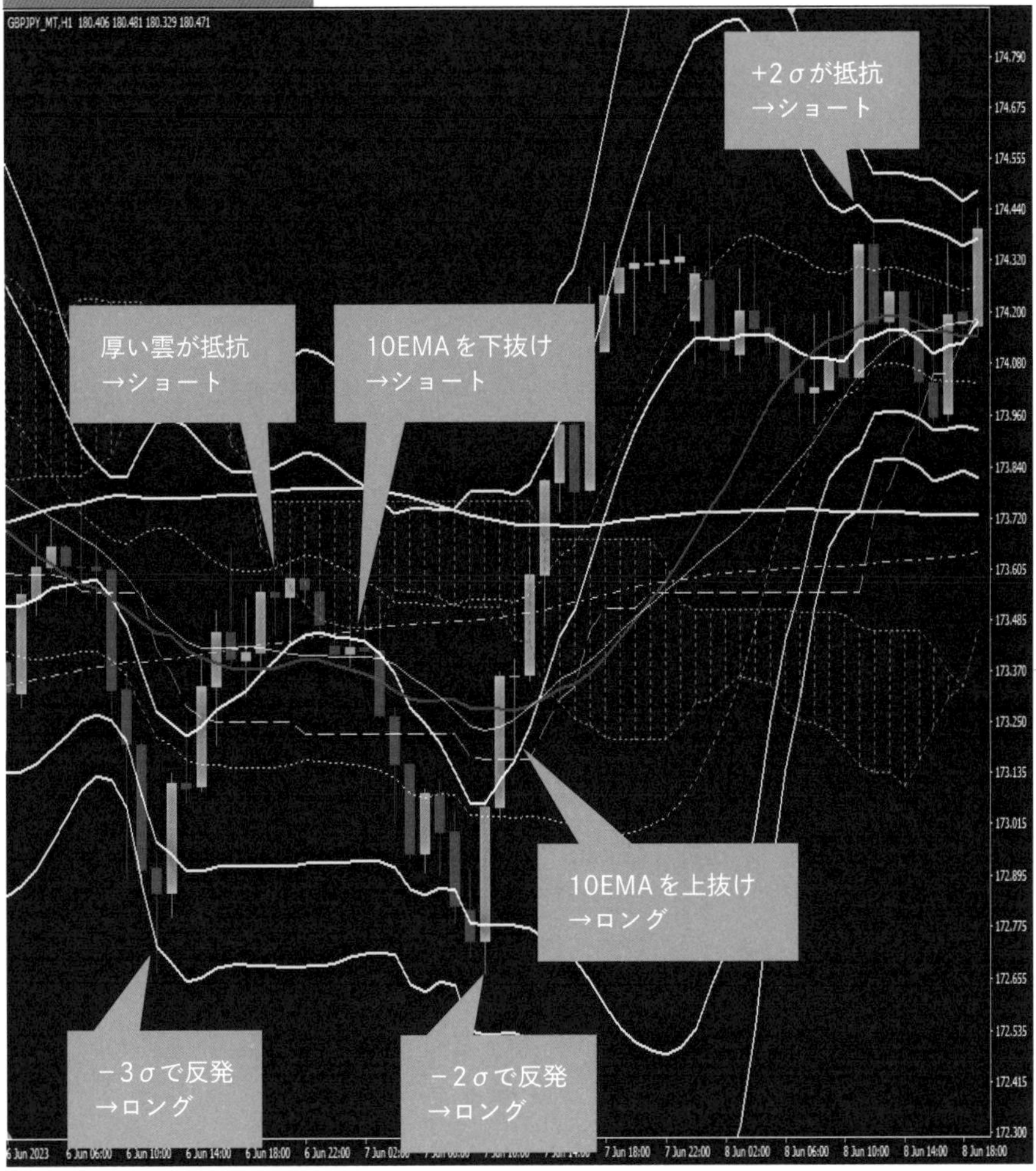

目先の展開がイメージしやすくなります！
流れがわかれば勝率もUP！

上位足が上目線だから買えばいいというわけではない！

☑上位足だけに囚われるな!?

森を見過ぎて木を見なくなってしまうのも落とし穴にはまります。これは実際に私が初心者時代にマルチタイムフレーム分析が見えてきた時に起こったことです。

何が言いたいかというと上位足の方向がわかって、例えば上目線と判断した時に、上位足のチャート分析だけでエントリーしてしまうことです。

チャートは下位足から形成されるので、上位足で上目線と判断しても、下位足では買われ過ぎの状態になっていて一時的にでも高値掴みになることがあるからです。

☑森(上位足)を見たら木(下位足)を見る

例えば、上位足だけを見てロングエントリーをすると、下位足では買われ過ぎの状態のため逆行してしまいやむなく損切り。損切り後に時間が経過すると反転して上昇してしまい、やっぱり上がった、保有していれば良かったと、後悔することになります。

そのため上位足で相場分析しても必ずエントリーのタイミングは下位足、1分足、5分足あたりで判断した方がいいエントリーがしやすくなります。これはマルチタイムフレーム分析がわかってくると気づいてくると思います。

上位足は上昇トレンドでサポート付近だけど？

●60分足：10ＥＭＡのポイントに到達したのでロングエントリーを狙いたいが…

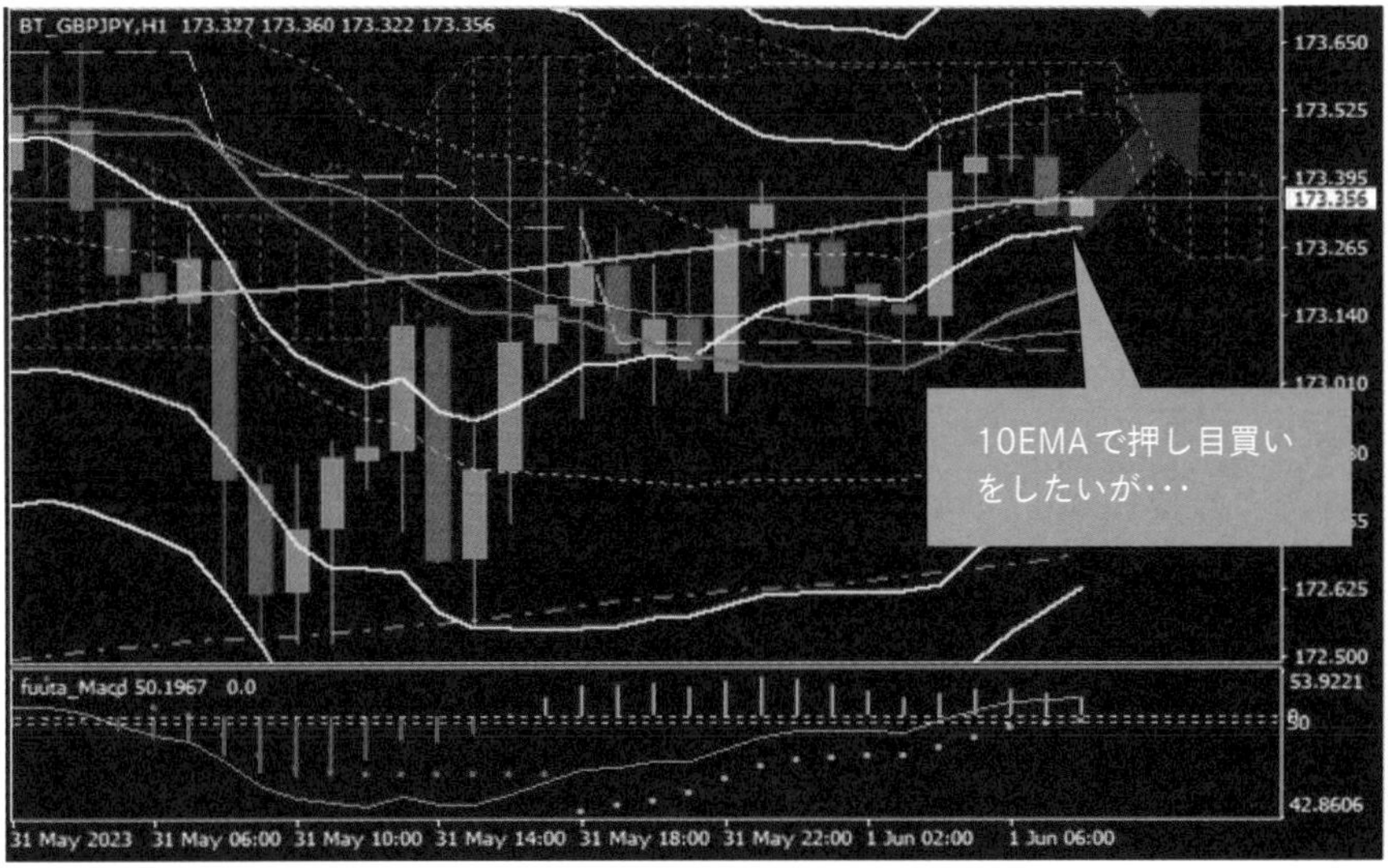

●1分足：中期と長期の平均足が赤になってしまったので押し目買いは要注意と判断できます。

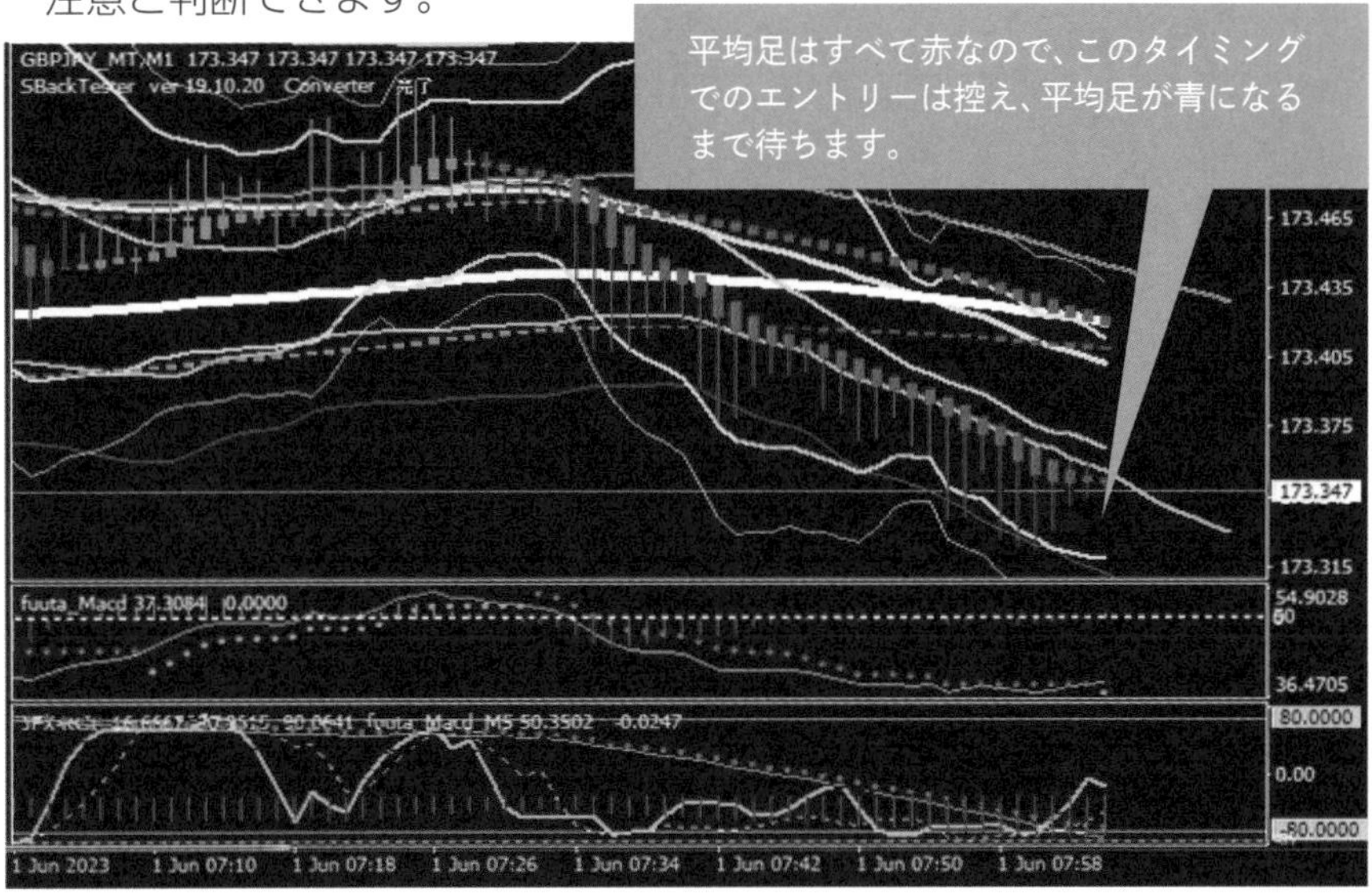

第2章
09

環境認識あるある 時間足ごとに方向が違う場合はどうするの？

☑上位足の時間足ごとに方向が違う！

上位足で環境認識をしていると時間足ごとに方向が違う時があります。

そういった局面は「レンジ」になることが多いので、上昇するかなと思ったら戻ってきたり、下落するかなと思ったら戻ってきてしまったり方向感の欠ける展開になりやすいです。

そういう時はレンジブレイク（※）狙いはせずに、上位足の上限下限にラインを引いて、上限付近でショート、下限付近でロングを狙うといいでしょう。

※レンジブレイクとは、レンジ相場の上限（レジスタンスライン）または下限（サポートライン）を突き抜ける値動きのことです。価格が大きく動き新しいトレンドが生まれます。

☑上位足の方向性がわからないときは？

上位足の環境認識をして方向性がわからない時もあります。

そうなると世界のトレーダー達も迷っているのかチャートも行ったり来たりしますので、わからないなと感じたら様子見することもトレーダーとしては大切です。「休むも相場」の格言もあります。

「時間足毎に方向が違う」「上位足の方向がわからない」ことに気が付くことも、無駄なエントリーを回避することに繋がります。こういったことからも環境認識の重要さがわかりますね！

時間足毎に方向が違う場合は？

日足

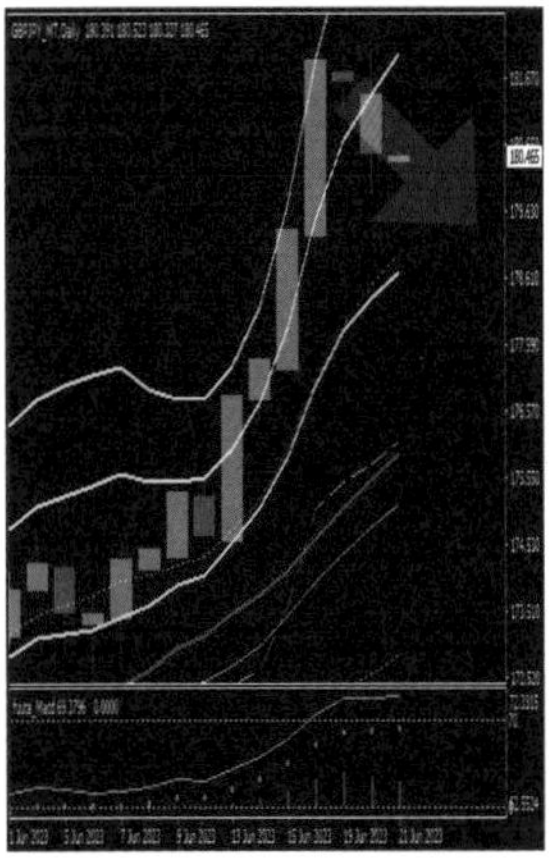

4時間足

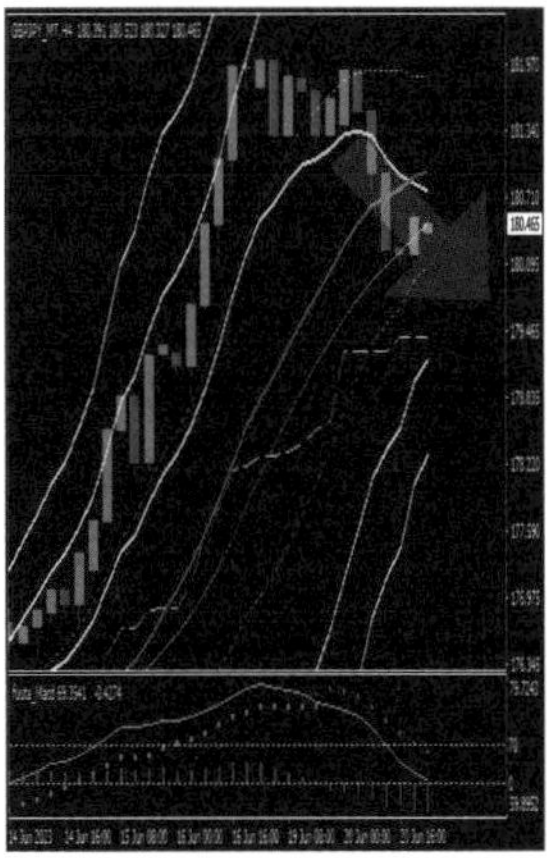

60分足

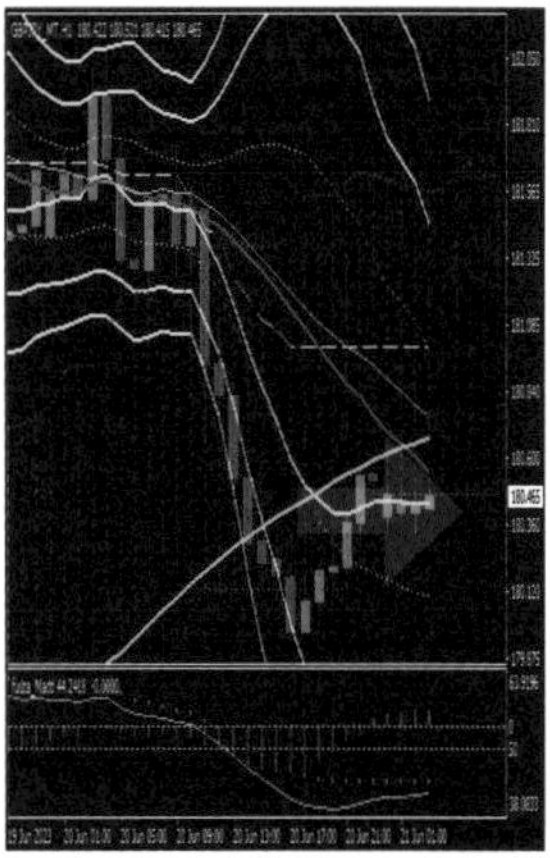

1分足

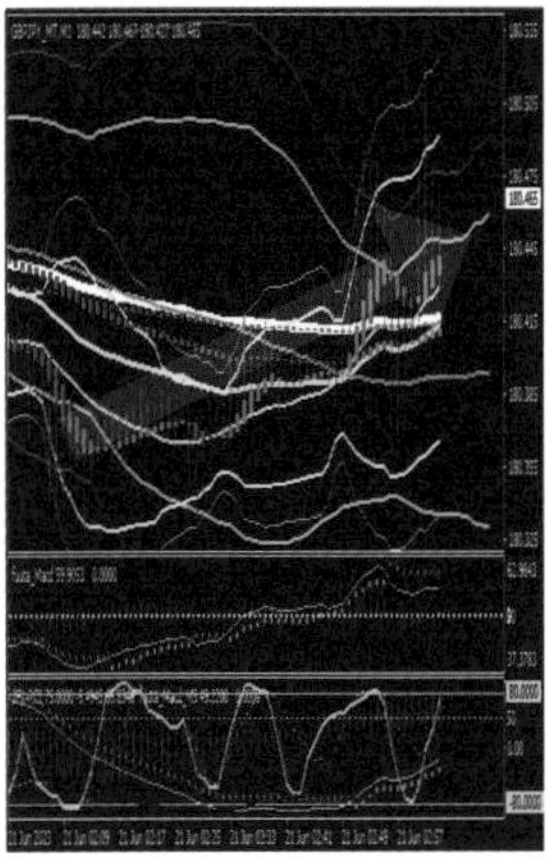

5分足

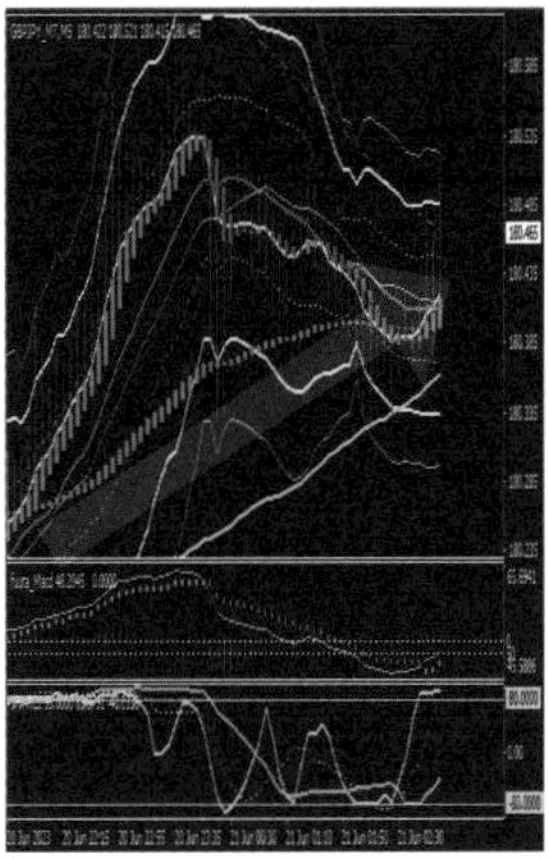

15分足

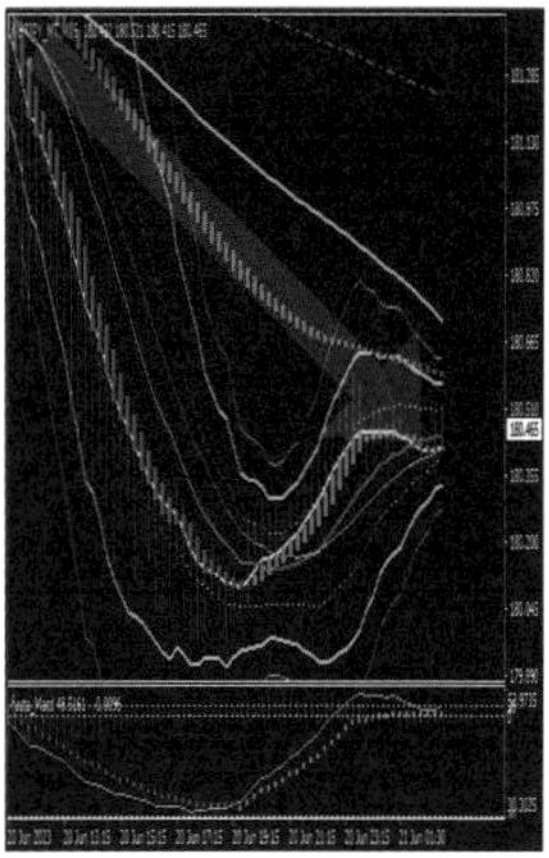

15分足・4時間足・日足はショート、60分足はレンジ、1分足・5分足はどちらかというとロング目線。こういうときはレンジになりやすい。

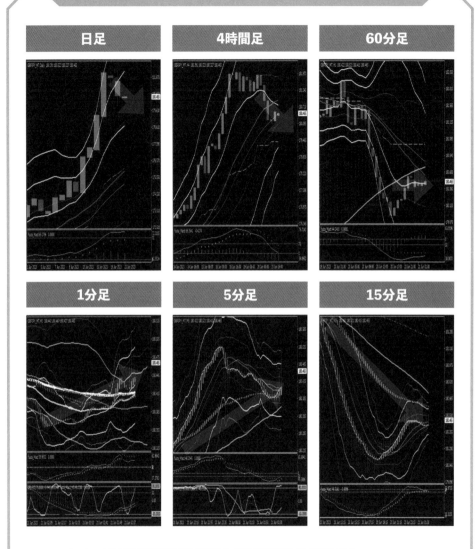

第2章 10

「環境認識」できたら、あとは待つだけ！

☑環境認識できたら下位足で待つ

・上位足が上目線の場合
↓下位足で売られ過ぎの状態になった後に反転のタイミングでロング狙い
・上位足が下目線の場合
↓下位足で買われ過ぎの状態になった後に反転のタイミングでショート狙い
・上位足がレンジの場合
↓上位足の上限に到達して下落してきたらショート
↓上位足の下限に到達して上がってきたらロング

エントリーすると逆方向に動く人はこれ！

☑勝ち組への扉

エントリーのタイミングは第1章でやった平均足の色変わり、チャートパターンなどで考えてください。

章毎に勉強した内容を単体で考えるのではなく、章毎の内容を思い出しながら点と点で繋ぎ合わせることで勝ち組への扉が開けます！

Youtubeの LIVE 配信で解説していますので、本書を手に取ってくださった方はYoutubeも是非ご参考ください。

Youtubeも見にきてね！

エントリーポイントが一目瞭然

●60分足：10EMAをサポートとして上昇トレンド中

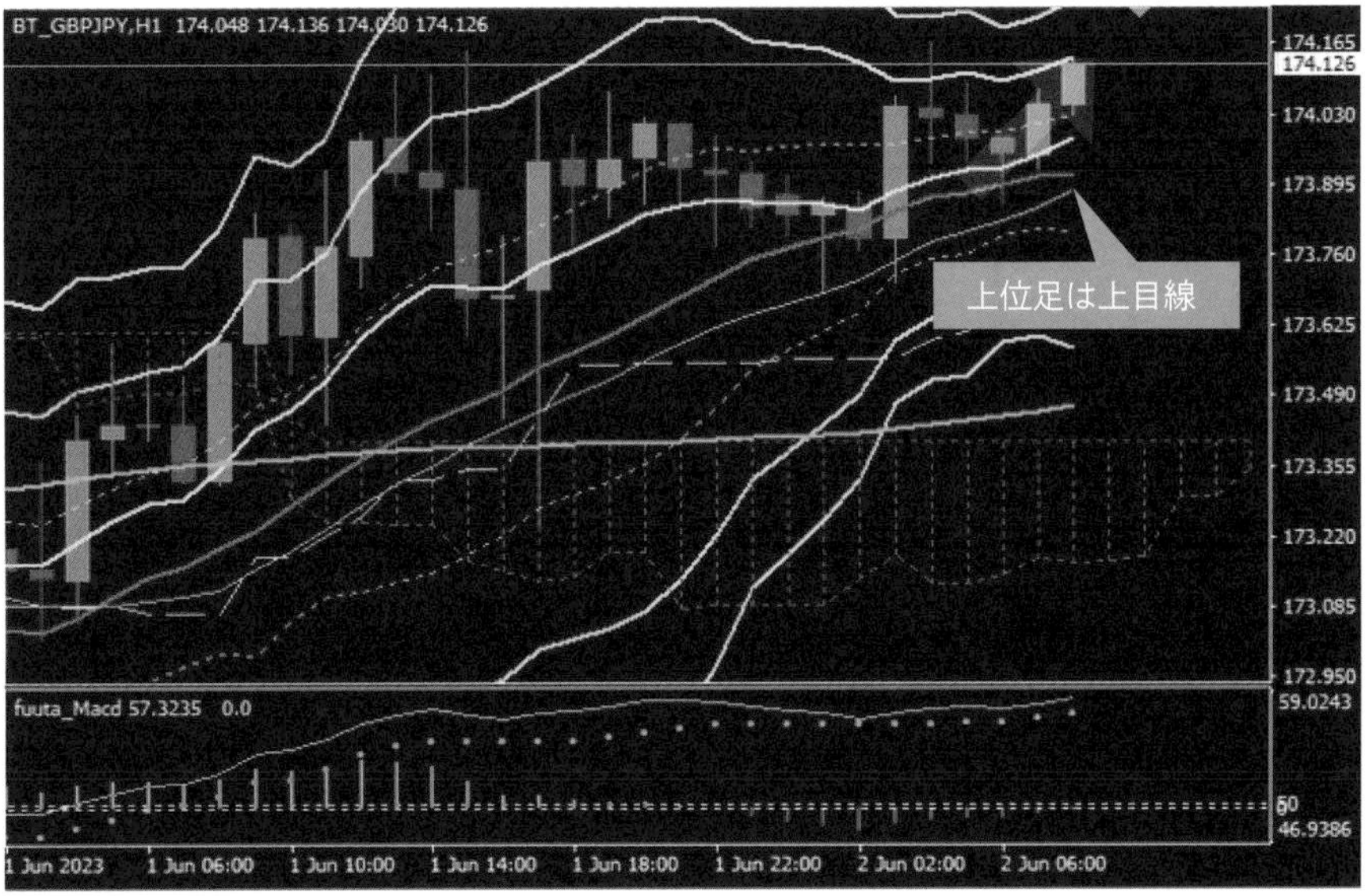

●1分足：売られ過ぎの状態になった後の平均足の色変わりでロング

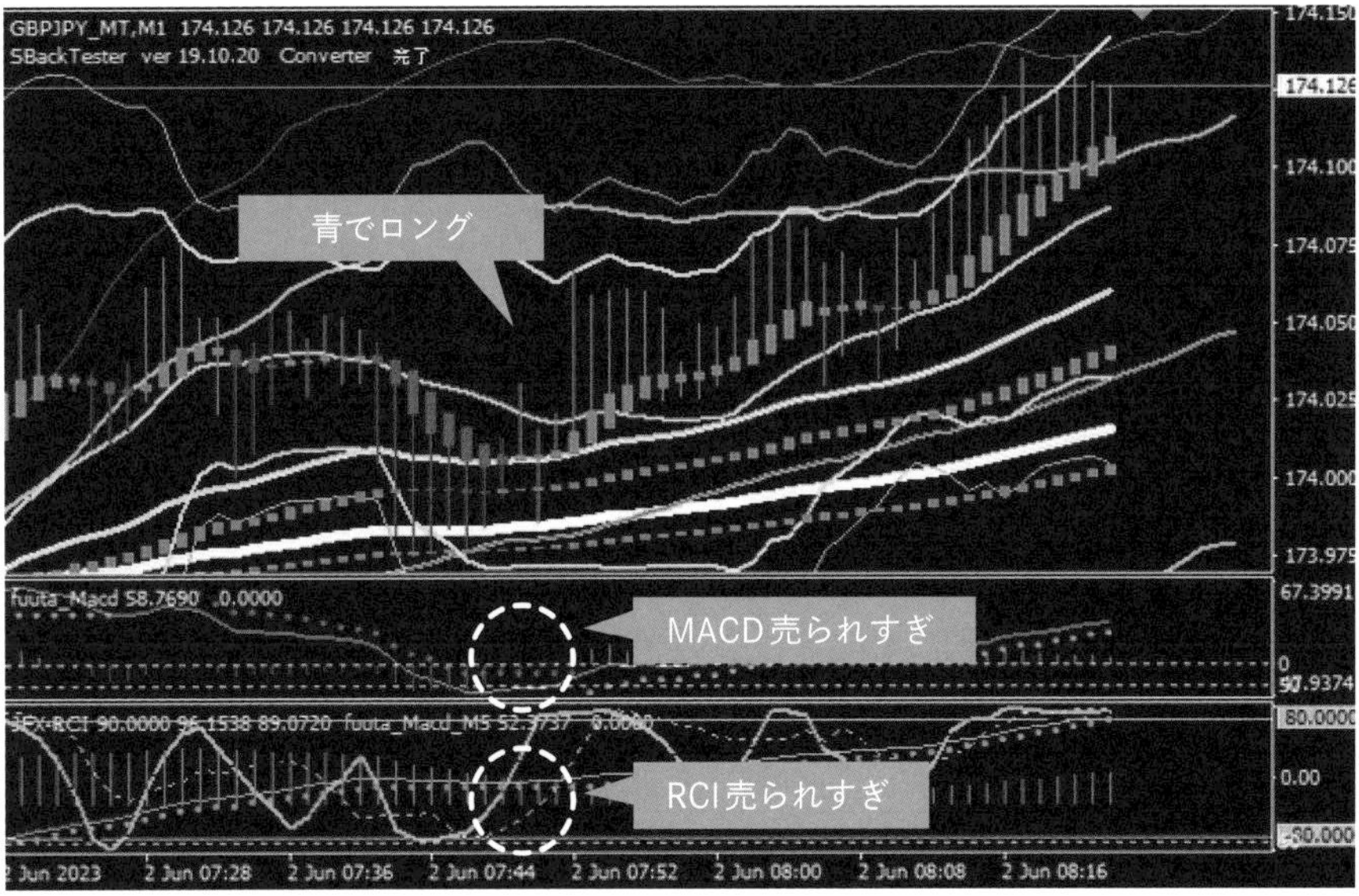

第2章 11

「環境認識」は6画面チャートを見よう！

☑6画面チャートで環境認識

私は6つのチャートに異なる時間軸を表示して全体の流れを把握するようにしてみています。日足、4時間足、60分足、15分足、5分足、1分足です。

6画面で見るメリットは、

①相場全体の状況が把握できること
②時間軸毎のチャート分析がパッと見てできること
③時間軸毎の切り変わりがわかること
④今の時間軸の状況を写真のように覚えておけること

の4つです。

☑①相場全体の状況が把握できること

相場分析をする上で全体を把握するのは必須です。**相場を俯瞰してみるためにも必要です。**

また初心者時代は俯瞰ができる方は少ないと思いますが、できる限り初心者時代から6つのチャートでみることをお勧めします。これは私が勝ち始めるようになったきっかけでもあるからです。

少し先の未来も予測できるようになるよ！

☑②時間軸毎のチャート分析がパッと見てできること

時間軸を切り替えてみていると重要な局面を見逃すことがあります。これもノートパソコン一台でやっていた時に経験済みですが、やはり各時間軸をパッと見で見渡せるようにすることが相場分析の上達、エントリーポイントを逃さないようにするポイントだと思います。

☑③時間軸毎の切り変わりがわかること

時間軸の切り変わりはとても大切です。特に上位足の切り変わりは移動平均線の上に乗るのか？下になるのか？それによってサポートされたら上昇、抵抗線になったら下落に向かうなど重要な局面がわかります。上位足の時間軸が変わった直後はレートが動きやすいため、あと何分で切り替わるかの確認をすることも大切です。

☑④今の時間軸の状況を写真のように覚えておけること

相場には色々な局面がありますが、ある程度似たり寄ったりのパターンになることがあります。私はそれを写真のように記憶しておくことで局面毎にどうなる可能性が高いのかなどを判断しやすくしています。

☑PC環境も整えよう

初心者時代はFXで儲かったら新しいPCやモニターを買おうと考えてしまいますが、できるだけ**初心者の時から6つのチャートで見るメリット**を優先した方が勝てるようになるまで早いと思います。一つの通貨で6つのチャートにして、通貨監視用にモニターを増設、一面は27インチ位がお勧め、できればデュアルモニター3面位にするのをお勧めします。

第2章
12

「環境認識」はエントリーした後も見る！

☑エントリーする前、した後は必ず上位足も確認してください！

テクニカル分析がある程度理解できてきて、トレードにも慣れてくると、エントリーした後に1分足だけしか見なくなることがあります。

スマホでトレードしている方は特に多いのではないでしょうか。

エントリーした後のすぐの状態であれば上位足のチャートの状況はそれ程変わりませんが、**時間が経過すればするほど上位足のチャートの状況は変わってきます。**

☑上位足の状況を常に確認

エントリーした時はそのエントリーが間違っていなかったとしても、時間の経過や、市場が切り替わっ**た時は流れが変わることが多々ありますので**、上位足の状況を常に見ることがとても大切です。

あとテクニカル分析ができてきて陥るのが、上位足だけでエントリーの判断をしてしまうことです。

これは私が初心者時代にテクニカル分析がわかってきた頃によく失敗してしまったことですが、上位足だけで判断してしまうとエントリーが遅くなることがあります。

☑落とし穴

具体的に説明すると、60分足でボリンジャーバンドの－3σくらいから反転してきて、下ひげ陽線、陽線と続いて確定した時に、更に上がりそうと判断してロングエントリーをする。

これだけを聞くとエントリーに間違っていないように感じると思いますが、**上位足である程度上昇の反転のシグナル的な状況になる時というのは、下位足だと上昇しきっていて買われ過ぎの状態になっていることがあります。**

この様な状況でロングエントリーすると下位足では一旦下がってしまうので諦めて損切り、その後に押し目をつけてから上がってしまい、やっぱり上がったじゃんということが多々ありました。

これがマルチタイムフレーム分析の落とし穴かもしれません。

☑結論はやっぱり6つのチャートで見ること

これを打開するにはエントリーのタイミングは**1分足や5分足にすると流れに乗りやすく、かつ、含み損を大きく抱えることなく利益につながりやすいということです。**

60分足だけでエントリーしても利益がでることもありましたが、何度もエントリーしていると大きく負けることもあります。相場に100%がないように、トレードというのは勝率を上げるためにルールを守ることがとても大切ですので、大きく負けるリスクがあるエントリーについてはしない方が無難です。

上位足で環境認識をして1分足や5分足でエントリータイミングを取るのが上位足の流れに乗りやすいということがわかると思います。

第2章
13

「環境認識」のコツは、世界のトレーダーが注目している時間軸を探すこと！

☑どの時間軸が意識されているのか？

どの時間軸のチャートが意識されているかは目先のレジサポ※が近い時間軸のチャートが意識されていることが多いです。

ある時間軸チャートのレジサポまでレートが離れていれば、レジサポが近い時間軸のチャートがまず目標になりやすいからです。レジサポは水平線、トレンドライン、ボリンジャーバンドなどで判断します。

世界中のトレーダーが意識している時間軸がわかり、その時間軸のレジサポを意識してトレードすれば勝ちやすくなりますね！

※レジサポ…レジスタンスライン（抵抗線）とサポートライン（支持線）という言葉の略です。

☑自信をもってエントリーできる

複数の時間軸を見ることで、どの時間軸のチャートが意識されているのかがわかります。

今現在の重要な時間軸がわかればその時間軸のラインを意識して、サポートラインがあればそこを割り込まなければ上目線で押し目買い、サポートラインを割り込んだら買いはやめて戻り売りにシフトするか模索することができます。

チャートというのは世界中のトレーダー達が見ているということを認識してみているとなんでそうなるのかが理解できるようになってきます。

意識している時間軸を見つけてエントリー！

今現在

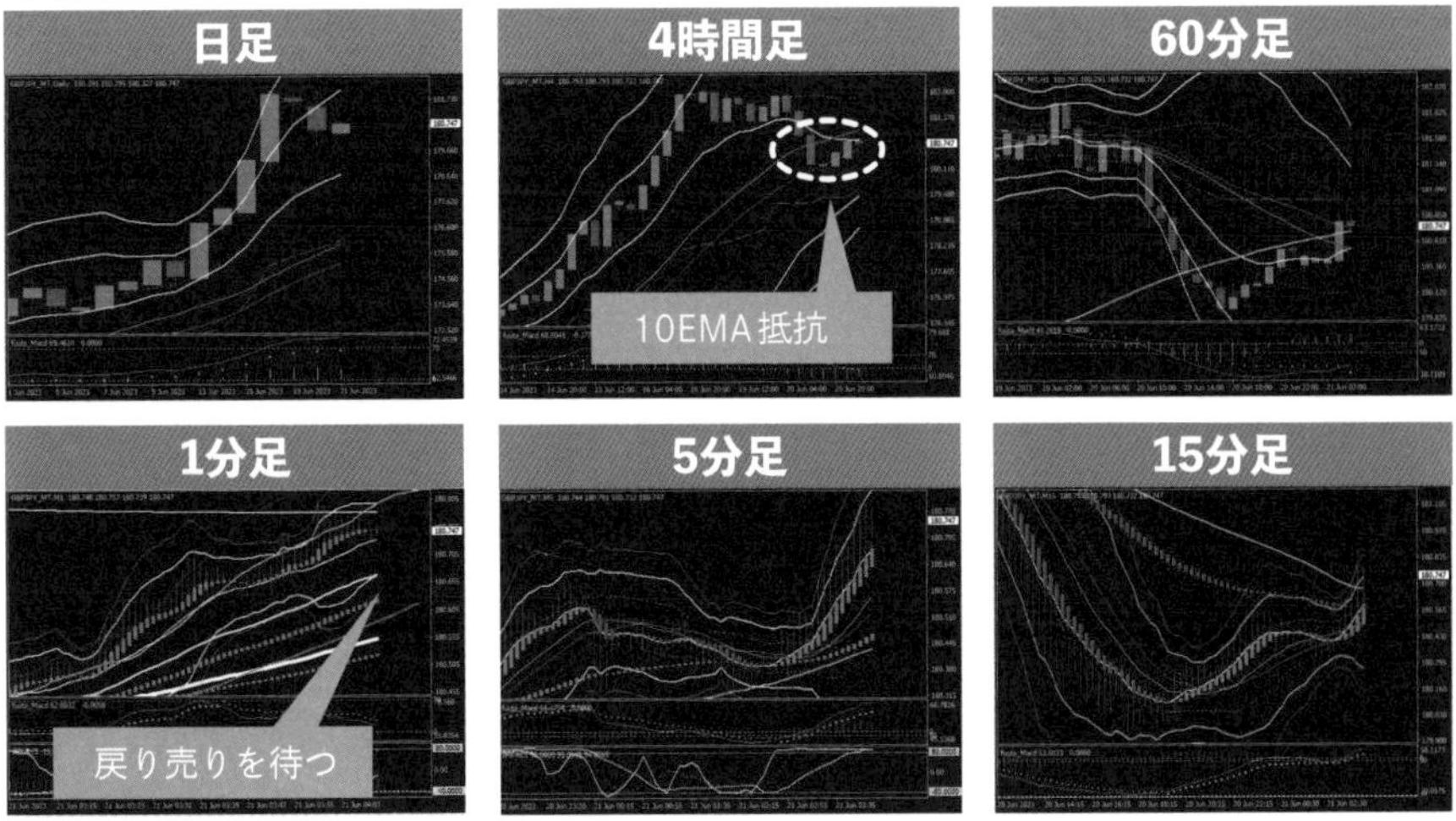

約20分経過

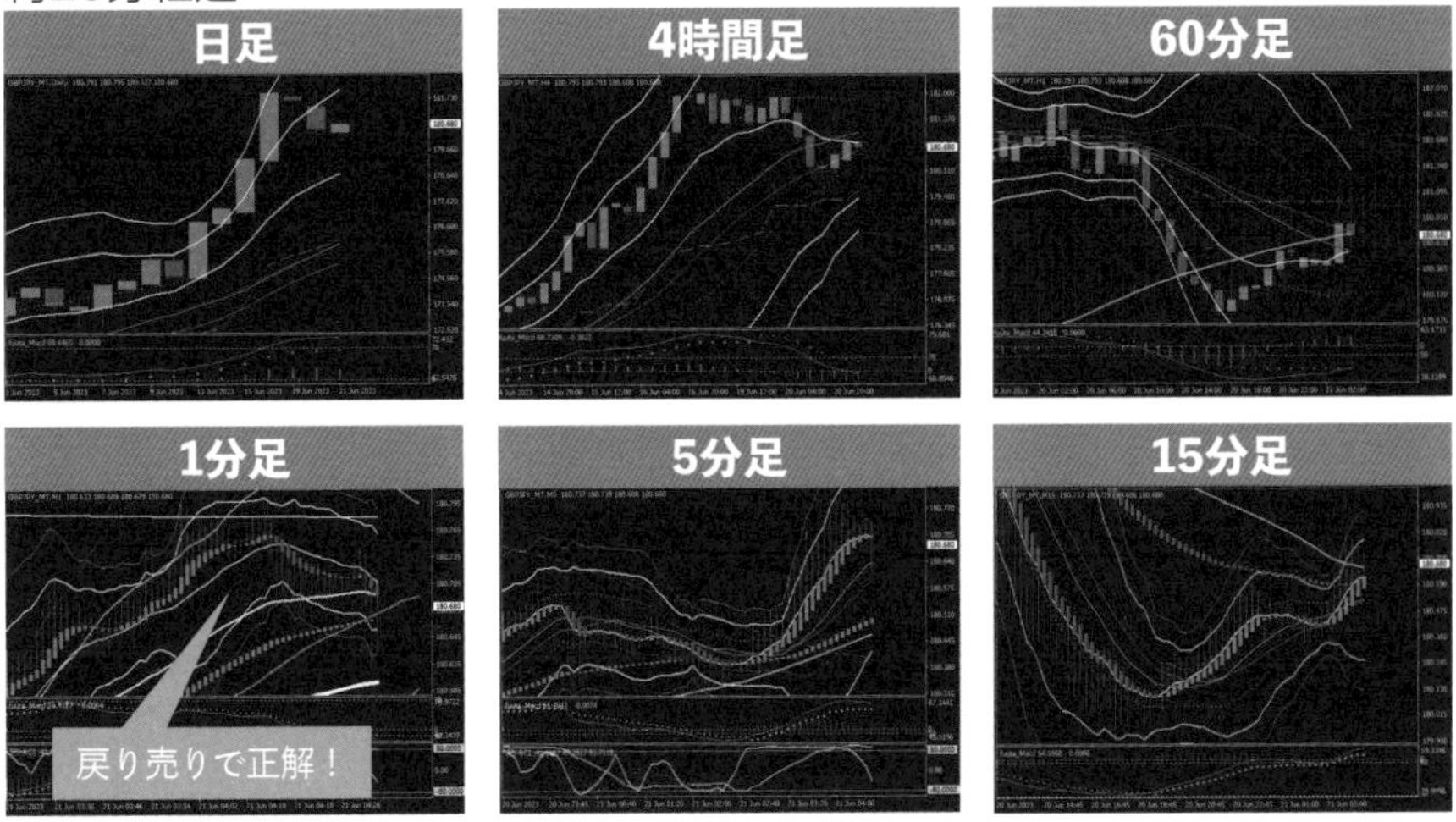

4時間足が意識されているとわかれば、
1分足でショートエントリーの根拠ができますね！

第2章
14

「環境認識」している人だけがわかる！時間軸の切り替わりは流れの変わり目

☑ 時間軸の切り替わりに注目！

時間軸の切り替わりは意外と重要です！　特に上**位足の時間軸の切り替わりは流れが大きく変わることもありますので意識しておきたいところです。**

例えば東京市場で14時台まで上昇していて、15時に変わった途端に流れが変わることがよくあると思います。これは東京市場が終わったこともあるとは思いますが、時間軸が変わったことで今までの流れと反する展開になったりします。

☑ 15足、60分足、4時間足が特に重要！

16時台から17時に変わり、60分足のミドルラインの上で始まったりすると、今まで上値が重かったのが60分足が変わったことで急伸したりすることがあります。

特にボリンジャーバンドや移動平均線などが意識**されて、時間軸が変わる前に抵抗線になっていたのが、時間軸が変わったことで今度はサポートされて上昇といった感じに流れが変わります。**

左図は4時間足の例ですが、他には15分足でボリンジャーバンドの−2σに到達後に15分足が変わった後、15分足で陽線が2本確定したら上昇し始めたりする値動きも注目してください。時間軸が変わることでローソク足が確定して方向性が定まっていきます。

エントリーポイントが一目瞭然

●4時間足：20SMAの上で始まったため、20SMAがサポートとなり上昇し始めます。

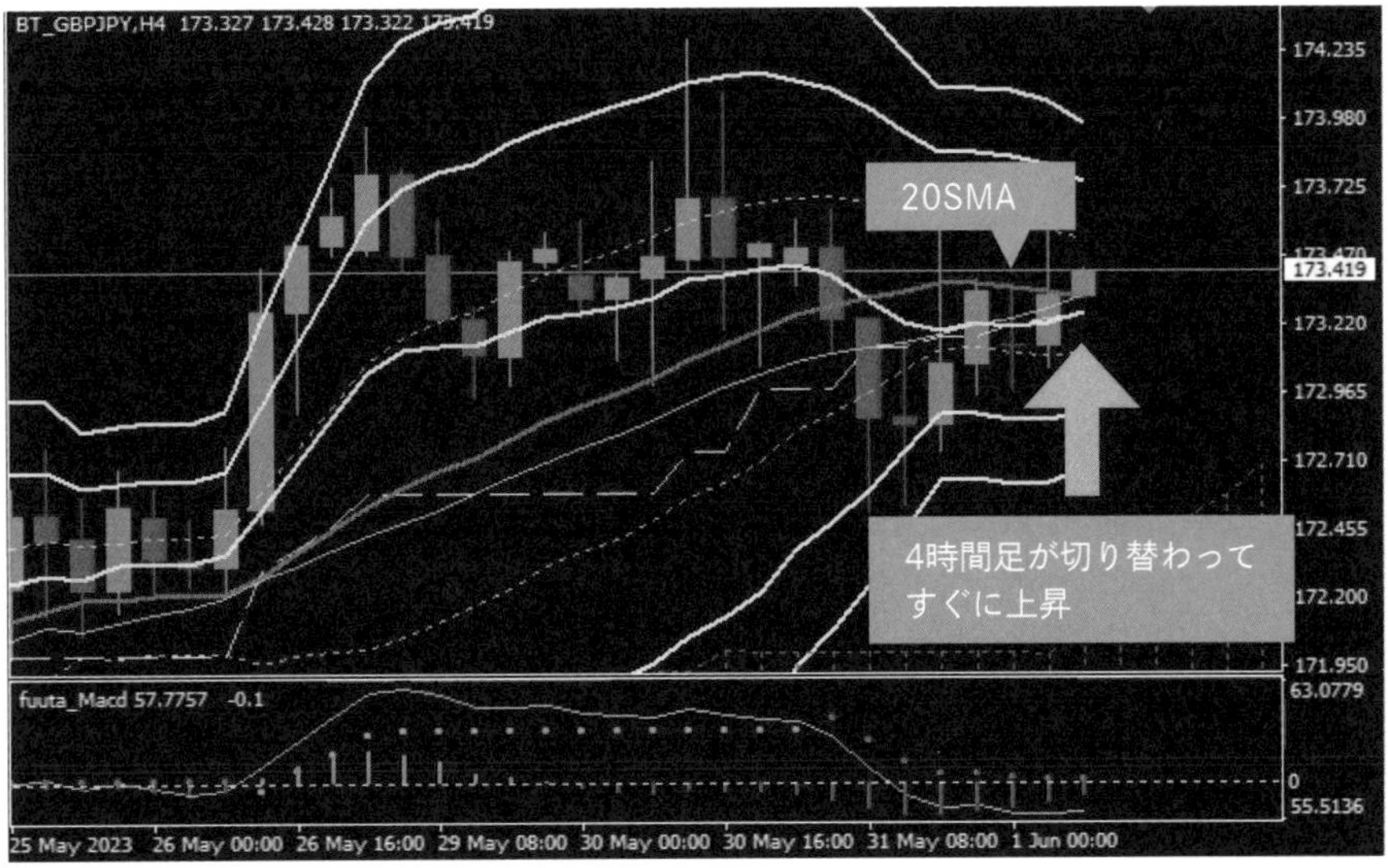

●1分足：4時間足の切り替わりのタイミングで上昇

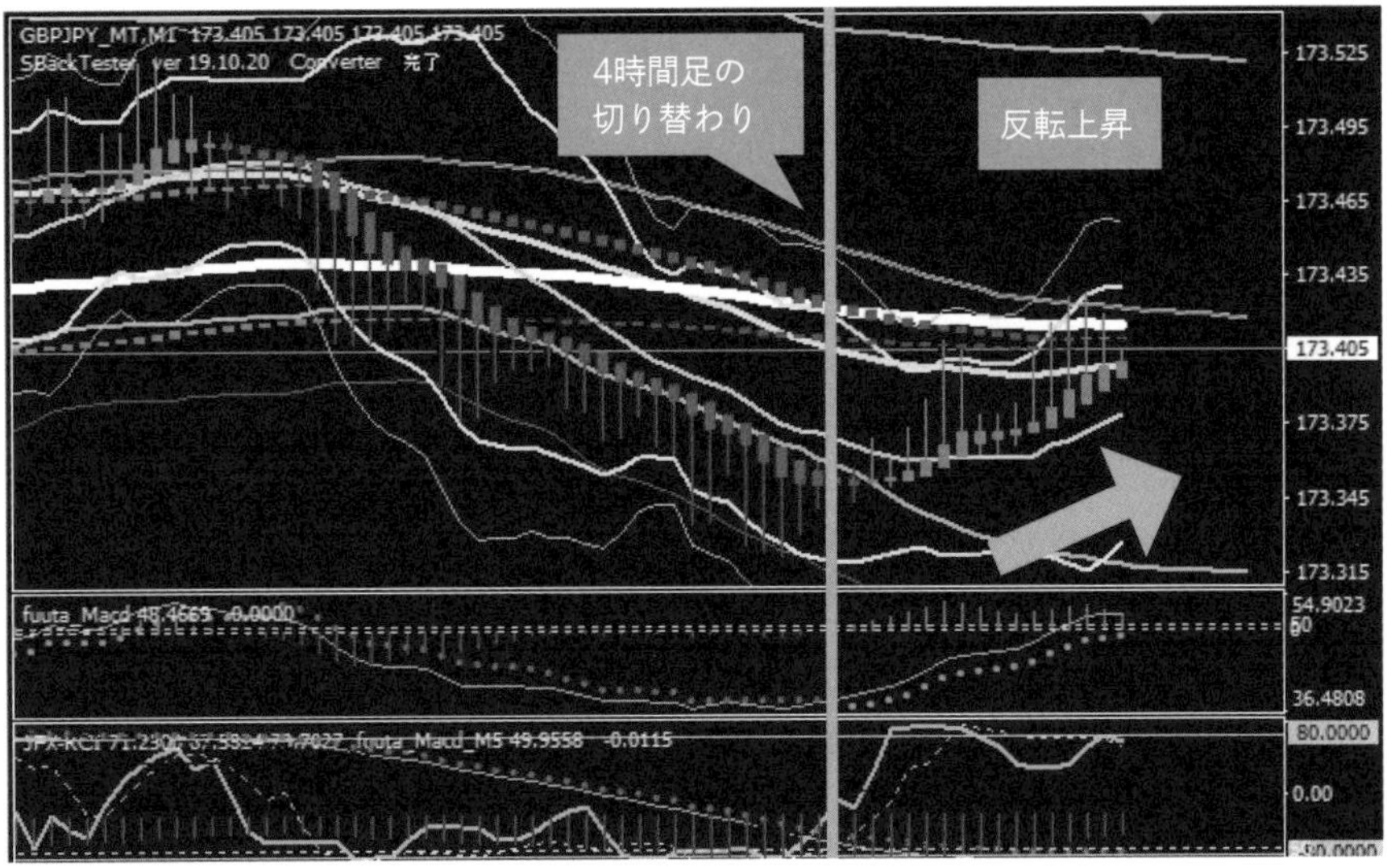

時間軸の変わる前、変わった後のチャートの状況を確認してみてください。

コラム

一日いくら儲ける？

一日にいくら儲ければよいのか？　一日何pipsを目標にすればいいのか？　ということをよく聞かれますが、私は一日の目標のノルマを作らない、ぼんやりとした目標程度にしたほうがいいですとお答えしています。

理由は、ノルマを達成していないと無理してトレードをやってしまうからです。やり辛い相場でも無理してトレードをすると、結果はさらに負けこんでしまうことが多かったです。

このような体験から、週ベース・月ベースで勝つことを目標にするくらいで私はよいとお話ししています。トレードが上手くなってきたらロットを少しずつ上げげて、毎月給料以上の利益を上げ、資金が豊富になれば専業になることも可能です。ノルマよりもまずはトレードが上手くなることに専念していただければと考えています。

＜トレード環境です＞

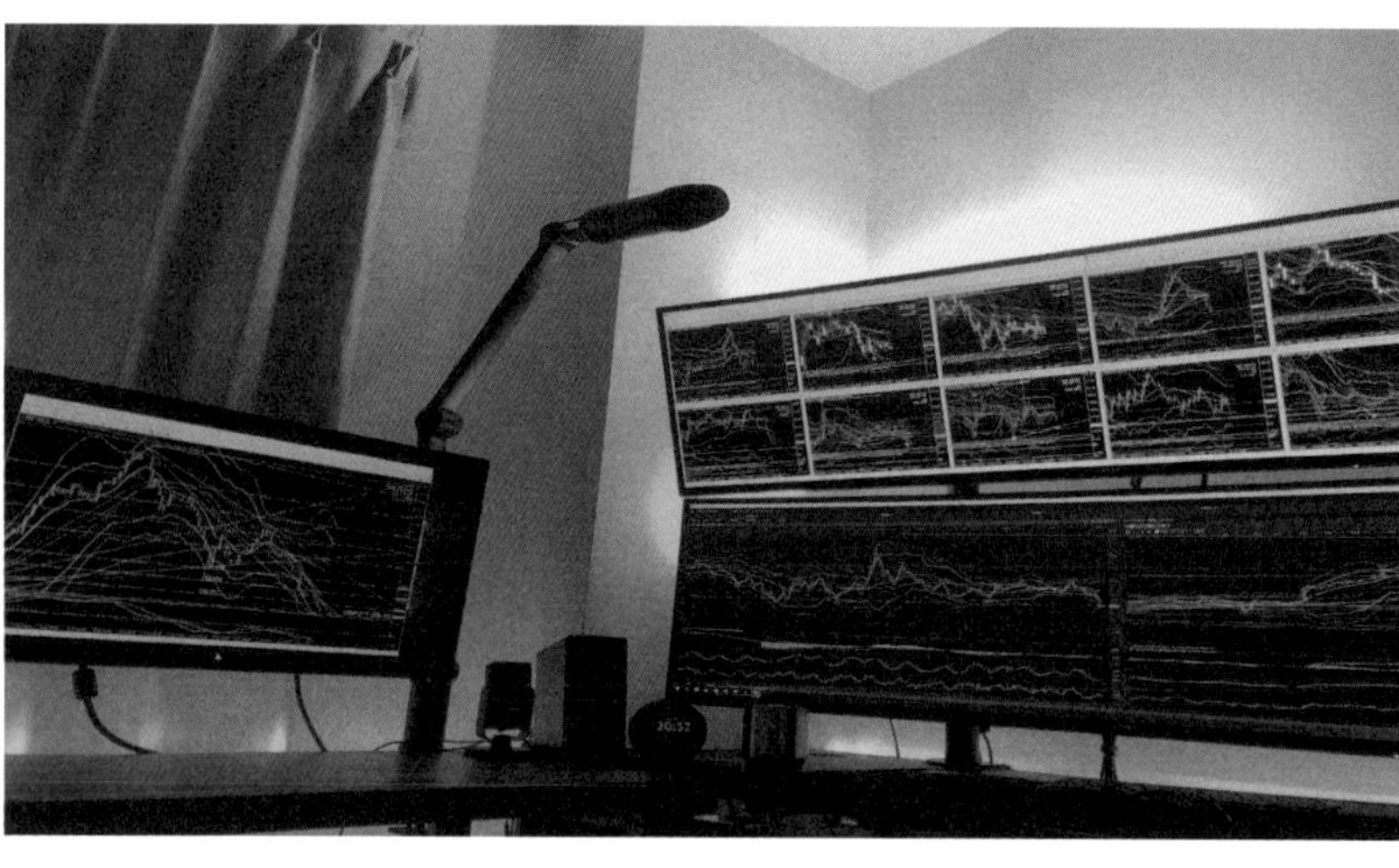

第3章

【ボリンジャーバンド】

反転・反発ポイントでどんぴしゃエントリー！

【±2σ】を狙え！

第3章
01

こんなに優れたテクニカルはない！平均足と合わせて勝率UP！

☑ボリンジャーバンドの優秀さ

チャートを分析してトレードをしていくうえで絶対に必要な要素は、

①トレンドを示してくれること

②反転・反発ポイントの水準がわかること

③相場の勢いがわかること

この3つがとても大事なのですが、1つのテクニカルで3つの判断ができるものはあまりありません。相場に合わせて変幻自在に形を変えるボリンジャーバンドは、価値のある情報を網羅的に教えてくれます。

しっかり使い方をマスターして、トレードしていきましょう！

☑エントリーすると逆に動く？

私も初心者時代には、しっかりチャート分析をしたにもかかわらず、エントリーした途端に相場が逆の方向に動いてしまうという悲しくなるような失敗トレードを何度も経験しました。

結局、中途半端なところでエントリーしていたんですね。

相場なのでどうしてもあることですが、この頻度をいかに少なくするか、いろいろなテクニカルで検証を行った結果、ボリンジャーバンドが最も安定的な成績につながったので、いまでも愛用しています。平均足と合わせることで非常に有効な手段となります。

ボリンジャーバンドはこう使う！

●ボリンジャーバンドのミドルラインと±２σのみ表示

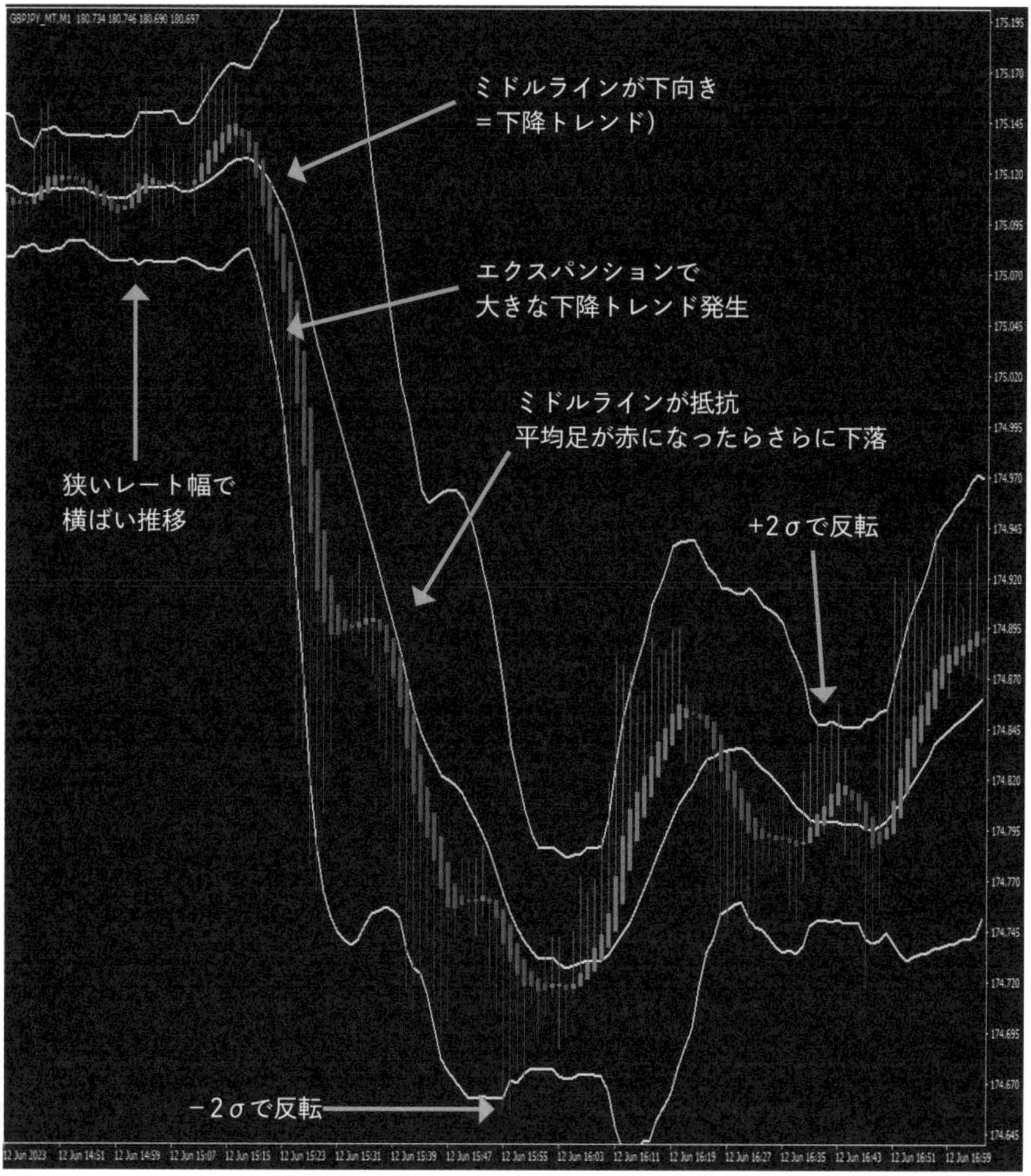

ボリンジャーバンドを加えると平均足だけでは
判断に迷うエントリーも「確信」に変わる
と思いませんか？

第3章 02

ボリンジャーバンドの見方【基本①】ミドルラインでトレンドを把握しよう！

☑トレンド＝ミドルラインの傾き

ボリンジャーバンドの真ん中の線のことをミドルラインと呼び、このミドルラインの傾きでトレンドを把握します。

・右肩上がり…上昇トレンド
・右肩下がり…下降トレンド
・傾きなし…横ばい推移

みなさんに守っていただきたいのは、このトレンドの方向は常に意識してほしいということです。

トレンドを逆の方向にとらえてしまっているケースでは、このミドルラインの存在を見落としていることが多いです。

☑ミドルラインの角度

傾きは角度もよく見るようにしましょう。

・角度が急…強いトレンド
・角度が緩やか…弱いトレンド

となります。

緩やかな角度がだんだん急に変化していくときは強いトレンドになりやすいので利益を大きく伸ばすことが出来る目安にもなります。

逆に角度が緩やかで変化がないときには早めの利益確定や損切りをして次のトレンド狙いに切り替えましょう。

ミドルラインの傾きと角度

●角度が急であれば強いトレンド、緩やかであれば弱いトレンド

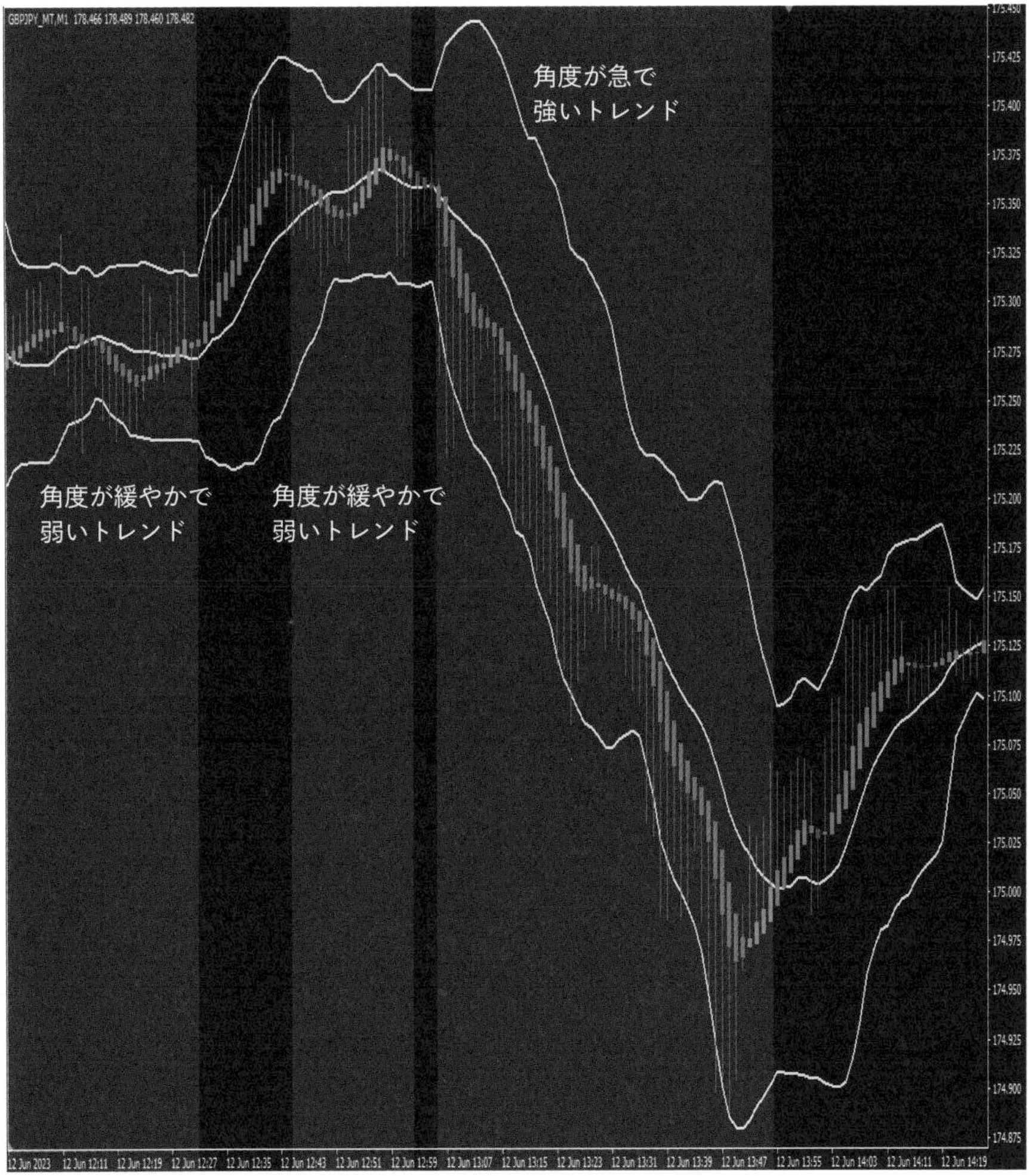

傾きが緩やかだと上下に振れやすく、
傾きが急だとトレンドが少し長めに続きます。

第3章
03

ボリンジャーバンドの見方【基本②】スクイーズとエクスパンション

☑スクイーズはトレンド発生前のサイン

ボリンジャーバンドの±2σを見ると、収縮（スクイーズ）→拡散（エクスパンション）→収縮（スクイーズ）…を交互に繰り返していることがわかります。

スクイーズの時は値動きが小さく、エクスパンションすると値動きが一方向に大きく動く特徴があります。

トレンドの発生地点をいち早く知ることができれば利益を得やすくなります。

スクイーズになったら「レンジ」での展開をイメージして、次のエクスパンションがいつになるか模索しましょう。

☑エクスパンションでがっつり稼ぐ

見分け方は簡単です。±2σが徐々に広がり始めるポイントが狙い目となります。

エントリーには状況判断が必要ですが、

・直近の高値や安値のブレイク
・チャートパターン（ダブルボトム）
・ロンドンやNYの参入時

などが重なるときがオススメです。

左図で考えると、直近の安値が3回目の安値であり－2σと重なっているので、私ならAのポイントでエントリーして直近の高値を更新したら引っ張れるか様子を見たりもします。

スクイーズとエクスパンション

●スクイーズ→エクスパンションのイメージを持ちましょう

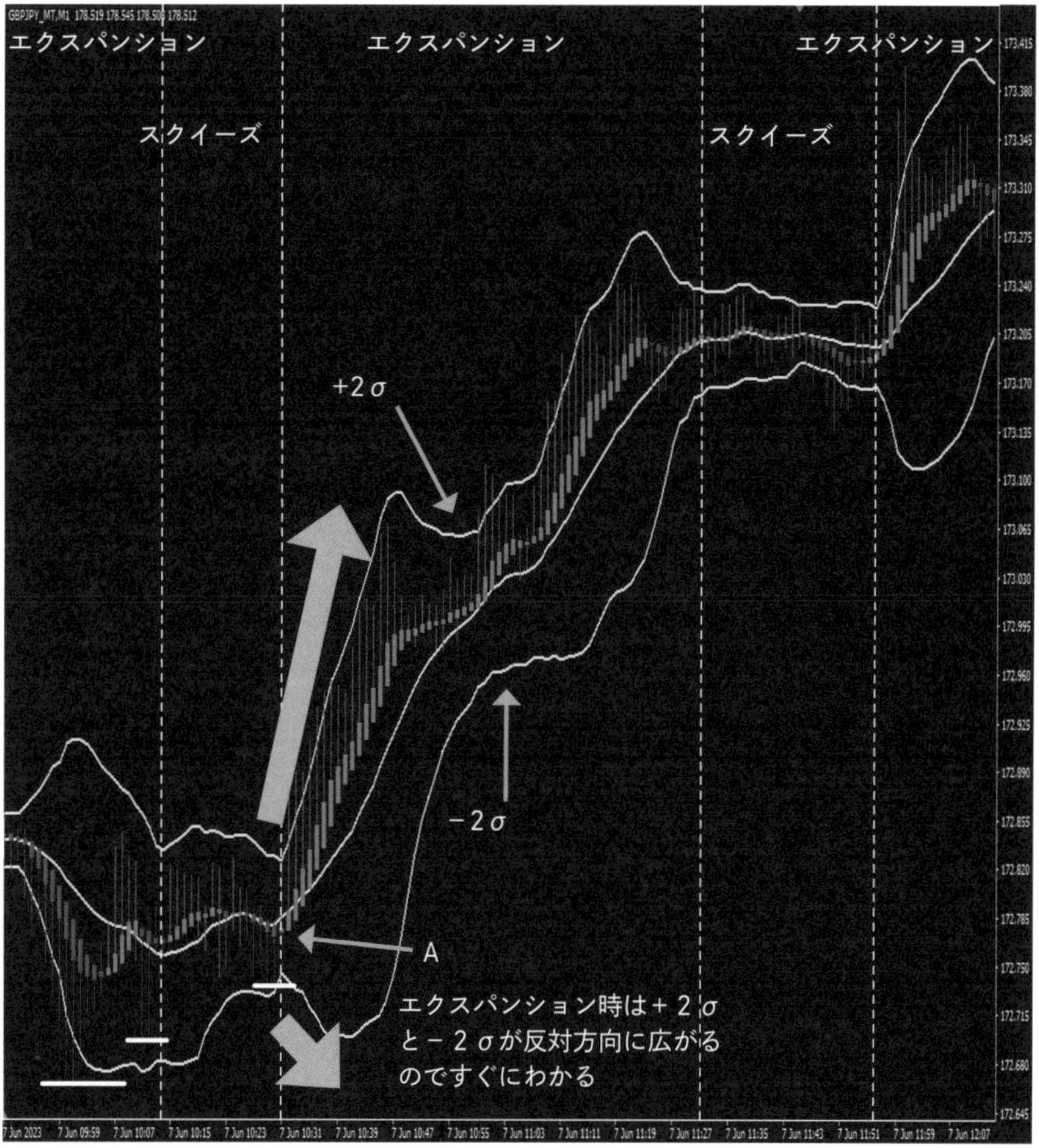

エクスパンション時に逆の方向のポジションを持っていた場合は損切りすること。
数回に1度は大波が来ると考えてください。

第3章 04

ボリンジャーバンドの見方【基本③】ミドルラインと平均足の位置関係！

☑トレンドが発生しているケース

トレンドが発生しているケースでは、平均足の位置は上昇トレンドであればミドルラインの上（左上図）、下降トレンドであればミドルラインの下で推移する動きをします。

調整が入っても一時的となることが多いので、平均足の色変わりを逆にエントリーポイントとして狙うことができます。

〈よくある注意点〉

この形が終わるまでは、トレンドと同じ方向でのエントリーを心がけること。「もうそろそろ」と途中から逆方向に「エントリー」する方が多い形でもあります。

☑トレンドが発生していないケース

トレンドが発生していない場合は、ミドルライン付近での反発が弱く、平均足がミドルラインを挟んでいったりきたりするなど方向感がない動きをします。

・ミドルライン付近での反発が弱い
・±2σタッチですぐにミドルラインまで戻ってしまう
・「値幅」の狭いレンジでの値動き

などが確認できる場合は、トレンドが発生していないと判断し、平均足の色変わりでのエントリーは遅くなるため行いません。

ミドルラインと平均足の位置関係

●トレンドが発生しているケースのチャート例

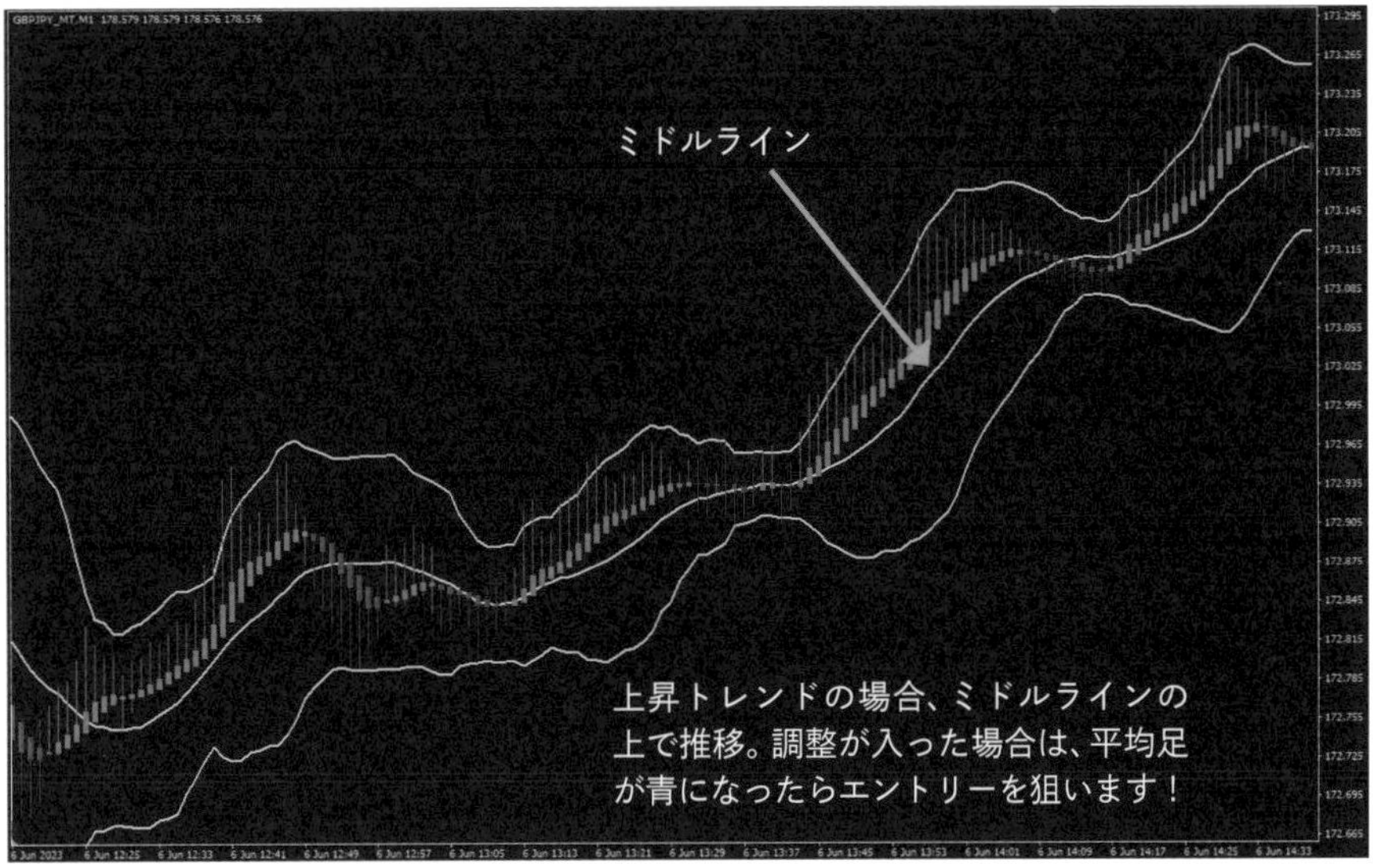
ミドルライン
上昇トレンドの場合、ミドルラインの
上で推移。調整が入った場合は、平均足
が青になったらエントリーを狙います！

●トレンドが発生していないケースのチャート例

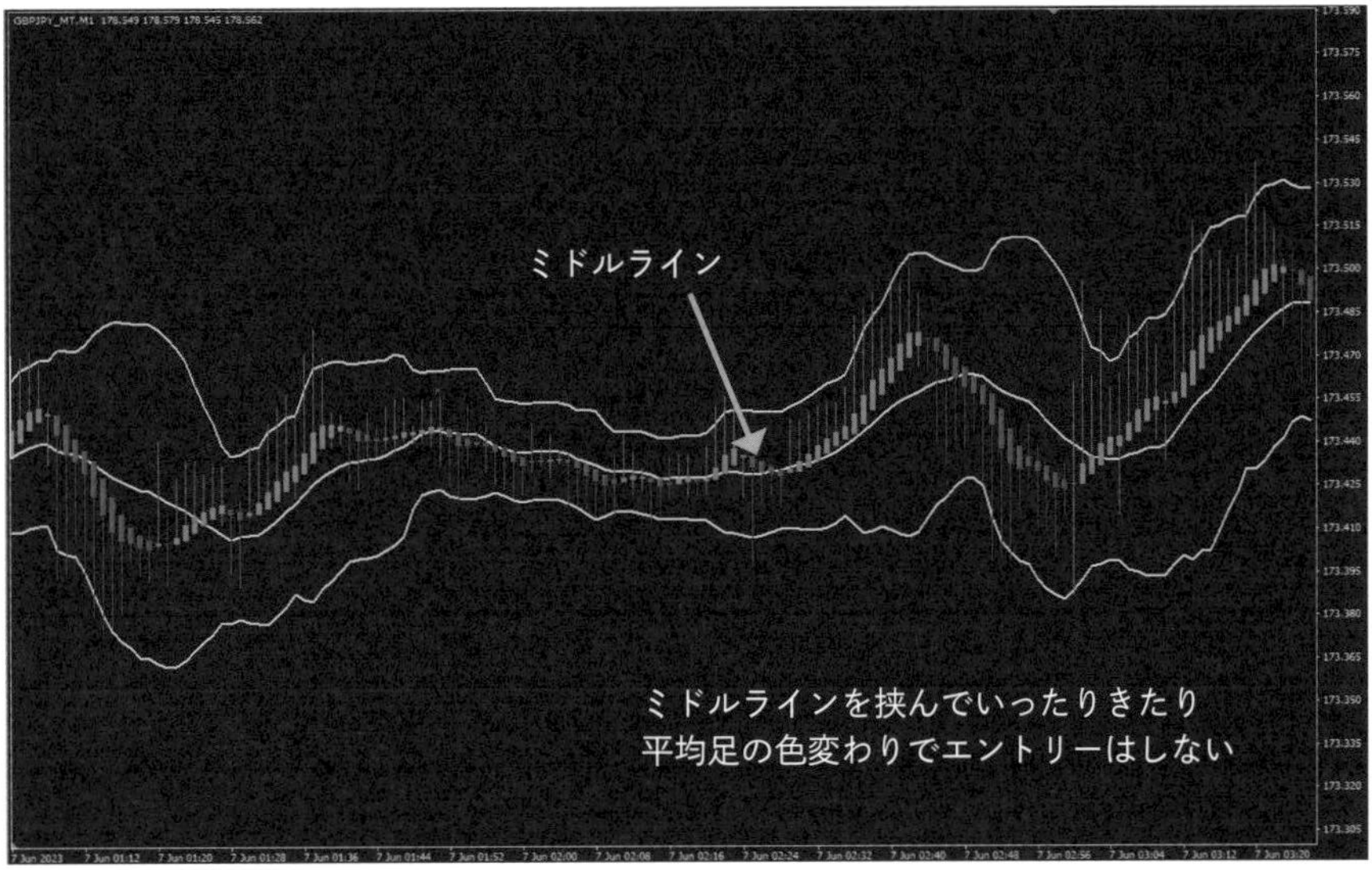
ミドルライン
ミドルラインを挟んでいったりきたり
平均足の色変わりでエントリーはしない

第3章 05

ボリンジャーバンドの見方【基本④】反転・反発ポイントの±2σ

☑ ±2σは割安割高の目安

トレードの基本は、安くなったら買い高くなったら売る、ですが、安くなっても反発しなかったら結果的に安く買うことができません。

反転反発の目安は、±2σでわかりますので、必ず表示させてエントリーの目安にしています。

σとは、値動きがその範囲内に収まる確率です。

・±1σは、68・3％の確率
・±2σは、95・4％の確率
・±3σは、99・7％の確率で収まります。

☑ ±2σ付近でエントリー

イメージとして、左図に私がエントリーを狙う±2σのポイントをマークしました。マークしていない±2σ付近のポイントは狙いません（＝というより狙えない）。

判断理由は次のページに記載しましたが、このあとの応用編も参考にして実際の相場でエントリーできるよう理解を深めてください。

±2σ付近に到達するポイントでのエントリーが増えれば、利益もそれだけ増えますので積極的に狙っていきましょう。

±2σに引き付けてエントリー

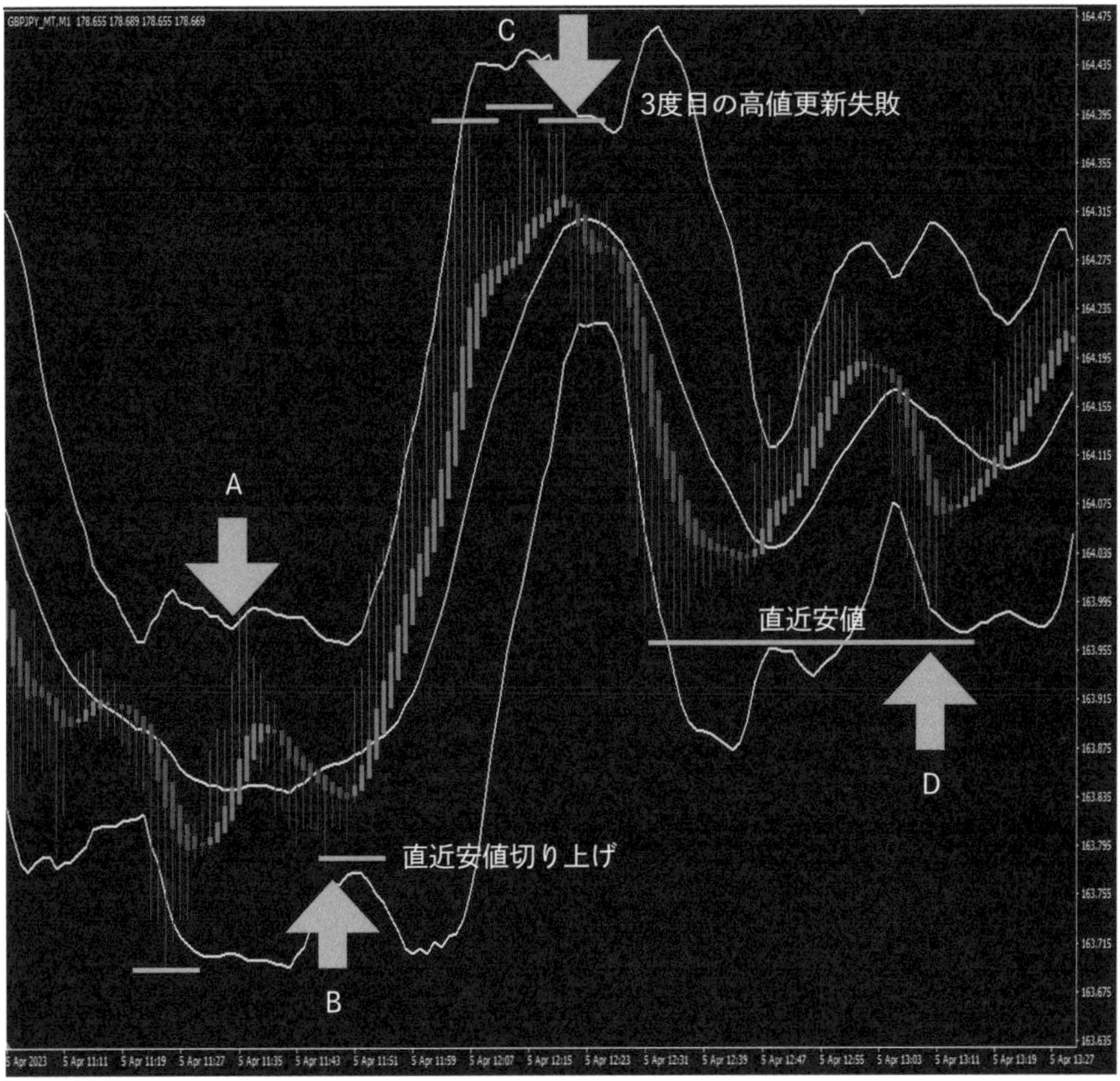

A：下降トレンド終わりかけ＋ミドルライン横ばい
→+2σで戻り売り
B：止まれば安値切り上げ＋ダブルボトムで上昇
→−2σで買い
C：何度も同じ場所で止められ高値更新できない
→+2σで売り
D：反落したが、直近安値付近で止まった
→−2σで買い

第3章
06
ボリンジャーバンドの見方【基本⑤】バンドウォーク

☑発生すると長続きすることが多い

バンドウォークとは、ボリンジャーバンドの線と線の間でレートが推移を続けることを表現した言葉です。

左上図ではミドルラインと＋2σの間を平均足が推移しバンドウォークとなっています。＋2σと＋3σの間やミドルラインと－2σの間や－2σのようなケースもバンドウォークとなります。

上位足のバンドウォークは±1σと±2σの間で動きやすいです。その際はその流れに合わせてエントリーするように心がけて、流れには逆らわないように注意します。

☑負けやすいじり「下げ」・じり「上げ」

急落・急騰の相場であれば、どこかでコツンと止まり、同じ場所で2回止まったら反転…というセオリーが期待できますが、じり下げとじり上げは、ゆっくりと時間をかけて下がる(もしくは上がる)ため、プロのトレーダーでも負けやすいポイントと言われています。

素直に順張りエントリーをすれば勝てるポイントですので、バンドウォークは見逃さないようにしましょう！

じり下げ
じり上げは
流れに逆らうな

バンドウォーク

●バンドウォークを見つけたら順張り！

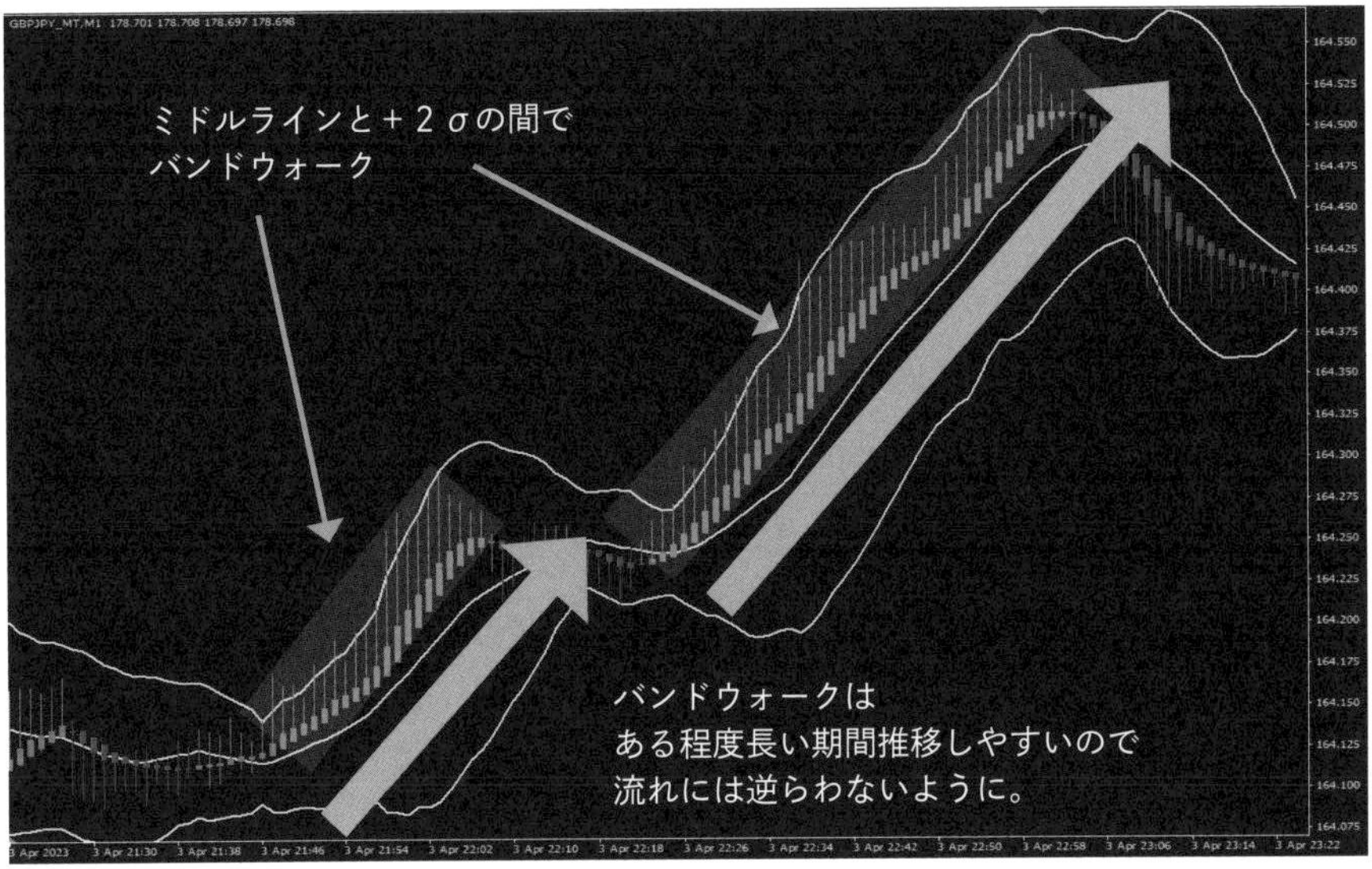
GBPJPY_MT,M1 178.701 178.708 178.697 178.698
ミドルラインと＋２σの間で
バンドウォーク
バンドウォークは
ある程度長い期間推移しやすいので
流れには逆らわないように。

●じりじりと上がるじり上げの例

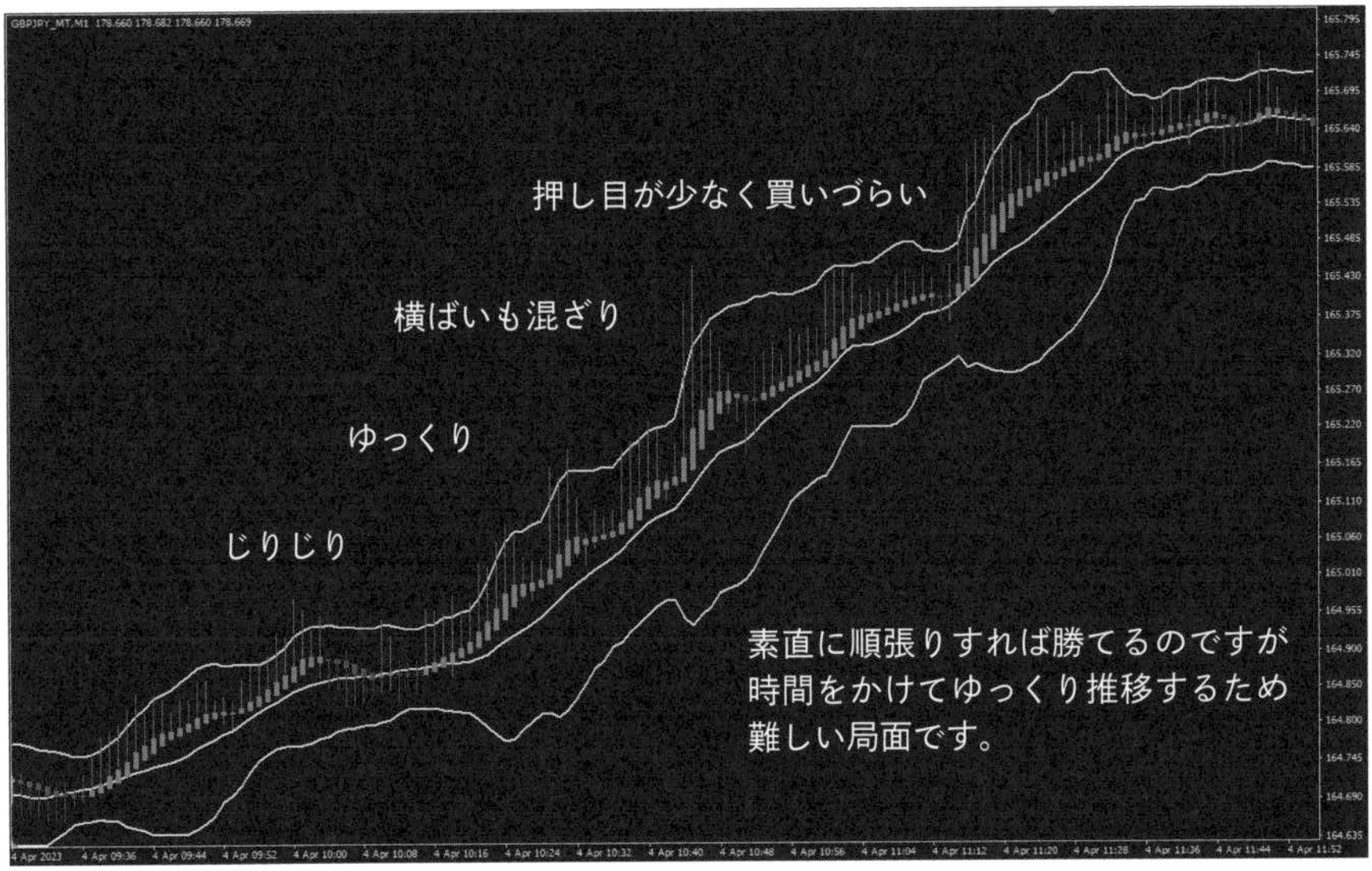
GBPJPY_MT,M1 178.660 178.682 178.660 178.669
押し目が少なく買いづらい
横ばいも混ざり
ゆっくり
じりじり
素直に順張りすれば勝てるのですが
時間をかけてゆっくり推移するため
難しい局面です。

第3章
07

平均足と合わせて判断する【応用①】ミドルラインや±2σでエントリー

☑ミドルラインや±2σでのエントリー

トレンドが発生している場合は、ミドルラインや±2σ付近で反発して、平均足の色が一時的に変わったあと、もとの色に戻ってトレンドが継続していきます。

色が一時的に変わるポイントは押し目買いや戻り売りを狙いやすいポイントです。左上図のように、上昇トレンドの場合は、赤→青に色変わりするタイミングを狙いましょう。

〈ポイント〉

・ミドルライン付近での押し目買い

・上位足で上昇余地の確認（伸びしろ）

この2点を確かめてからエントリーを心がけましょう。

☑逆ヒゲ

第1章の平均足で解説した「逆ヒゲ」が出現するとエントリーのタイミングが計れるのでタイミングを逃しにくくなります。

反転時のサインである逆ヒゲが出た後の平均足の色変わりを狙っていきましょう。

反転サイン

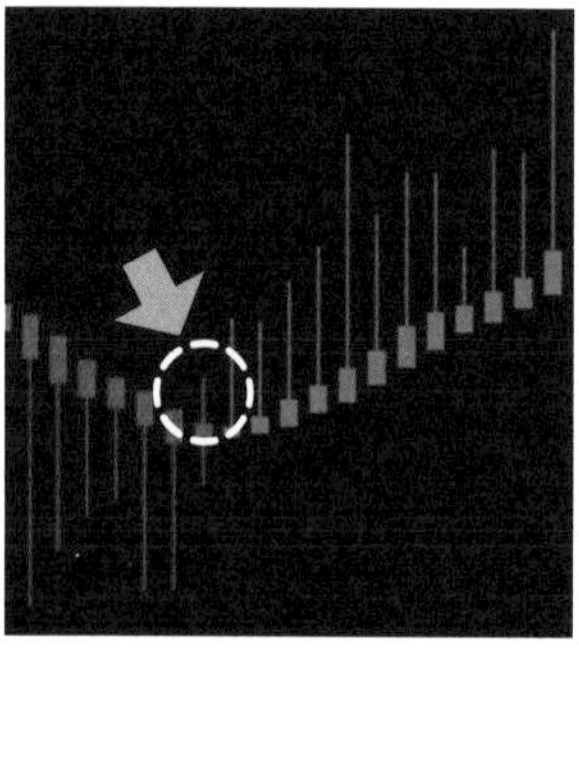

上昇トレンド中の－2σ・ミドルラインの反転を狙う！

●5分足のボリンジャーバンドで狙ってください

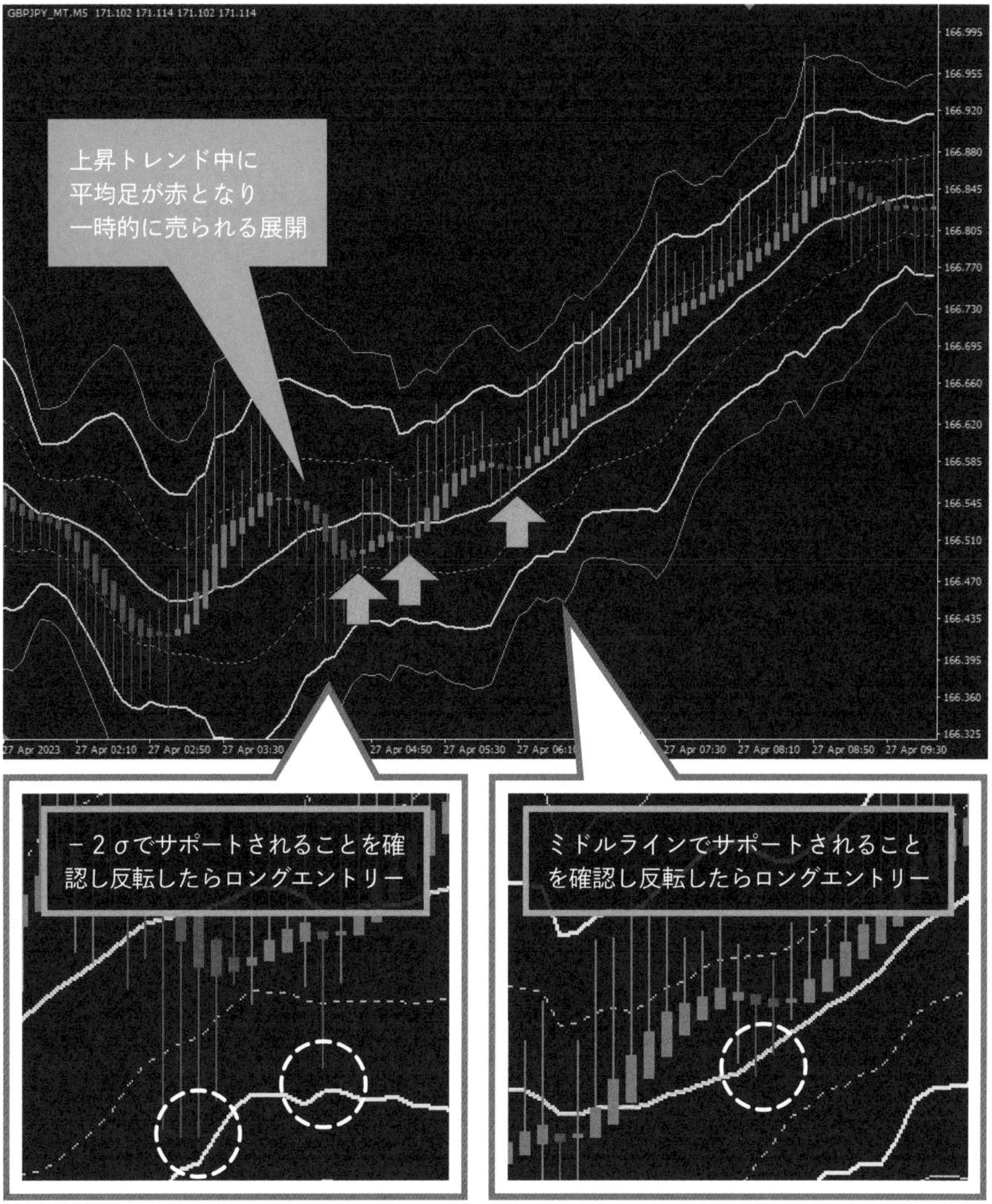
GBPJPY_MT,M5 171.102 171.114 171.102 171.114
上昇トレンド中に
平均足が赤となり
一時的に売られる展開
－2σでサポートされることを確
認し反転したらロングエントリー
ミドルラインでサポートされること
を確認し反転したらロングエントリー

トレンド発生時に一番よく狙っている
ポイントです。
⇧の平均足が赤→青に色変わりで
ロングエントリーします。

第3章
08

平均足と合わせて判断する【応用②】±2σのエントリー

☑平均足ヒゲ先の反転サインを狙う

±2σ近辺での反転反発を狙うときは、平均足の反転サインを意識するとタイミングがとりやすくなります。

平均足の特徴と合わせて判断することで絶妙なポイントでのエントリーができるようになります。

（左図Aのポイント）

反転サイン

☑急騰や急落時のワンタッチ目

上昇や下降のトレンドが止まった直後の±2σ近辺も狙い目です。（左図Bのポイント）

トレンドが止まったといっても一時的なこともあり、調整局面の横ばいのレンジ相場になることも多いので、±2σでの反転反発を狙う際に安値切り上げ、高値切り下げを見るといいでしょう。

平均足が1回目の色変わりで－2σ付近で反発していることから買い手が存在することがわかります。直近安値まで下がらず、安値を切り上げたことからもロングです。

ミドルラインより下で買うようにしましょう！

±2σでのエントリー

●平均足の形から反転サインを読み取る

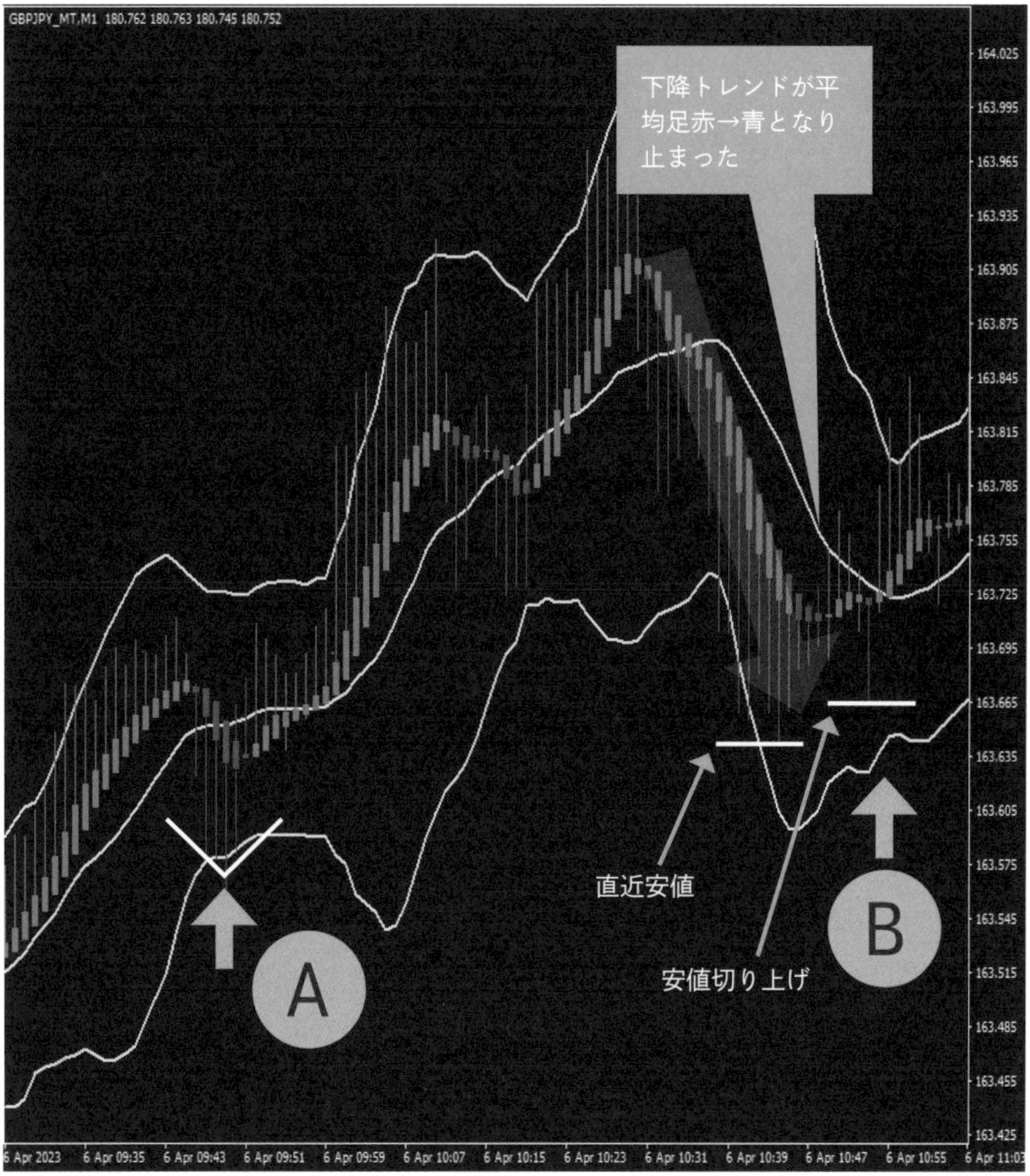

AやBのように±２σがエクスパンションしていなければ、サポートやレジスタンスになることが多いです。

第3章
09

平均足と合わせて判断する【応用③】エクスパンションでエントリー

☑スクイーズ中の±2σ ±3σでの反発を狙う

左の図はスクイーズとなり、下降トレンドがいったん終わった局面です。

「矢印のポイント」は、直近安値より高い位置に−2σがありサポートされて反発する可能性も高く、−2σから反転して平均足が色変わりすれば、ダブルボトムの完成で（矢印のポイント①）、ネックラインを超えればさらに大きく上昇する余地のあるポイント（矢印のポイント②）です。

少し先のチャートの形を想像し、もしここで止まれば絶好の買い場となりますので、果敢に攻めましょう。

☑直近高値安値ブレイク&エクスパンション

エクスパンションすると、その後の相場が大きく一方向に動く傾向がありますので、直近高値安値のブレイクポイントでのエントリーも遅くはありません。

左の図では直近高値がWボトムのネックラインでもあり、ブレイク後は大きく上昇しています。

この形はよく出現します。特に各市場のオープン前後に出現しますので、覚えておくと非常に役に立ちます。

スクイーズ時の±2σが平行で、かつ値幅が狭いとよりそのあとの相場が大きく動きやすいということも覚えておきましょう。

エクスパンションと平均足

●オリジナル平均足でWボトム(チャートパターン)が見つけやすい

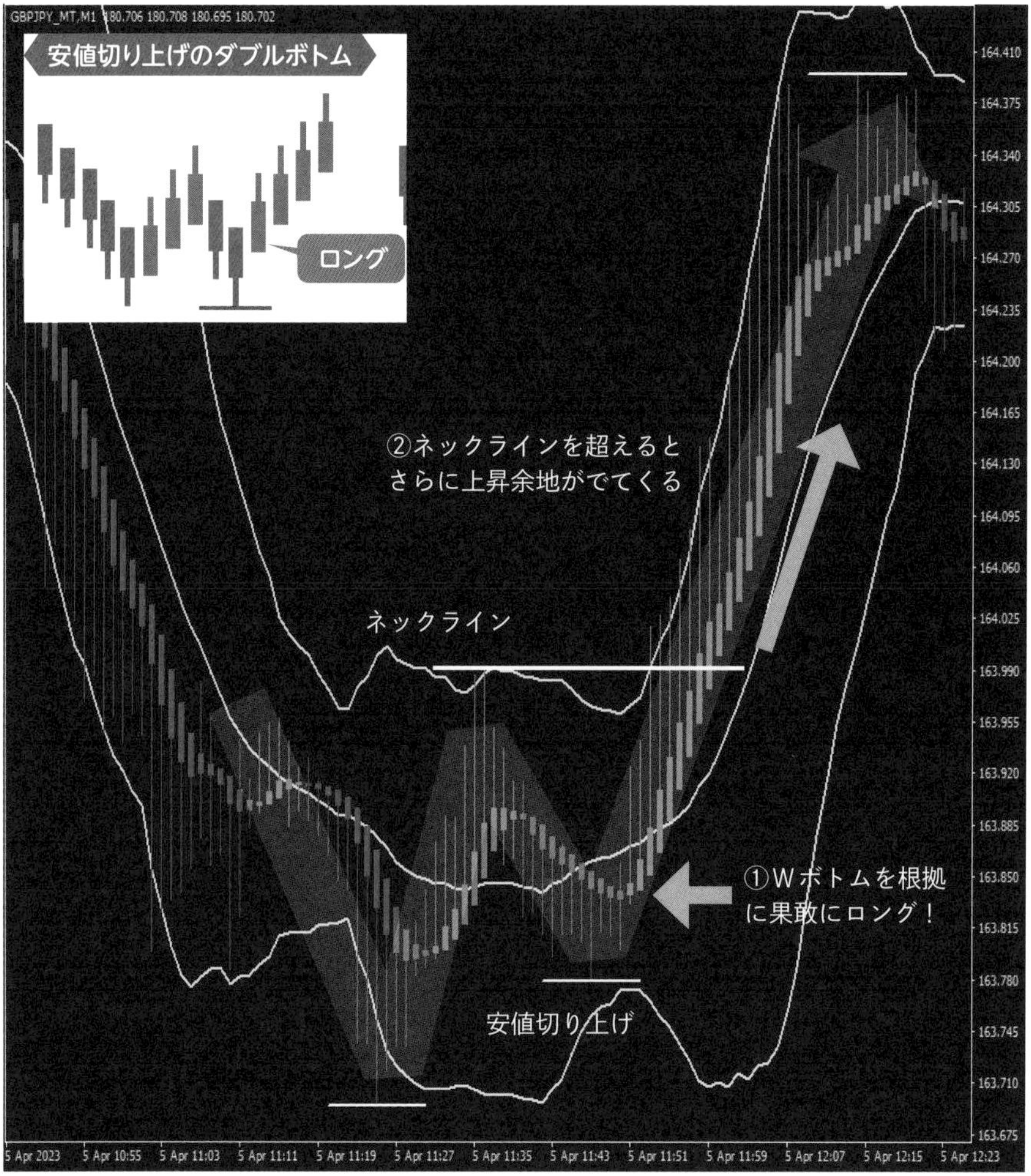

反転反発ポイントに自動で線(白い水平線)が
引かれる「Fuuta_DowLine」という
インジケーターも入れて
チャートパターンを発見しやすくしています

コラム

趣味のバイク

裏アカウントでバイクと車のYoutubeをやっています。

トレードで儲かった利益で大好きなバイクや車を購入、ツーリングやカスタムしたりした動画を撮影して公開しています。

1週間お疲れ様！という感じで、FXのトレーダー仲間と一緒にツーリングもしています。そこでも輪が広がっていろいろな方と知り合えて、FXも趣味も充実した毎日を送っています！

トレードをしていると楽しいときもありますが、あまり調子が良くないときは気持ちが落ち込むこともありますので、趣味や買い物などトレード以外のことも大切にしてストレスも発散、トレードするときに常に、謙虚で冷静な気持ちでいられるように心がけています。

よかったら、バイクと車のYoutubeも見てください！

第4章

【移動平均線】

勝てる使い方で勝率が劇的改善
【10EMA】マジック

第4章
01

最もシンプルなテクニカル正しく使えば勝てる！

☑勝てる使い方とは

移動平均線は、世界で最も使用されているとてもシンプルなテクニカルですが、実際のトレードに役立つ使い方をしている方は少ないのではないでしょうか。

私が考える勝てる使い方とは、

・反転反発ポイント

・パーフェクトオーダー（すべての移動平均線が同じ方向）

この2つを探すことに尽きます。

オリジナルの平均足（中期と長期の平均足）を作り、移動平均線と同じ使い方をして、トレード判断がしやすいよう工夫もしています。

☑【10EMA】マジック

ボリンジャーバンドのミドルラインが移動平均線であるように、移動平均線での反転反発はよく発生します。

その中で、10EMAという移動平均線は反転反発ポイントとしてとても機能する線なので、Youtubeではしつこいくらい意識してくださいと繰り返し説明をしています。**10EMAは15分足と4時間足を特に意識しています。**10EMAに近づいたら反転反発するかどうかを確認するよう習慣づけて見るようにしてみてください。

移動平均線は方向を見るだけのテクニカルではないということが大事なポイントです。

移動平均線の勝てる使い方

●パーフェクトオーダー発生時の10EMA反発ポイント

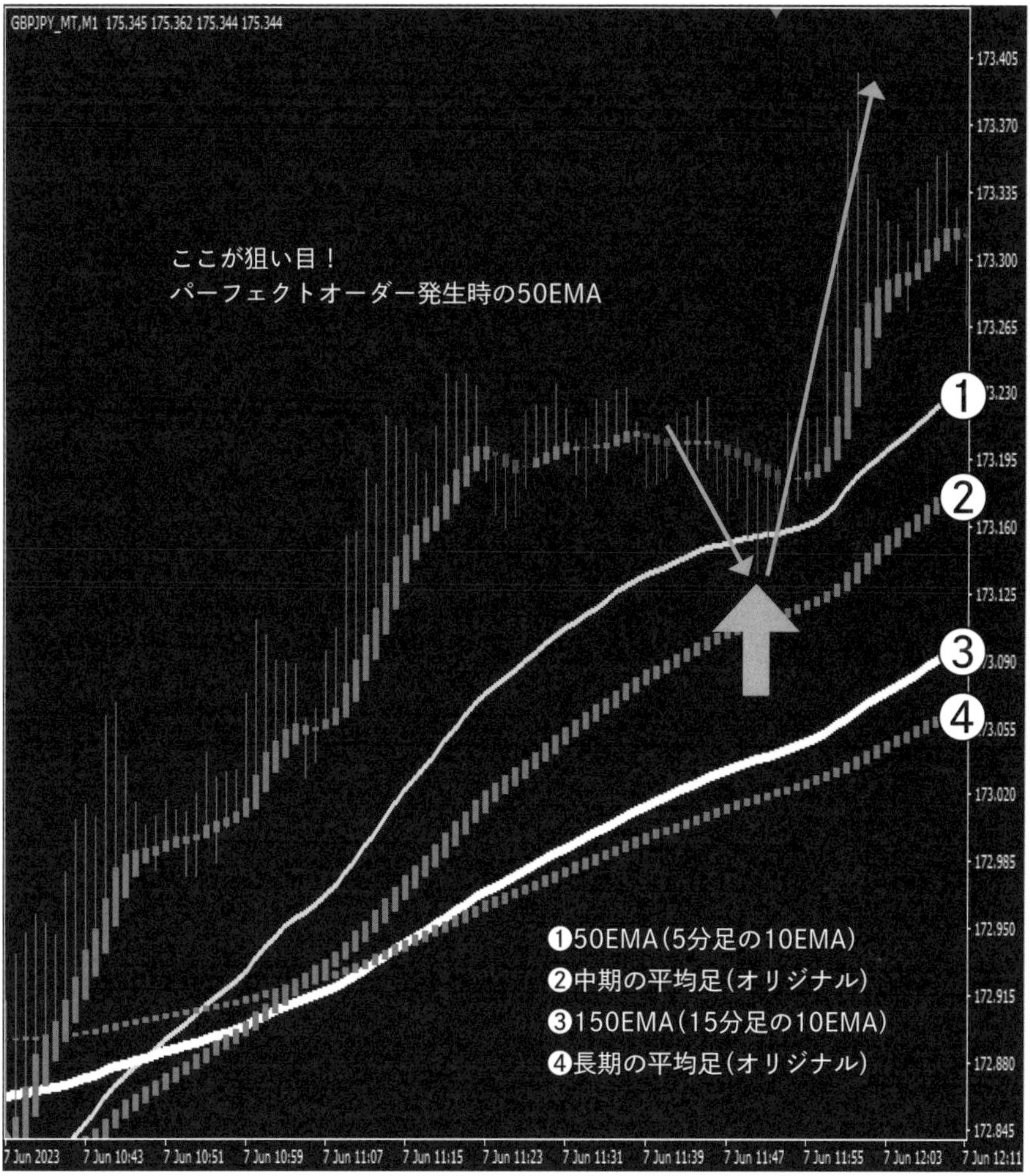

1分足チャートには白い２本の移動平均線が入っていますが、50EMAでしっかり反転していますね！

第4章
02

移動平均線の見方【基本①】用途に応じたチョイスが大事

☑線の種類と使い分け

種類は2つあります。

・単純移動平均（SMA）
・指数平滑移動平均（EMA）

指数平滑移動平均（EMA）の方が直近の値動きに比重をおいた計算式になっています。そのため、同じ設定数値を用いても、相場の動きに敏感に反応します。

短期の移動平均線を「色々な数値」で検証した結果、トレードで結果を残せるのは10EMAだったので10EMAを目安にトレードしています。

☑どの数値を用いるのか

皆さんが気になるのは移動平均線の数値だと思います。私が使っているのは、10EMA、20SMA、25SMA、90SMA、200SMAです。短期の移動平均線は有名なもので3SMA、5SMA、7SMAなど色々ありますが、私が使っている移動平均の数値はトレードで沢山検証して導いている数値になります。

平均足の設定数値（オリジナル）については企業秘密です。JFXさんのMT4であれば使うことができます。1分足に表示している中期と長期の平均足が同じ色に揃うとトレンド転換として機能することが多いため、激熱ポイントとなります。（第4章07で詳述します）

どんな状況なのかを把握してエントリー

●1分足の移動平均線

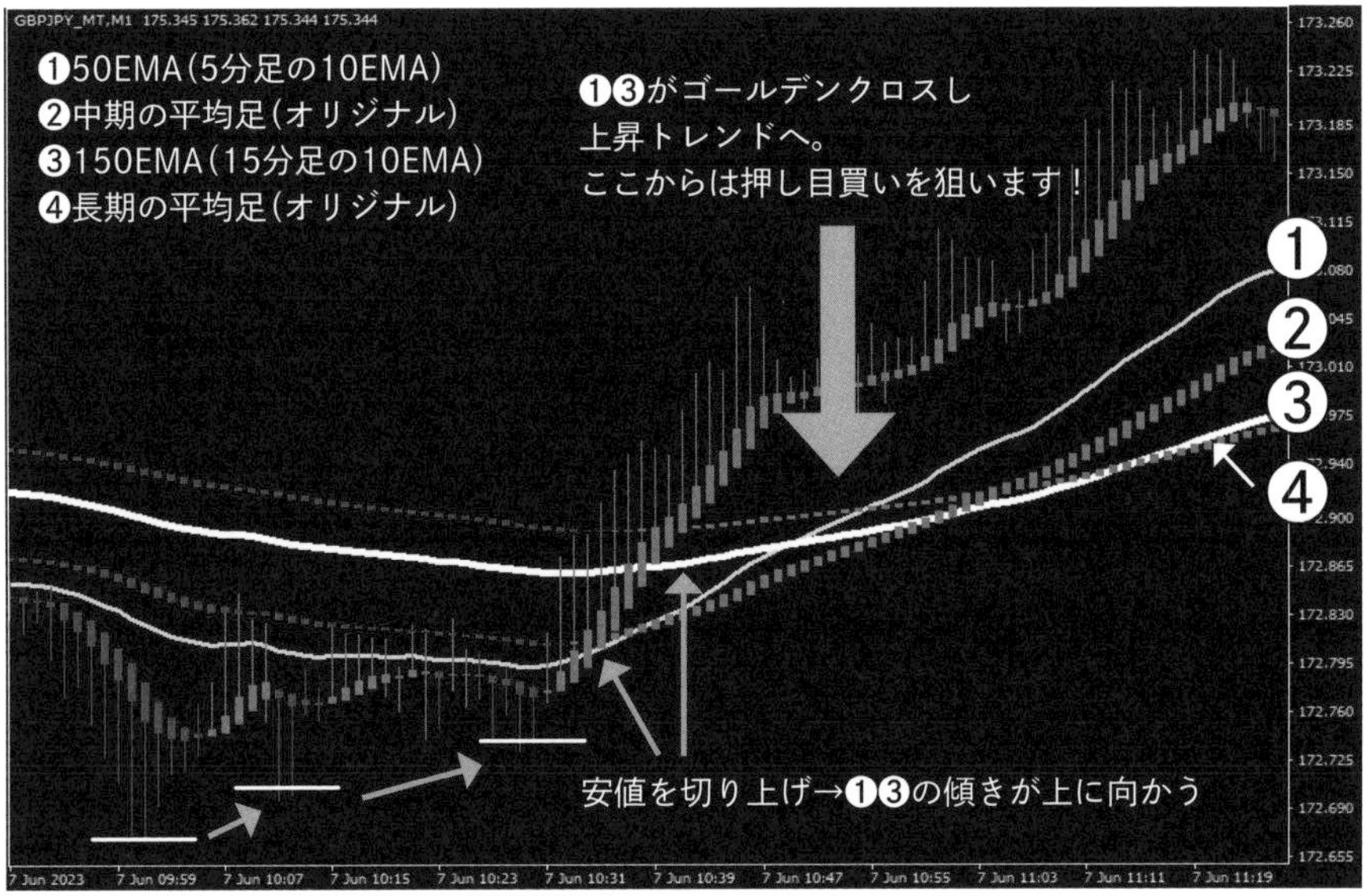

●5分・15分足の移動平均線

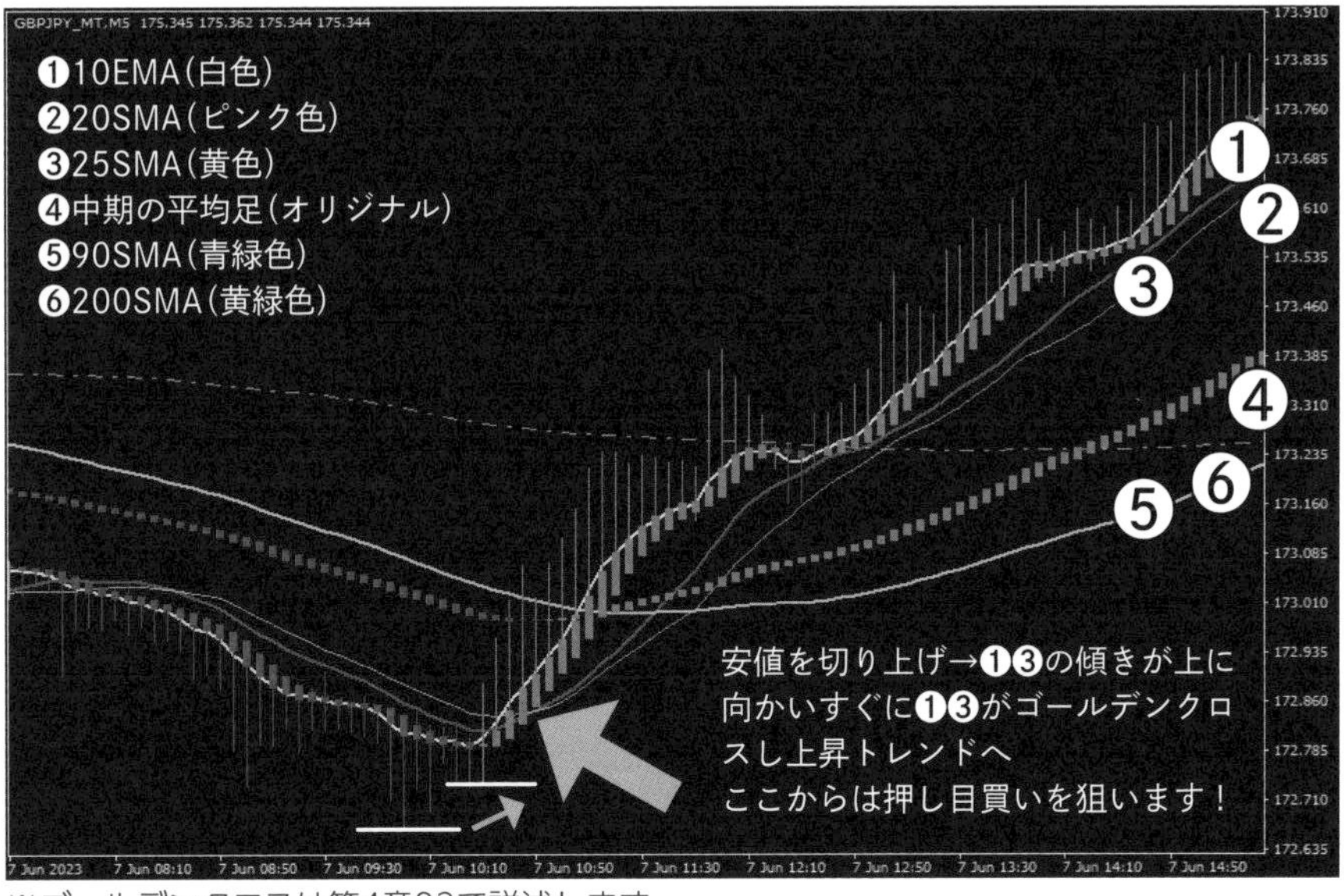

※ゴールデンクロスは第4章03で詳述します。

第4章 03

移動平均線の見方【基本②】ゴールデンクロスとデッドクロス

☑トレンドの転換サイン

移動平均線のゴールデンクロスまたはデッドクロスが発生するとトレンドが転換しやすくなり、流れが続けば続くほど、ゴールデンクロスまたはデッドクロスしたときの流れが本命となります。

しかし、ゴールデンクロスまたはデッドクロス後に流れが続かずデッドクロスまたはゴールデンクロスしてしまうと方向感のないレンジ相場になる場合があります。

ゴールデンクロスまたはデッドクロスが発生したら、トレンドが転換する可能性を考えるようにしましょう。

☑押し目買い・戻り売りを狙う

←ゴールデンクロス
←上昇トレンドが続く(見極める)
←移動平均線のサポートで押し目買い
←デッドクロス
←下降トレンドが続く(見極める)
←移動平均線のレジスタンスで戻り売り

この繰り返しをイメージしてください。

ゴールデンクロスをしたらすぐに買う、デッドクロスしたらすぐに売る、ということは基本しません。流れが続くかどうかがその時点では判断がつかないからです。流れが続くかどうかを注視して、どの展開になるのか見極める力を付けてください。

ゴールデンクロス・デッドクロス

●ゴールデンクロスとは、短期の移動平均線（10EMA）が中期の移動平均線（②20SMA）を下から上に突き抜けること

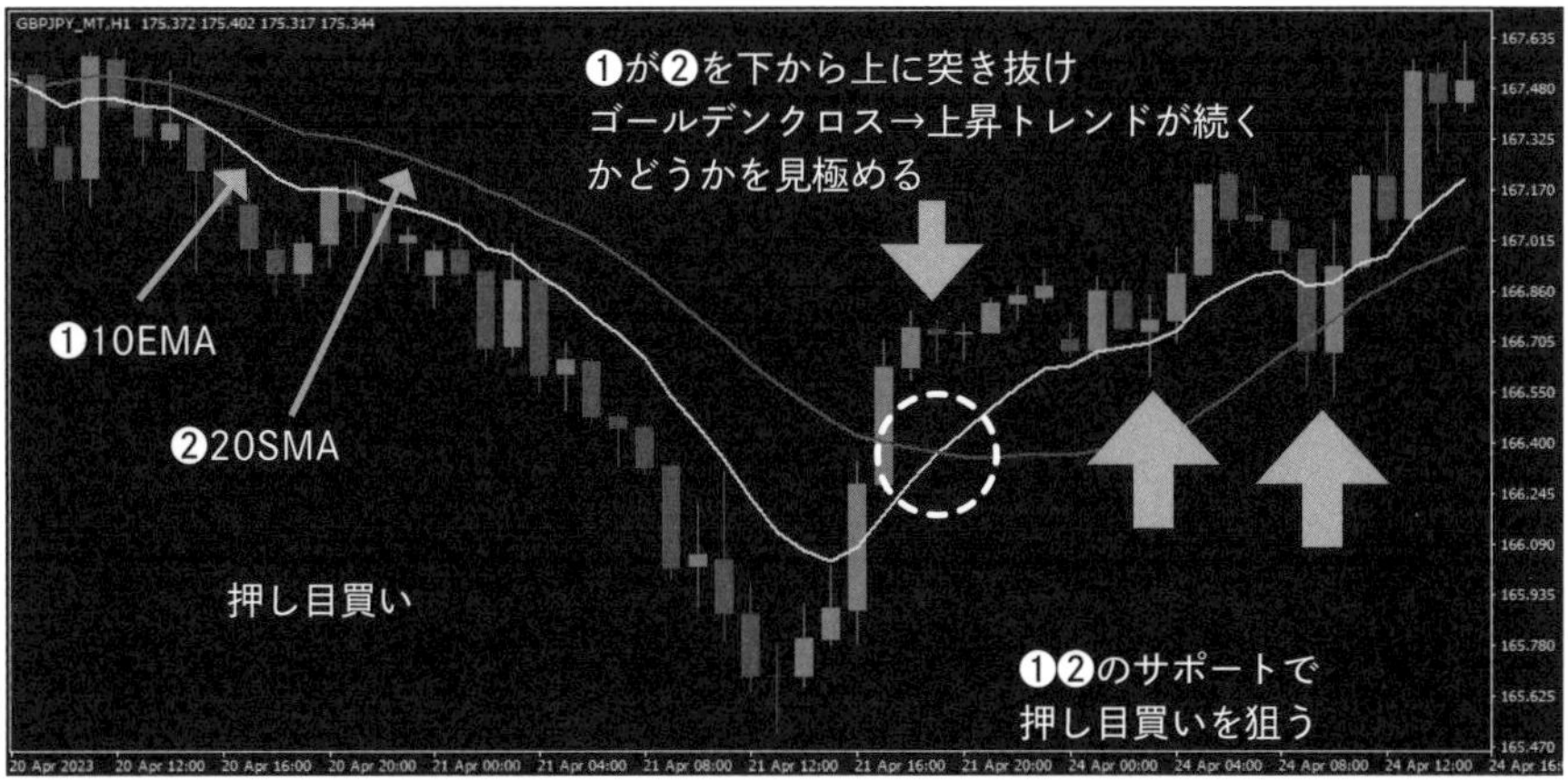

●デッドクロスとは、短期の移動平均線（10EMA）が中期の移動平均線（②20SMA）を上から下に突き抜けること

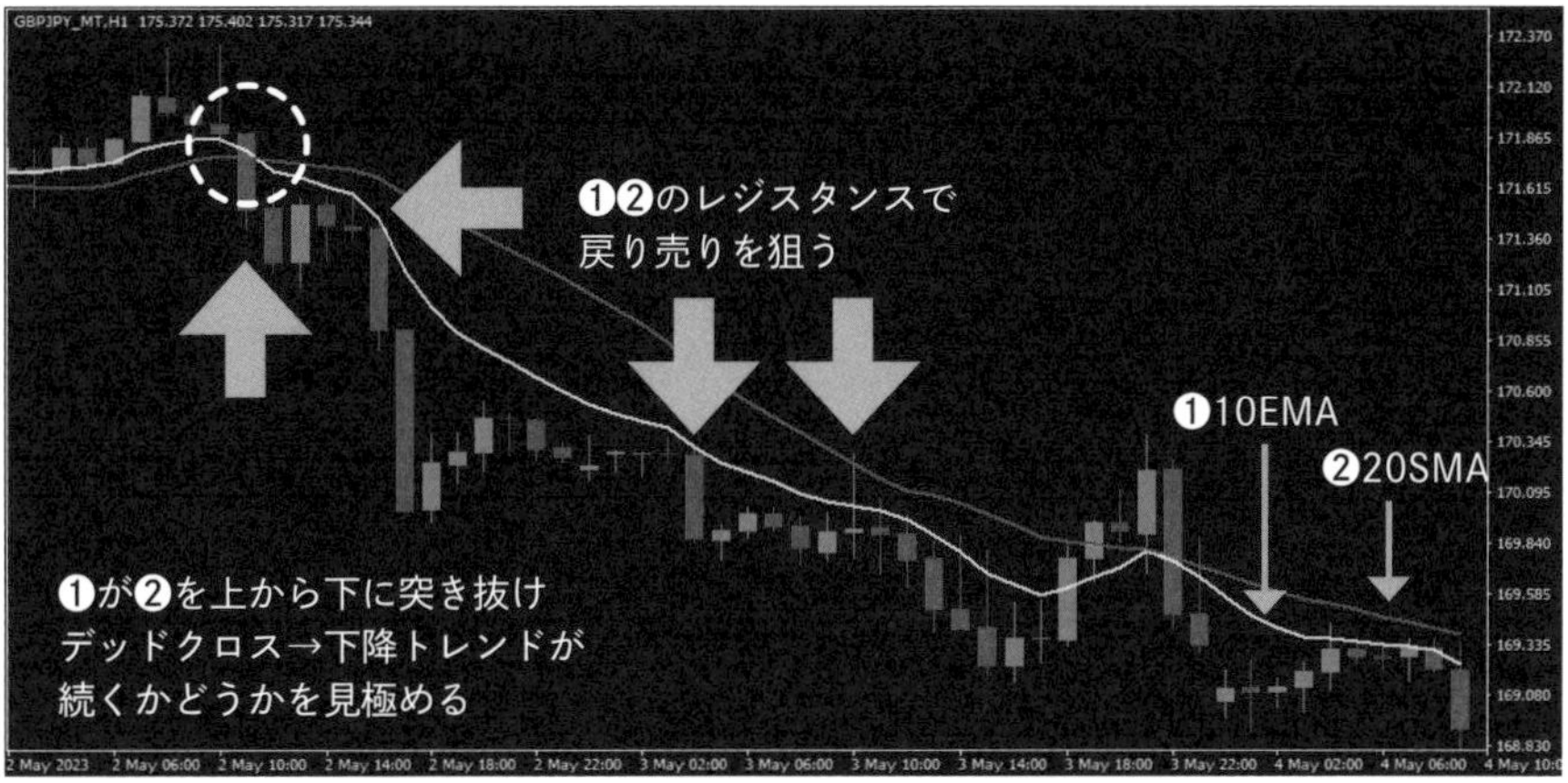

ゴールデンクロス・デッドクロスは
トレンドの転換サインです。

第4章
04

移動平均線の見方【基本③】
線の見方は2種類

☑「傾き」はトレンド

トレンド方向に合わせてエントリーするために、まず移動平均線の傾きを確認します。

・上向き…上昇トレンド

・下向き…下降トレンド

次にゴールデンクロスとデッドクロスを確認します。下降トレンドが長く継続した後に、上昇し始めて移動平均線がゴールデンクロスしてきたら、その後は押し目買いを狙っていくイメージです。

デッドクロスした後は戻り売りですね。

トレンドに合わせてエントリーしていくイメージ（上位足のトレンドも含め）をしっかり持ちましょう。

☑移動平均線の「タッチ」は反転反発

ゴールデンクロス後の押し目買いやデッドクロス後の戻り売りを狙うポイントは、移動平均線や中期長期の平均足に「タッチ」したところです。

そのため、どの移動平均線または中期長期の平均足で反転、反発するのか見極めるのがとても重要です。

移動平均線または中期長期の平均足までレートが接近したときに、何度も止められるような状況であればサポートとして意識されて反転することが多いです。

左図のように、50EMAや150EMAタッチを反転、反発ポイントと考えて押し目買いを狙うようにしてください。

「傾き」と「タッチ」

●ゴールデンクロス後の押し目買いは移動平均線の「タッチ」を狙う！

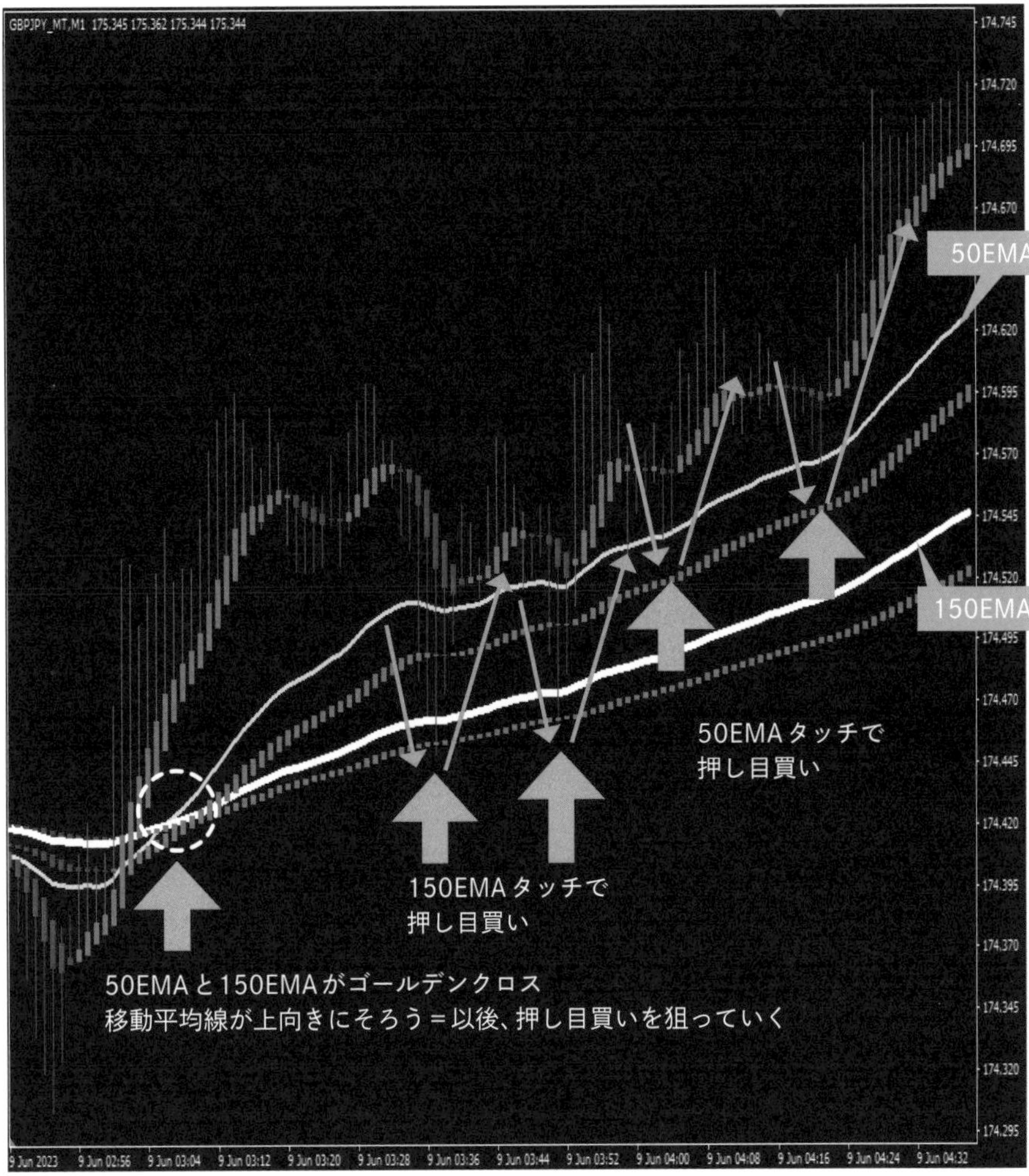

相場の勢いが強いときは50EMAや中期の
平均足で反転してしまうことが多いですね！
150EMAまで近づくときはすぐに
反発しやすいのでタイミングを逃さないように！

第4章 05

移動平均線の見方【基本④】20日線(ミドルライン)より上か下か?

☑3つの位置関係をみる

買いが優勢なのか、売りが優勢なのかは、

- ・短期の移動平均線(10EMA)
- ・中期の移動平均線(20SMA)
- ・ローソク足または平均足の実体

この3つがどの位置にいるのかを見るのが重要です。

ローソク足、もしくは平均足の実体が20SMA(20日線)よりも上にきたら流れが上目線となり、その後に10EMAが20SMAをゴールデンクロスしてきたら押し目買いが優勢になりやすくなるので、上昇トレンドになる可能性を意識してエントリーを模索します。

☑傾きも意識する

3つの位置関係から上昇トレンドになりそうな時に、まだ中期と長期の移動平均線が上に傾いていなくても、上にいくのかな?という判断をします。

その後の値動きで中期と長期の移動平均線が上に傾いてきたら押し目買いが狙えるかどうかを考えます。

傾きを意識するのは、ゴールデンクロスやデッドクロス、パーフェクトオーダーで勉強してきたようにその流れに合わせるということが大事だからです。この考え方の逆でトレードしてしまうと負けやすくなります。

20日線（ミドルライン）

●1時間足のローソク足と移動平均線の位置関係

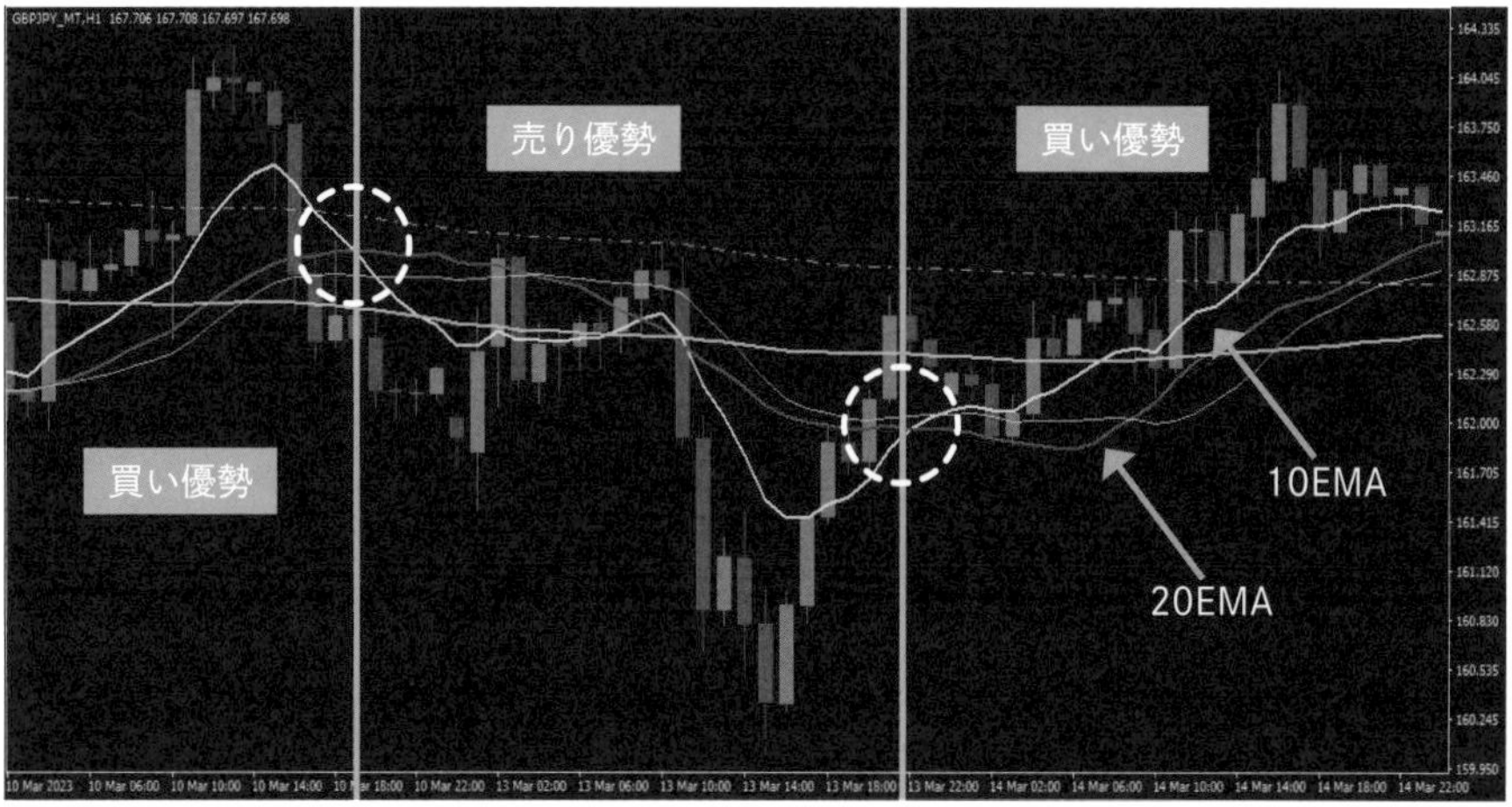

●5分足の平均足と移動平均線の位置関係

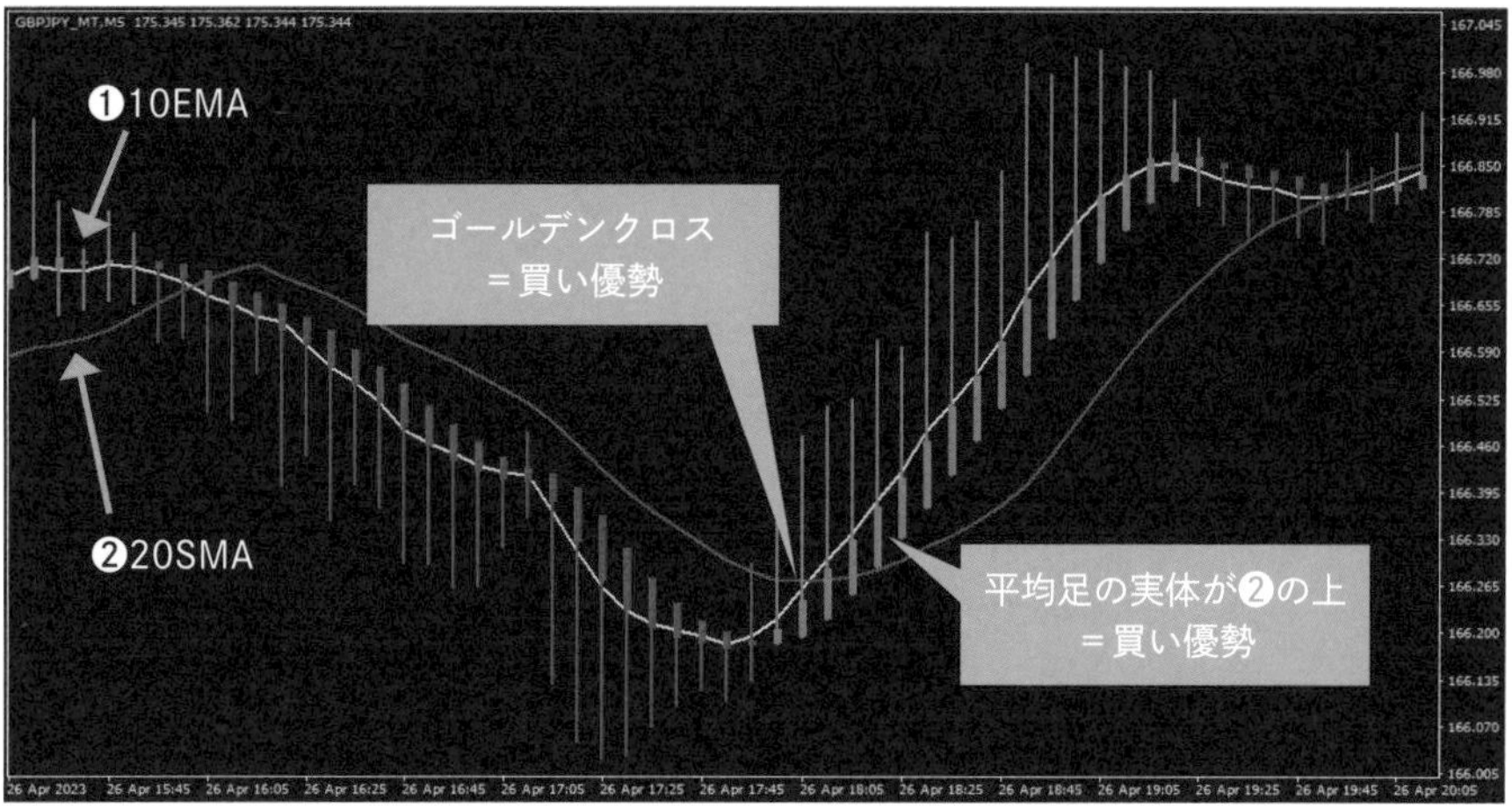

10EMAと20SMAのデッドクロス＝売り優勢
10EMAと20SMAのゴールデンクロス＝買い優勢

第4章
06

移動平均線の見方【基本⑤】パーフェクトオーダー

☑強いトレンドの証

パーフェクトオーダーとは、移動平均線の短期・中期・長期の3つの線が同じ方向を向いたときに発生するもので、強いトレンドを意味します。

パーフェクトオーダーが発生しているときは上昇トレンドであれば「押し目買いのみ」、下降トレンドであれば「戻り売りのみ」を基本的に狙います。

パーフェクトオーダーは強いトレンドですので、逆方向のエントリーはやらないように！　大きな値幅をともなう上昇や下落があるときは特に注意して見て下さい。

値頃感で逆にエントリーして負けてしまう人が多いパターンです。

☑エントリーポイントも明確

パーフェクトオーダーが発生しているときはトレンドが強いため、あまり下落せずに上昇に向かうこともあります。

どの移動平均線でサポートされて反発するかは、上昇した後の値幅、移動平均線の乖離などを見てエントリーを模索します。移動平均線に到達した時の反発具合でエントリーを考えます。

1分足の50EMA（第4章04参照）、5分足の20SMA（左図参照）、高止まりしている場合は1分足のボリンジャーバンドの－2σ（8章12参照）で反発するかも見ておきましょう。

パーフェクトオーダー

●強いトレンド発生時は、移動平均線のタッチ後の反発を狙う

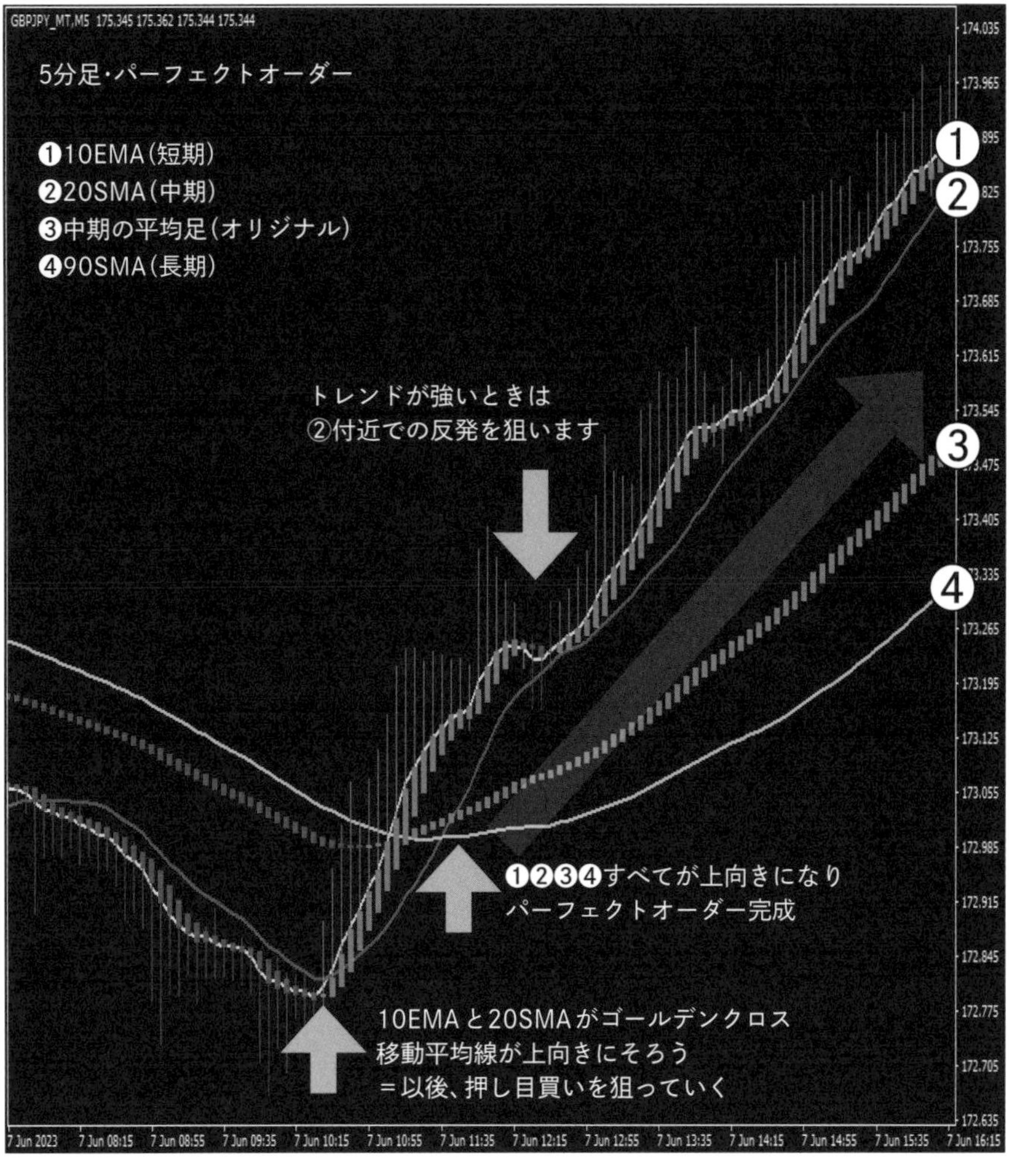

パーフェクトオーダーが始まると、上昇している移動平均線でサポートされやすいので、10EMAや20EMA、25SMAなどで反発するのか注視しておきましょう。

第4章
07

平均足と移動平均線【応用①】「平均足」のパーフェクトオーダー

☑3つ方向が揃うと鉄板級

1分足に中期と長期の平均足を表示させて、平均足が3つ表示されたチャートにしています。使い方は移動平均線と同じです。傾きと反転反発ポイントの確認をしています。

3本の移動平均線がパーフェクトオーダー状態にあると強いトレンドが発生していたように、3つの平均足が同じ色になるときはパーフェクトオーダーと考えます。

左図は3つの平均足のみを表示させたチャートです。パーフェクトオーダーになったところがそのままエントリーポイントになっていますね！

☑なぜ平均足を複数表示させるの？

移動平均線だと、傾きが上なのに一生懸命戻り売りをしてしまう人がいたからです。平均足は上昇になると青、下落になると赤で、色でトレンドの識別ができます。視覚的にわかりやすくするために取り入れました。

青青青でロング！
赤赤赤でショート！

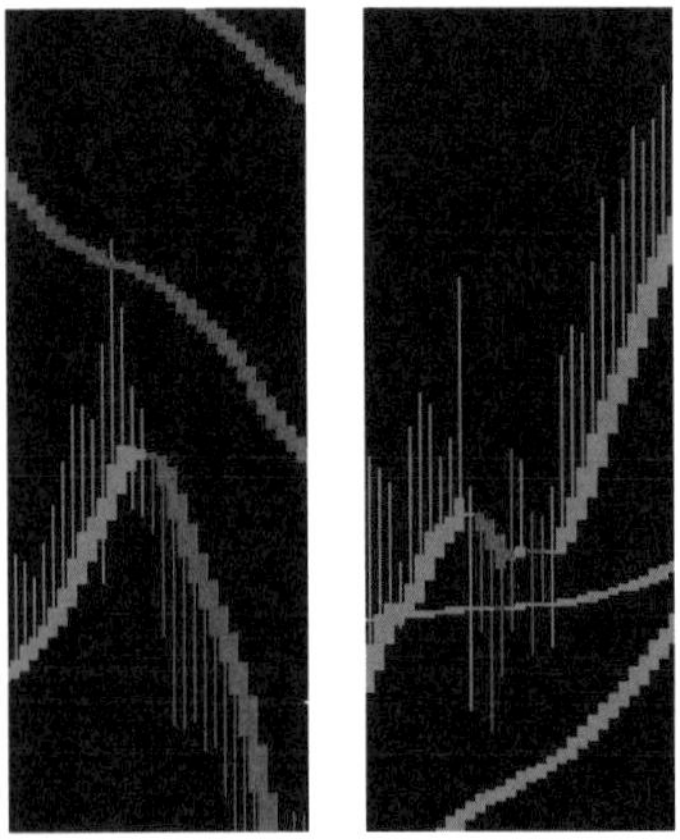

平均足のパーフェクトオーダー

●1分足　青青青と赤赤赤を狙う！

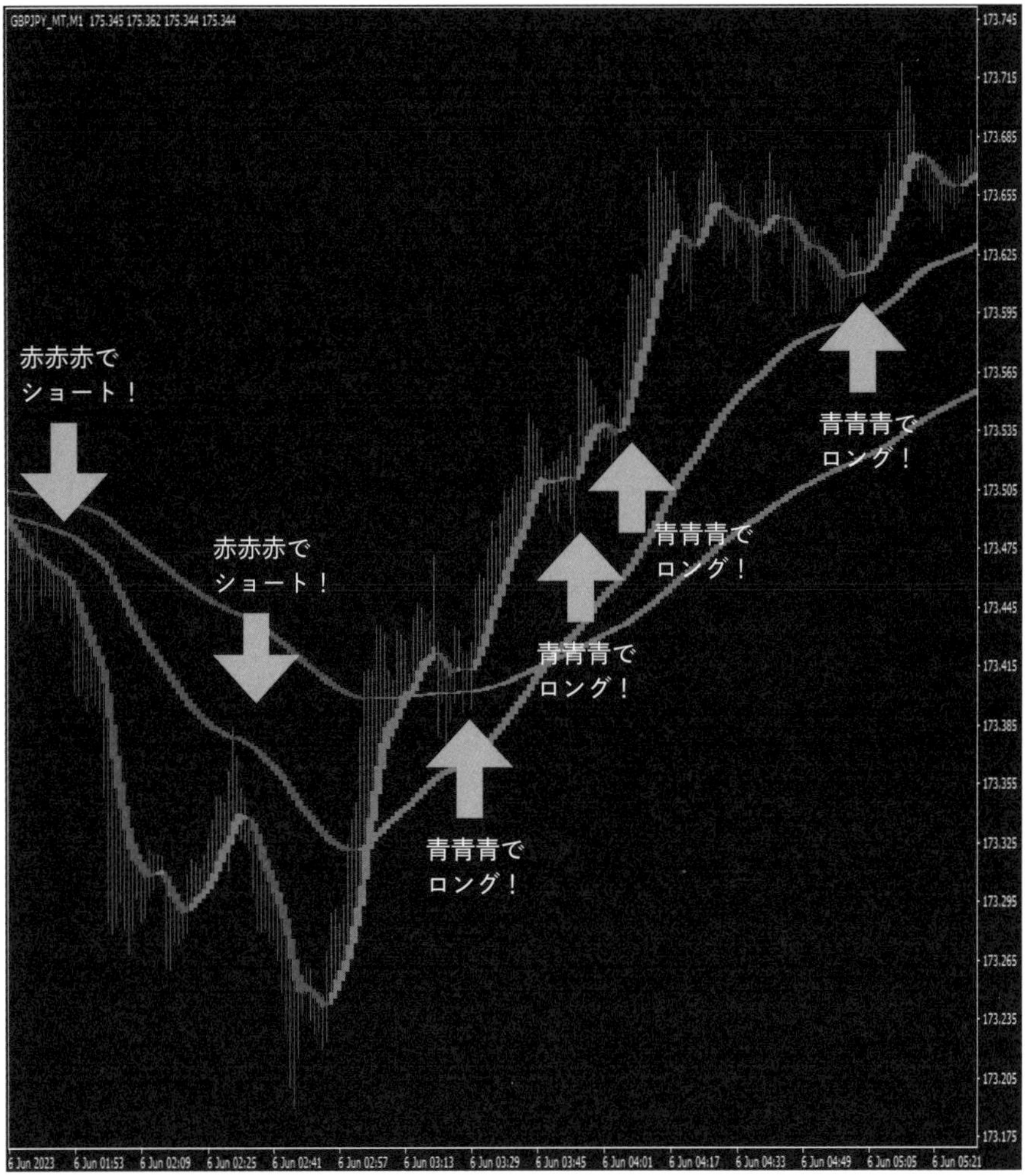

トレンドが色で判断できるからとても
わかりやすい！
ふうた平均足の真骨頂です！！

平均足と移動平均線【応用②】1分足の50EMA・150EMA

☑ 50EMAと150EMA

1分足のチャートに、

・50EMA
・150EMA

この2つの移動平均線も表示しています。

50EMAとは5分足の10EMAで、150EMAとは15分足の10EMAとなります。

1分足でエントリーするときに、5分足と15分足の10EMAを意識するために、この数値の移動平均線を表示しています。

☑ 反転反発ポイントになりやすい

私が50EMAと150EMAを用いるのは、上位足の10EMAだからこそ反転反発ポイントになりやすいという特徴を利用するためです。（左図）

50EMAと150EMAはサポートや抵抗になりやすいため、移動平均線のゴールデンクロス後の押し目買い、デッドクロス後の戻り売りをするタイミングにします。

また、移動平均線の傾きも一緒にチェックして、トレンドが継続するのか、そろそろ終焉なのかを見ています。

50EMAと150EMAは上位足の10EMA！

●1分足　上昇トレンド時の押し目買いポイント

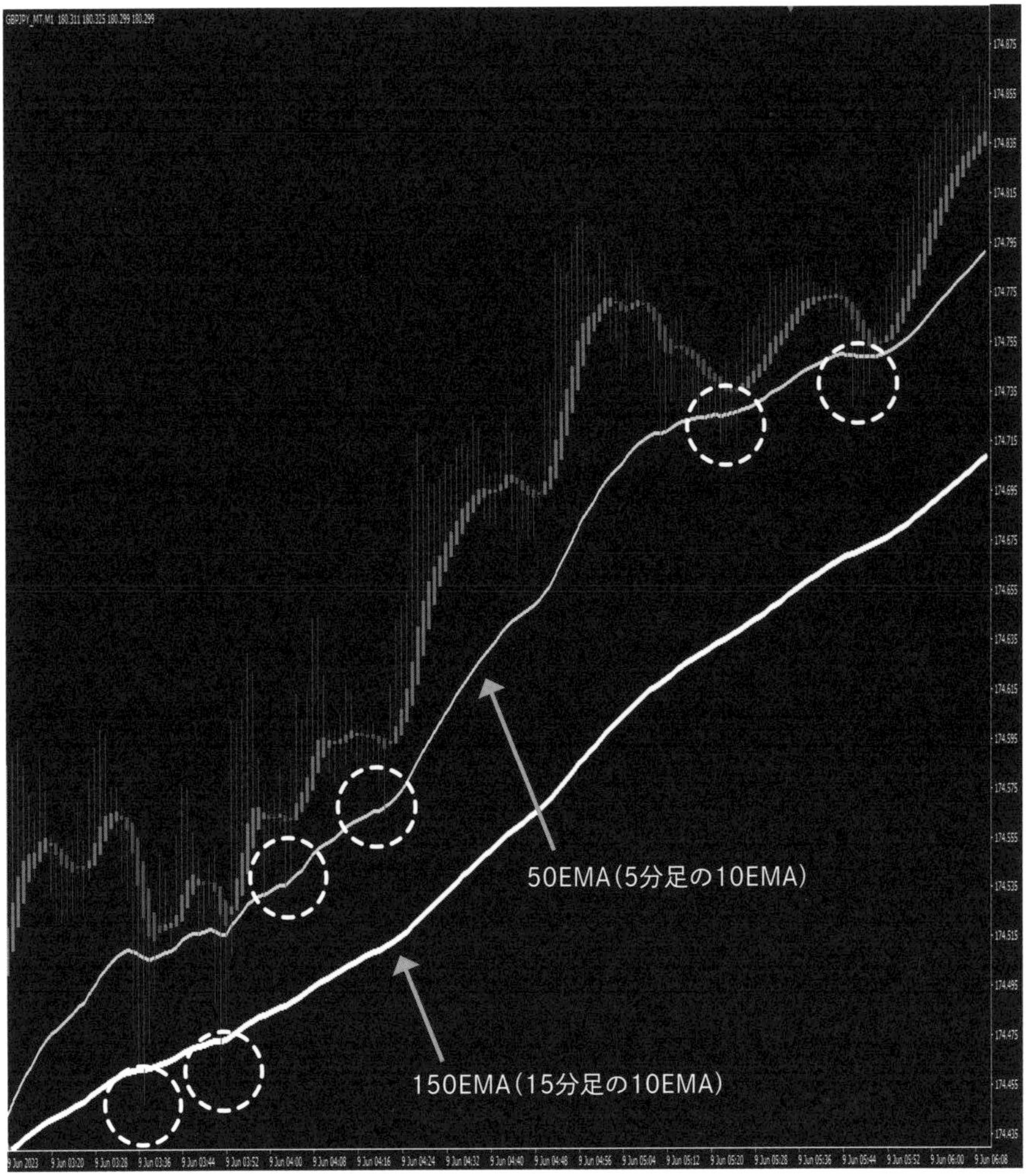

50EMAと150EMAでの反転反発は
結構多いです！
押し目買いや戻り売りのポイントとして
狙っていきましょう！

第4章
09

平均足と移動平均線【応用③】1分足の50EMA・150EMA

☑上げ渋り、下げ渋り対策

50EMAや150EMAを反転、反発ポイントとして利用していますが何度も反転、反発するとは限りません。

どういった時に50EMAや150EMAを超えるのか？ 割り込むのか？ それを知っておくことも大切です。

・下降トレンドからの「下げ」渋り
・上昇トレンドからの「上げ」渋り

こういった値動きを見極めてトレンド方向に合わせることでトレンドの初動に乗ることもできます。

☑下降トレンドからの「下げ」渋り

50EMAや150EMAの下に位置していても、安値を更新できずにじりじりと安値を切り上げてくれば、50EMA・150EMAを超えてくる可能性が高まります。（左図参照）

☑上昇トレンドからの「上げ」渋り

50EMAや150EMAの上に位置していても、高値を更新できずにじりじりと高値を切り下げてくれば、50EMA・150EMAを割り込む可能性が高まります。

上げ渋り・下げ渋り対策にも50EMA・150EMA

●下降トレンドからの下げ渋りの局面。そろそろ・・・

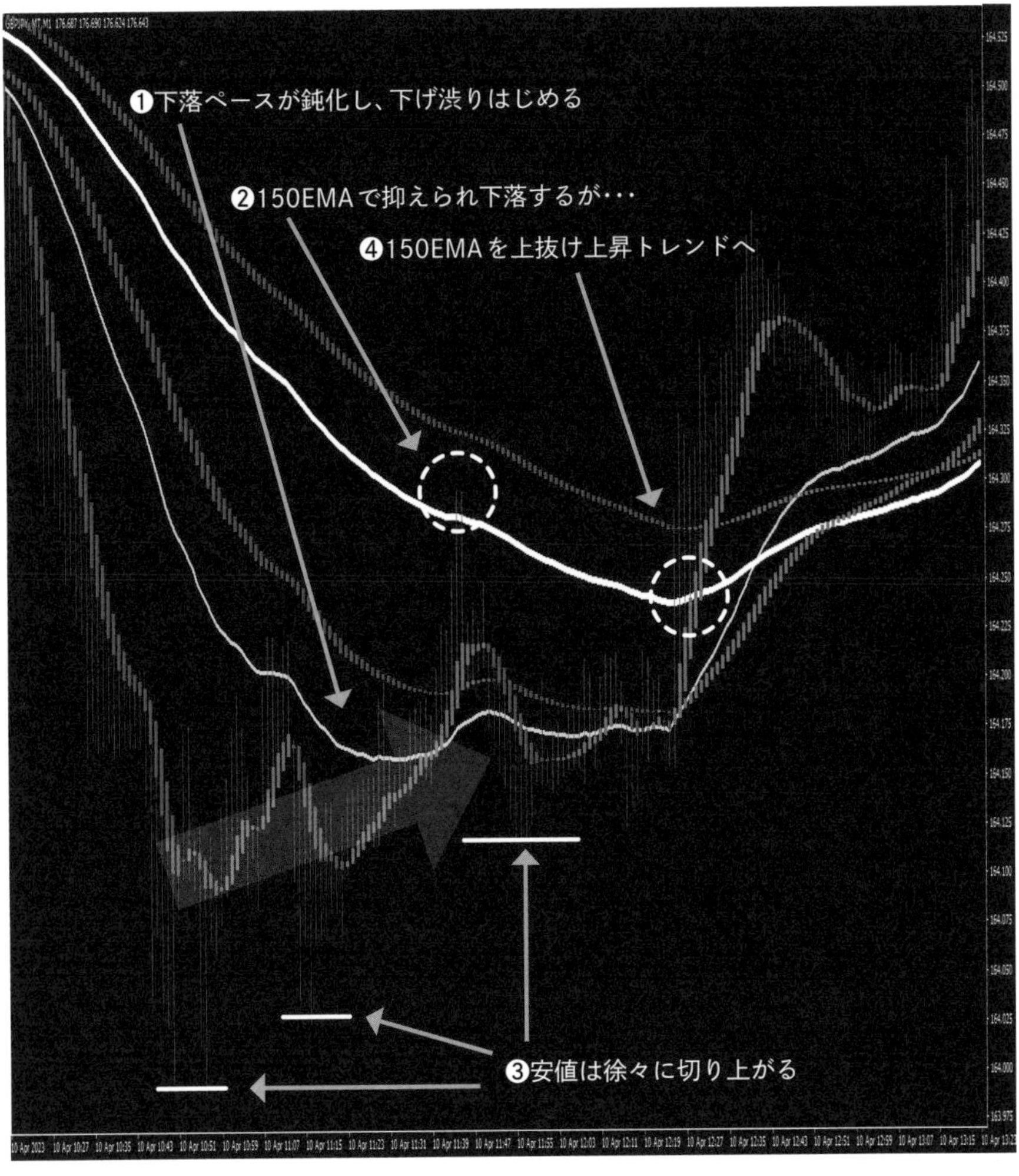
❶下落ペースが鈍化し、下げ渋りはじめる
❷150EMAで抑えられ下落するが・・・
❹150EMAを上抜け上昇トレンドへ
❸安値は徐々に切り上がる

下げ渋っているからそろそろロングか！？
上げ渋っているからそろそろショートか！？
50EMAと150EMAの移動平均線を
意識してみましょう。

第4章
10

平均足と移動平均線【応用④】1時間足と4時間足の10EMA

☑もの凄く重要な1時間足と4時間足の10EMA

上位足で一番意識しているのは4時間足です。1時間足も意識していますが、基本的には4時間足を優先して考えています。

チャートは下位足から形成されていきます。

1時間足も重要になりますが、4時間足の流れが強い上昇トレンドだった場合、1時間足で一時的に垂れて下がったとしても、4時間足が意識されて、なかなか下げないという展開になります。その場合、4時間足の流れに合わせてトレードするほうがよかったりします。

☑強い反転反発

4時間足の10EMAは比較的にサポート又は抵抗となりやすいので4時間足の10EMAの上で上目線、4時間足の10EMAの下で「下目線」、10EMAのラインの角度も意識してみています。

たとえ60分足の移動平均線がデッドクロスしても、4時間足がまだ10EMAの上にいる場合は、上昇トレンド継続となりやすい傾向があると判断してください。

上位足の10EMAを見て、上にいるときは「上目線」、割り込んできたときに戻り売りになるかどうかと考えて攻めていきます。

1時間足と4時間足の10EMA

●4時間足と10EMA

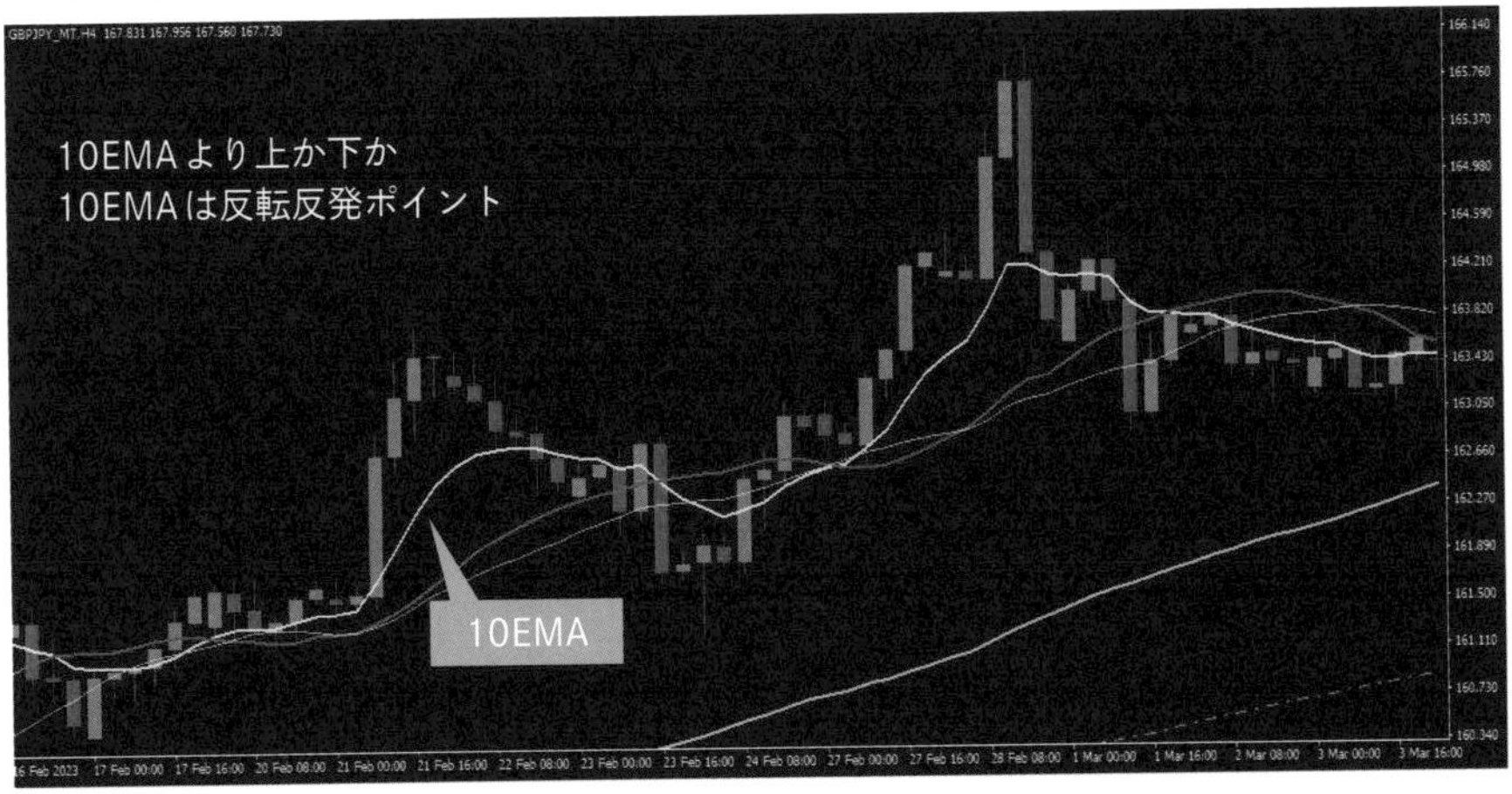

●1時間足と10EMA

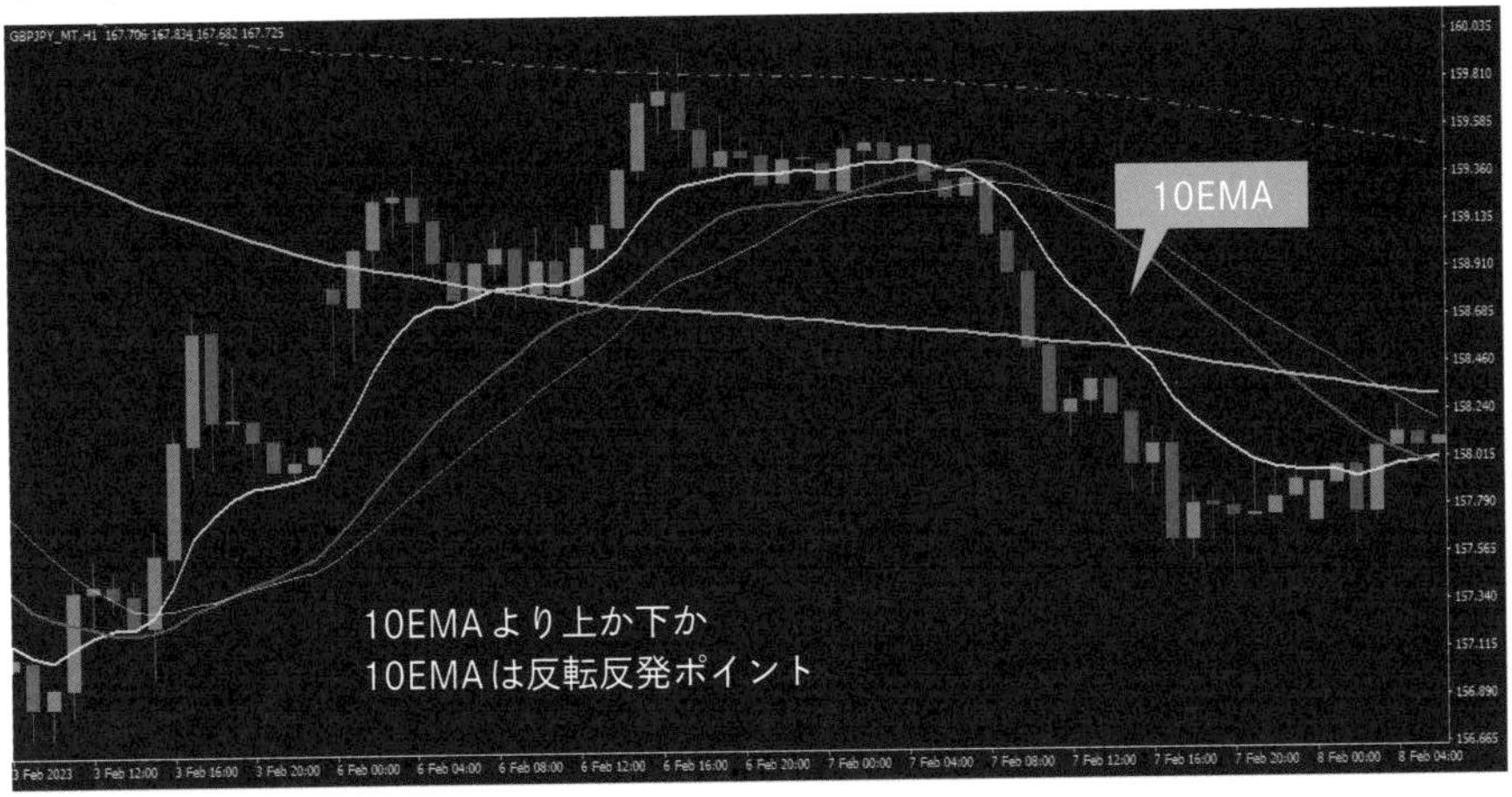

値幅を伴って下落してきて、10EMAに
到達したらサポートされるのか？
逆も同じで値幅を伴って上昇してきたら
10EMAに到達したら抵抗線になるのか？
ここがいいエントリーポイントでもあります。

コラム

トレードはだらだらやらない！

トレードはやりやすい時間帯や市場があります。勝率は相場の流れやトレード手法、値動きによっても左右されます。

・市場が始まったときの値動きには逆らわらない
・流れに乗れれば利益も結構取れる可能性がある
・ザラ場（※）中は値動きが落ち着くので過度な利益を求めない

を意識し、時間帯も考えて戦略を立てましょう。

わからないときや悩んだときはやらないこと。値動きが乏しいときもやらない方が無難です。トレードはけじめをつけてやることが大切です。トレードの経験を積んでいくと自分がやりやすい時間帯、市場、相場の流れなどがわかってきます。為替は24時間、月曜日から土曜日の朝まで動いているからといってだらだらとやらないようにすることも負けないポイントです。

だらだらやるときは勝ちたい、もっと儲けたいという欲が出てしまっているからだと思います。欲に負けると謙虚さもなくなり、いずれは相場から退場になってしまいますので、基本は自分の得意な時間帯や市場をみつけてから、やりやすいときにけじめをつけてトレードするようにしましょう。

※ザラ場…株式市場が開いている時間帯のこと。第6章06を参照ください

第5章

【MACDとRCI】

強い援護射撃で
自信をもってエントリー！

第5章
01

MACDとRCIどうして必要なのか？

☑判断に迷うときがあるから

MACDとRCIはともにオシレーター系のテクニカルに分類されます。

オシレーター系とは、いまの相場状況が、

・買われすぎ

・売られすぎ

なのかを表したテクニカルです。

平均足などチャートの動きだけではわからない買われすぎ売られすぎを教えてくれるので、**反転ポイントでのエントリーに活用すること**ができます。

一般的には、相場に明確なトレンドがない状況で投資判断をする際に力を発揮します。

☑MACDとRCIの特徴

MACDは移動平均線のロジックのため少し遅れたサインとなり、RCIはレートに俊敏に反応するため目先の動きに合わせやすいというメリットがあります。

主な使い方は、MACDは移動平均線と同じようにトレンドの方向を確認するために使います。

RCIは俊敏性を活かして、上昇トレンドの場合は売られすぎになったら押し目買い、下降トレンドの場合は買われすぎになったら戻り売りを狙う、という使い方をします。

買われすぎ、売られすぎを見つける

●エントリー時に背中を押してくれるイメージです

GBPJPY_MT/M5 177.960 177.972 177.927 177.963

自信をもってショート

自信をもってロング

MACD = トレンドの方向を見る

買われすぎ

売り→買い目線

売られすぎ

RCI = エントリーを狙う

買われすぎ

戻り売り

押し目買い

売られすぎ

19 Apr 2023　19 Apr 12:05　19 Apr 12:45　19 Apr 13:25　19 Apr 14:05　19 Apr 14:45　19 Apr 15:25　19 Apr 16:05　19 Apr 16:45　19 Apr 17:25　19 Apr 18:05　19 Apr 18:45　19 Apr 19:25

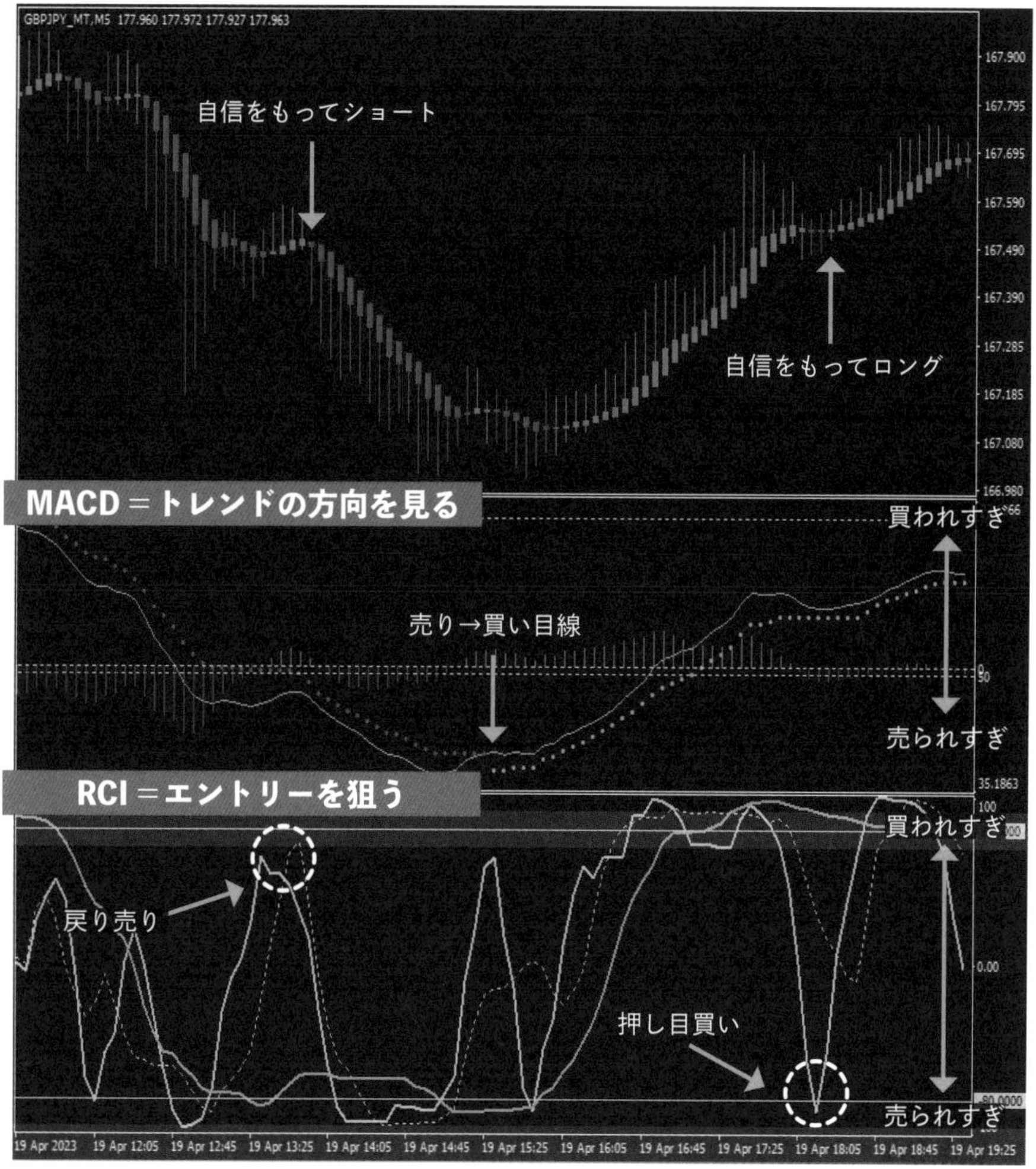

買われすぎ売られすぎがわかれば、
エントリー時により自信がもてます。

第5章 02

MACDの見方【基本①】トレンドの転換を見つける

☑MACDの基本的な使い方

MACDは、2本の線（MACDの線）・ヒストグラム・ゼロラインの3つで構成されており、

・2本の線のゴールデンクロスまたはデッドクロスでトレンド転換

・ヒストグラムはゼロラインを挟んで上がプラスゾーンで上昇トレンド、下がマイナスゾーンで下降トレンドと判断し、色変わりで方向の確認

MACDの2本の線はトレンドの転換、方向性を見ることを目的で使いますが、ヒストグラムもトレンドの転換を見つけることが目的です。ヒストグラムの色変わりはエントリーにも結構使え、タイミングをとるのに便利です。

☑ゴールデンクロスとデッドクロス

ヒストグラムのエントリーの考え方は、

・MACDがゴールデンクロスになって、ヒストグラムが青になったら買い

・MACDがデッドクロスになって、ヒストグラムが赤になったら売り

のようにMACDの方向に対してヒストグラムが同じ方向のときにトレードをしていくイメージです。

MACDがゴールデンクロスのときに、ヒストグラムが赤であってもヒストグラムの色変わりを待たず買うことはありますが、売りは逆張りとなるため行いません。

MACDの基本的な使い方

●1分足　MACDのエントリーポイント

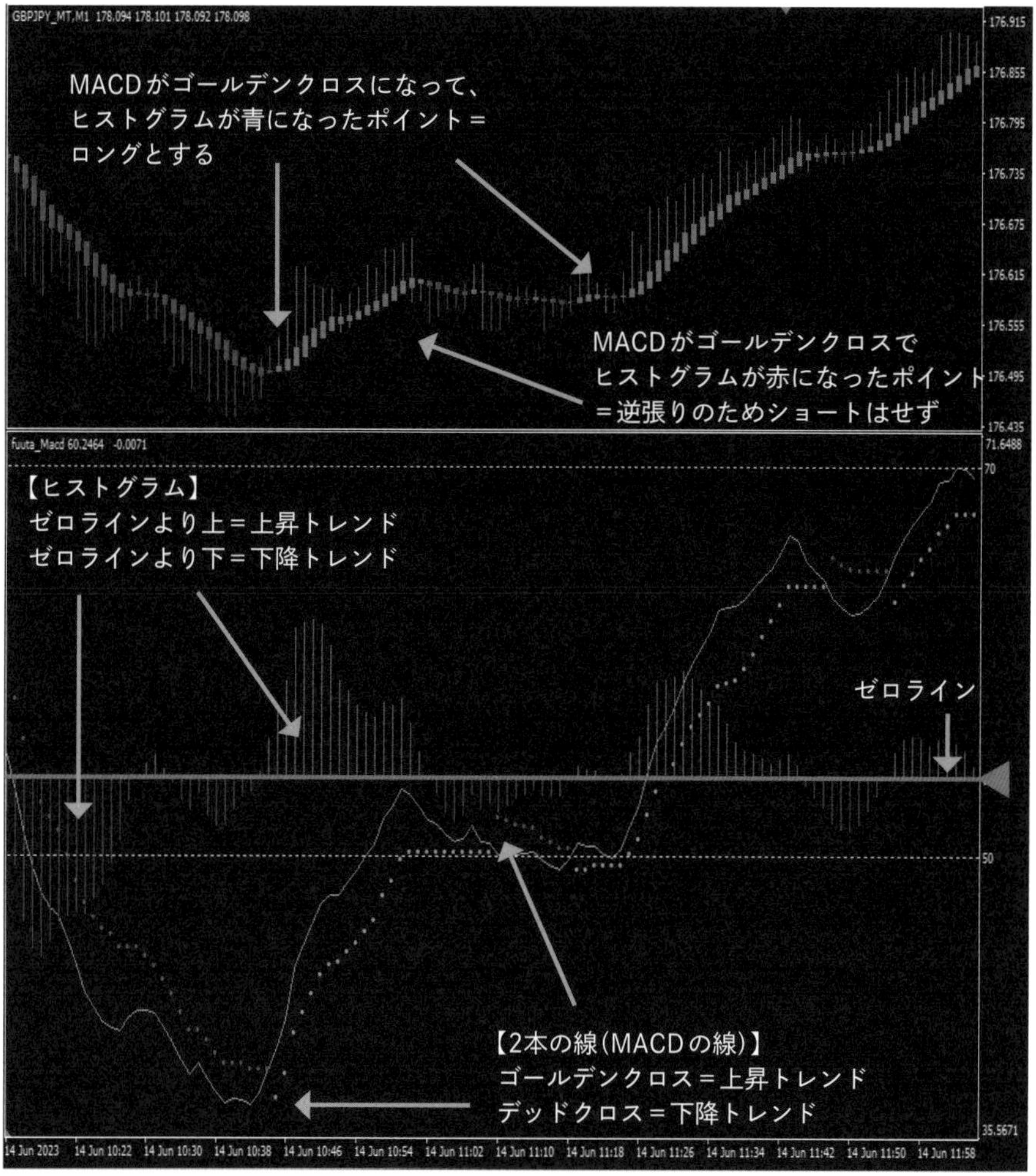

平均足や移動平均線と組み合わせて
MACDをみることでより精度の高いトレード
ができますよ！

MACDの見方【基本②】ヒストグラムの方向変化

☑ヒストグラムは色変わりを見る

基本的にヒストグラムはMACDに連動した動きをします。

ヒストグラムの山の大きさの変化まで見てしまうと短期的な値動きに翻弄されるため、ヒストグラムの色変わり（赤から青、青から赤）というざっくりとした変化を見ていきます。

ボリンジャーバンドの－2σにタッチして反転し、平均足が青に変わり、MACDがゴールデンクロスして、ヒストグラムが赤から青に変わると流れが継続するかな？というイメージで見ています。（左図ABC）

☑握力として使っています

ヒストグラムは、トレンドが形成されていくと徐々に大きな山になっていきます。

エントリーした後に利益が出るとすぐに利益確定してしまいがちですが、ヒストグラムを見ることで、すぐに利益確定を行わず利益をなるべく伸ばせるように工夫しています。

スキャルピングの場合は、含み益が出ている状態でポジションを保有し続ける「握力」も大事なテーマになります。

なかなか利益を伸ばせないという方は参考にしてみてください。

ヒストグラムの色変わり

●1分足MACD　流れが継続するかな？というイメージで見てください

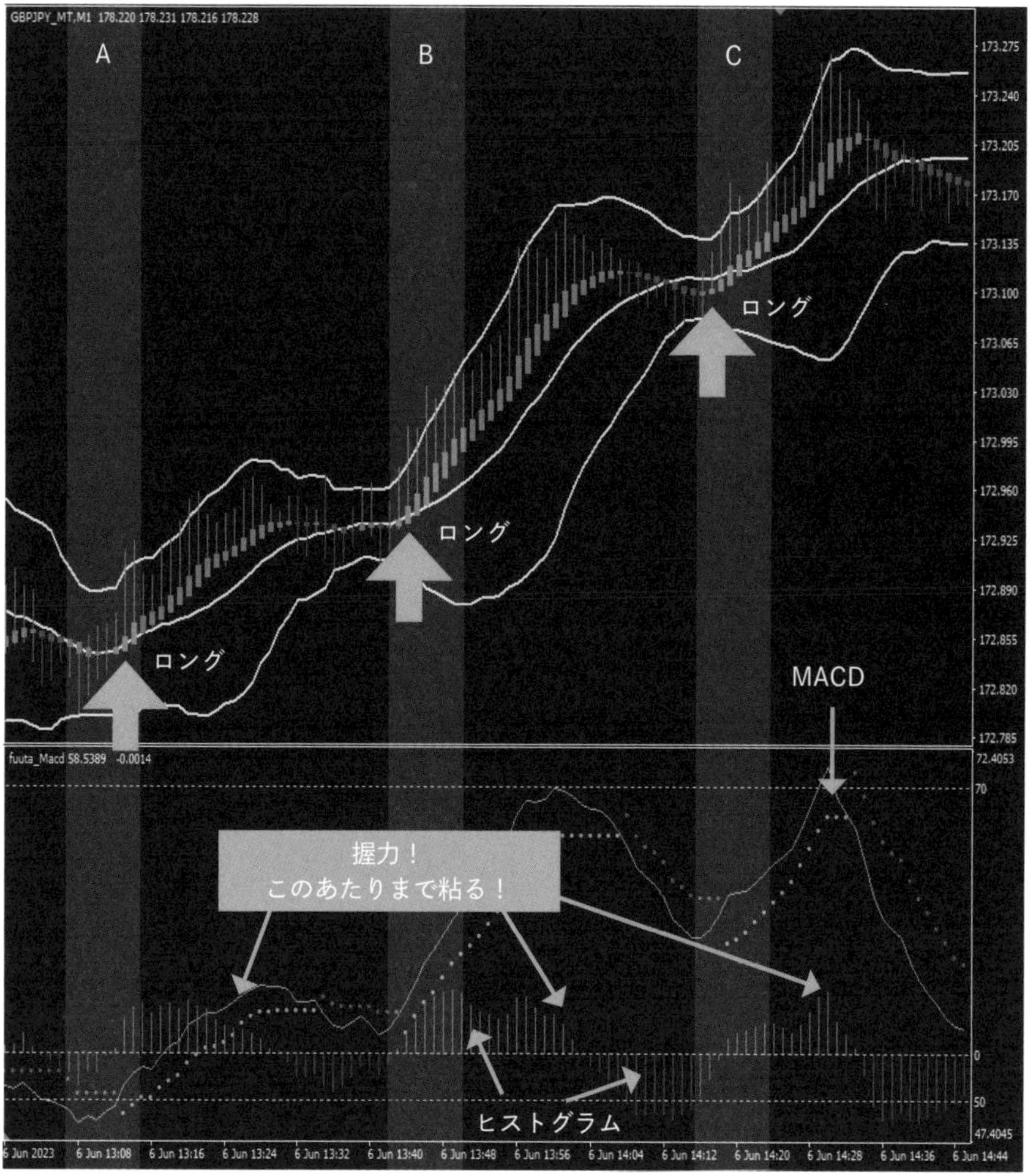

ヒストグラムは、利益を伸ばすときの
握力の目安にしています！

第5章
04

平均足とMACD【応用①】MACDの環境認識

☑ 1分足と5分足のMACD

1分足と5分足の両方にMACDを表示させていますが、使い方が少し違います。1分足MACDはエントリーが正解だったかどうかの確認のために使います。

1分足のMACDはロングエントリーした後にゴールデンクロスしてきたら、これはあっているとか、ロングした後に落ちそうだけどゴールデンクロスしてきそうだから持っておこうかな、という目線でトレードしています。

これはボリンジャーバンドや移動平均線タッチを根拠に先にエントリーすることが多いからです。

☑ トレンド転換は5分足MACDを見る

1分足のMACDではエントリーのタイミングは取らないので、1分足の平均足をみながら、5分足のMACDがゴールデンクロスしてきたら押し目買い、デッドクロスしてきたら戻り売りを1分足で狙うように使っています。

1分足でMACDを見すぎてしまうと、初心者の方は翻弄されてしまうので、5分足や15分足のMACDでトレンドの転換を確認するのがいいと思います。

スキャルで有効なのは、5分足のMACDを見て、その流れに合わせていくことです。

1分足と5分足のMACDの見方の違い

●5分足MACD　トレンド転換を確認するために使います

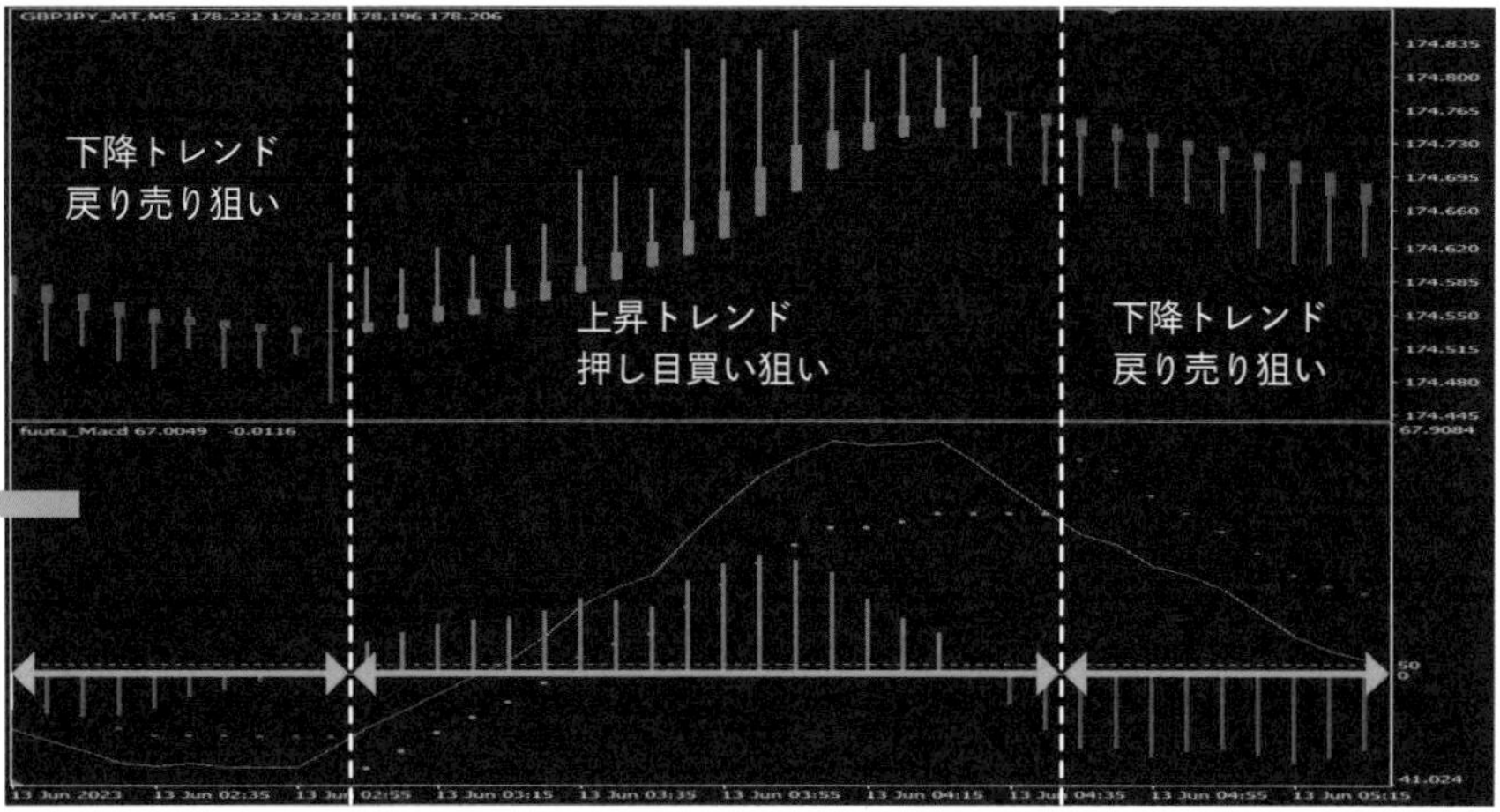

●1分足MACD　エントリーが正解だったかどうかの確認に使う

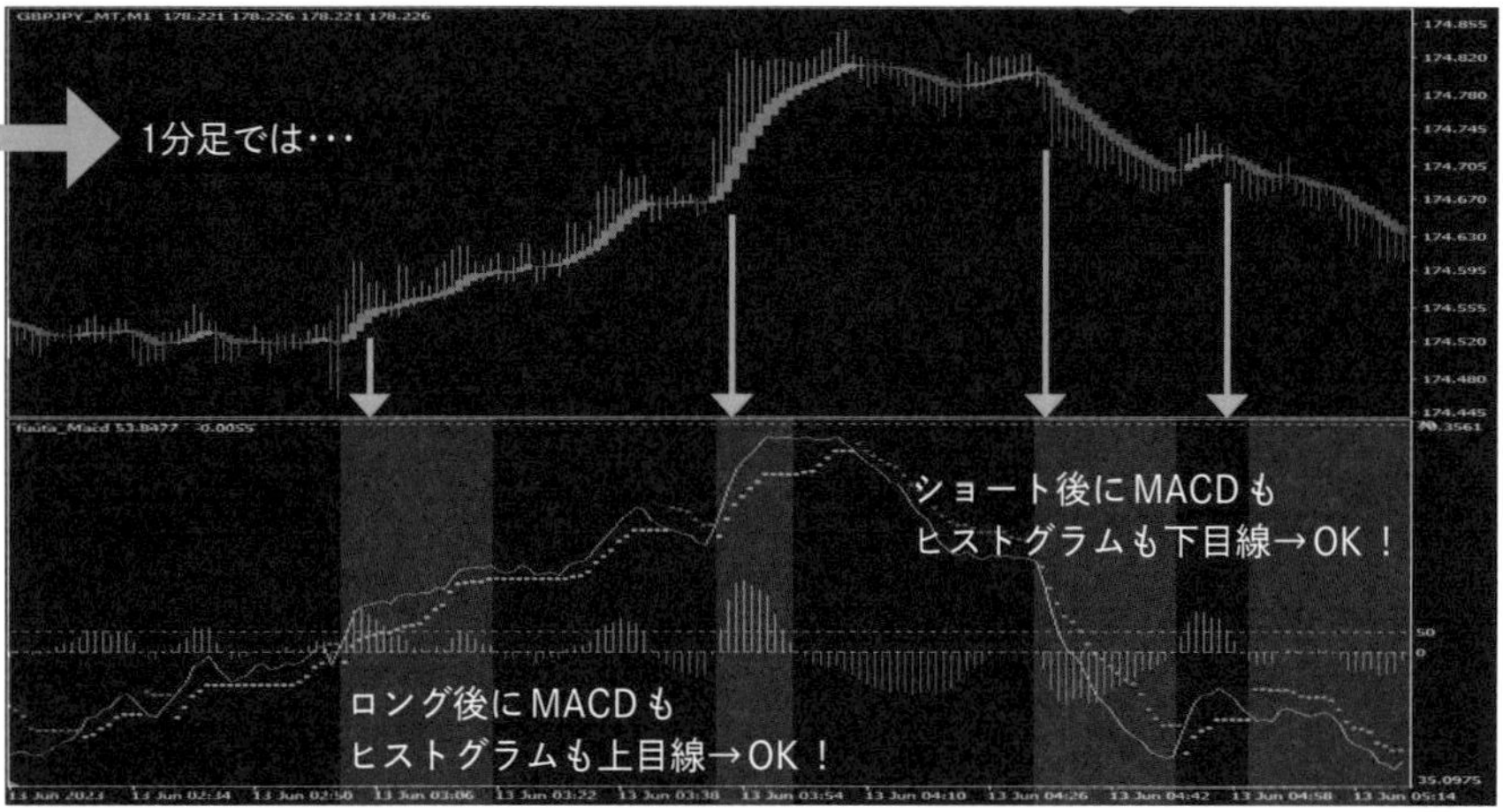

とても大事なポイントです！5分足を基準に
判断すると流れに乗りやすいのでお勧めです。

第5章
05

平均足とMACD【応用②】

1分足のチャートに5分足MACDを入れるとわかりやすい！

☑1分足と5分足のMACDを同時表示

ここでは1分足のチャートに、1分足と5分足のMACDを両方表示させて、判断していく手法をご紹介します。

1つのチャートで違う時間軸のテクニカルを表示させることで視覚的にわかりやすくすることができます。

5分足のMACDがゴールデンクロスした後は、平均足をみてロングエントリーを考えます。

ロングエントリー後に1分足のMACDがゴールデンクロスしてくれればそのままトレンドが続くかな、と見てトレードを行います。（左図）

☑MACD的パーフェクトオーダー

5分足のMACD＋中期・長期の平均足の3つでパーフェクトオーダーが発生すると、とても強いトレンドとなります。（左図）

パーフェクトオーダーが終わるまでは、平均足の色変わりや移動平均線タッチの反転を狙って何度もエントリーを仕掛けて利益を積み上げていきましょう。

このように強いトレンドが発生しているときに逆方向のエントリーは基本的にしないようにしましょう。

1分足チャートにMACDを2つ

●MACDエントリー手法

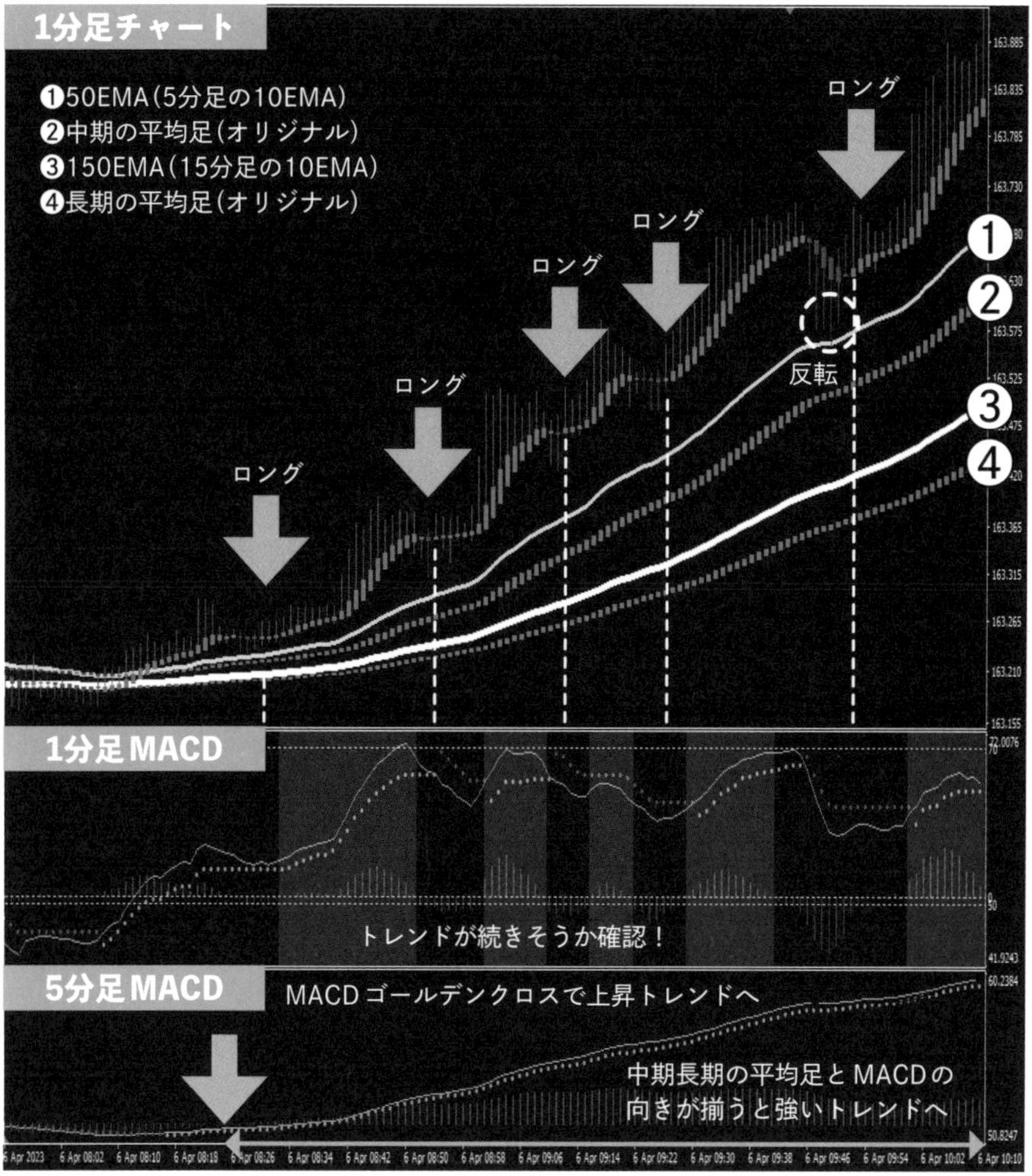

平均足の色変わりでエントリーした後に、
1分足のMACDとヒストグラムの買いサインが
遅れて表示されていることがわかります。

第5章
06

平均足とMACD【応用③】ダイバージェンス発生時の対応

☑ダイバージェンスは逆行現象

MACDが上昇しているのにレートは安値更新している、またはMACDが下降しているのにレートは高値更新している逆行現象をダイバージェンスといいます。

ダイバージェンスは相場の勢いが弱くなりトレンドの転換が起きる可能性があるときに出たりします。

トレンドの転換には時差があるため、MACDのクロスだけでエントリーしてしまうとレートが逆行してしまうこともあります。

逆行してしまい慌てて損切りしたら戻ってきてしまう時にダイバージェンスしていることがあります。

☑ダイバージェンスを利用したエントリー

高値圏や安値圏で損切りが起きているときはダイバージェンスが発生していることが多いと気づき、ダイバージェンスが発生していたら、

- **損切りせず追加エントリーを検討する**
- **逆にエントリーを仕掛けるとき**

を考えるようにしています。

ダイバージェンスが起きたときは、必ず上位足のトレンド確認を行ってください。

上位足が上昇トレンドのときにチャートが売られすぎで、MACDがダイバージェンスであれば買うかどうか考えるイメージです。（左図）

MACDのダイバージェンス

●上位足が上昇トレンドであれば買いエントリーを考える

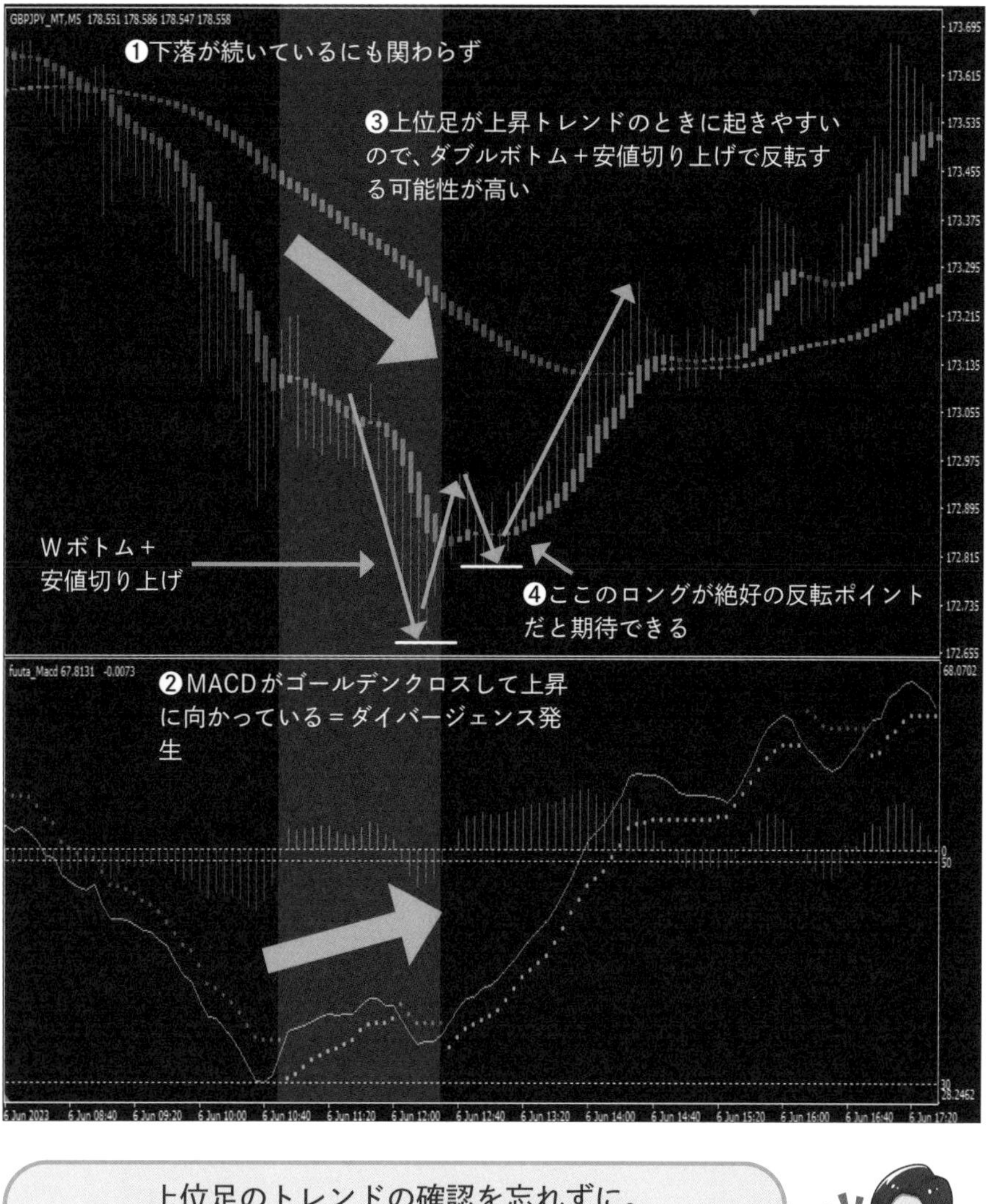

❶下落が続いているにも関わらず
❸上位足が上昇トレンドのときに起きやすいので、ダブルボトム＋安値切り上げで反転する可能性が高い
Wボトム＋
安値切り上げ
❹ここのロングが絶好の反転ポイントだと期待できる
❷MACDがゴールデンクロスして上昇に向かっている＝ダイバージェンス発生

上位足のトレンドの確認を忘れずに。

ダイバージェンスはダブルトップ、ダブルボトム、高値切り下げ、安値切り上げの時に出ていますので見るように意識してみましょう。

第5章 07

RCIの見方【基本①】買われすぎ、売られすぎになった後を狙う

☑RCIエントリーのコツ

RCIが売られすぎとなり「目先の下値ポイント」に到達、その後にゴールデンクロスしてきたら上昇に転換していく可能性が高まるのでロングエントリー狙い。

RCIが買われすぎとなり「目先の上値ポイント」に到達、その後にデッドクロスしてきたら下落に転換していく可能性が高まるのでショートエントリー狙い。

目先の上値、下値ポイントは、ボリンジャーバンドの±2σや移動平均線などを確認します。

☑±80付近を狙う

スキャルピングは目先の1分足の動きは重要で、**買われすぎゾーン・売られすぎゾーンの±80付近では反転に向かう可能性を意識しておきます。**

ただし、すぐにRCIが反転せず上にも下にもはりつくことがあります。その場合は、下位足ではなく、上位足のトレンドに合わせてトレードすることが大切です。

上位足が上昇トレンドの場合はRCIのゴールデンクロスを狙い、**上位足が下降トレンドの場合は**RCIのデッドクロスを狙いましょう。

俊敏に反応するRCI

●上昇トレンドの押し目買い狙い

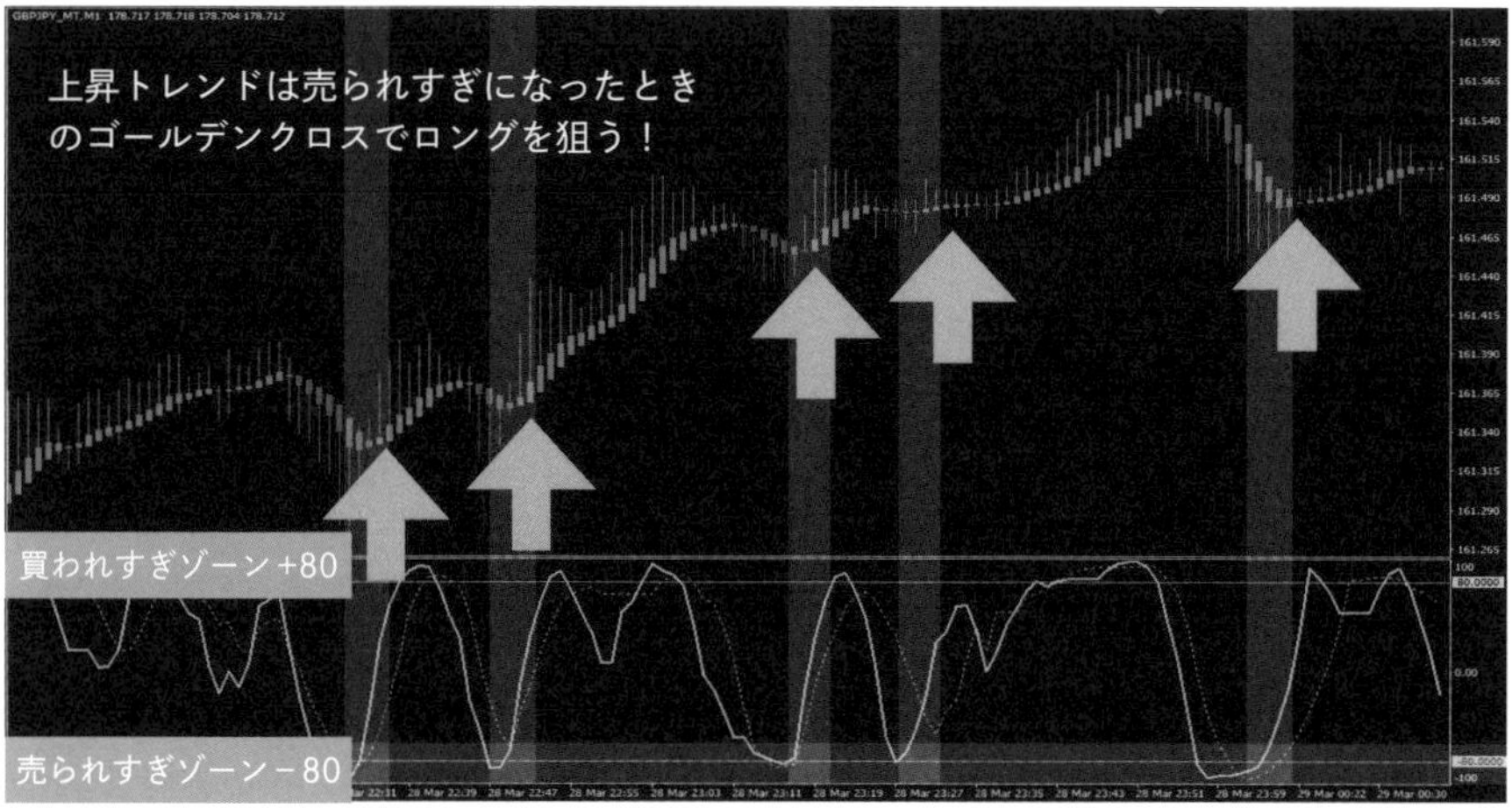
上昇トレンドは売られすぎになったとき
のゴールデンクロスでロングを狙う！
買われすぎゾーン+80
売られすぎゾーン−80

●下降トレンドの戻り売り狙い

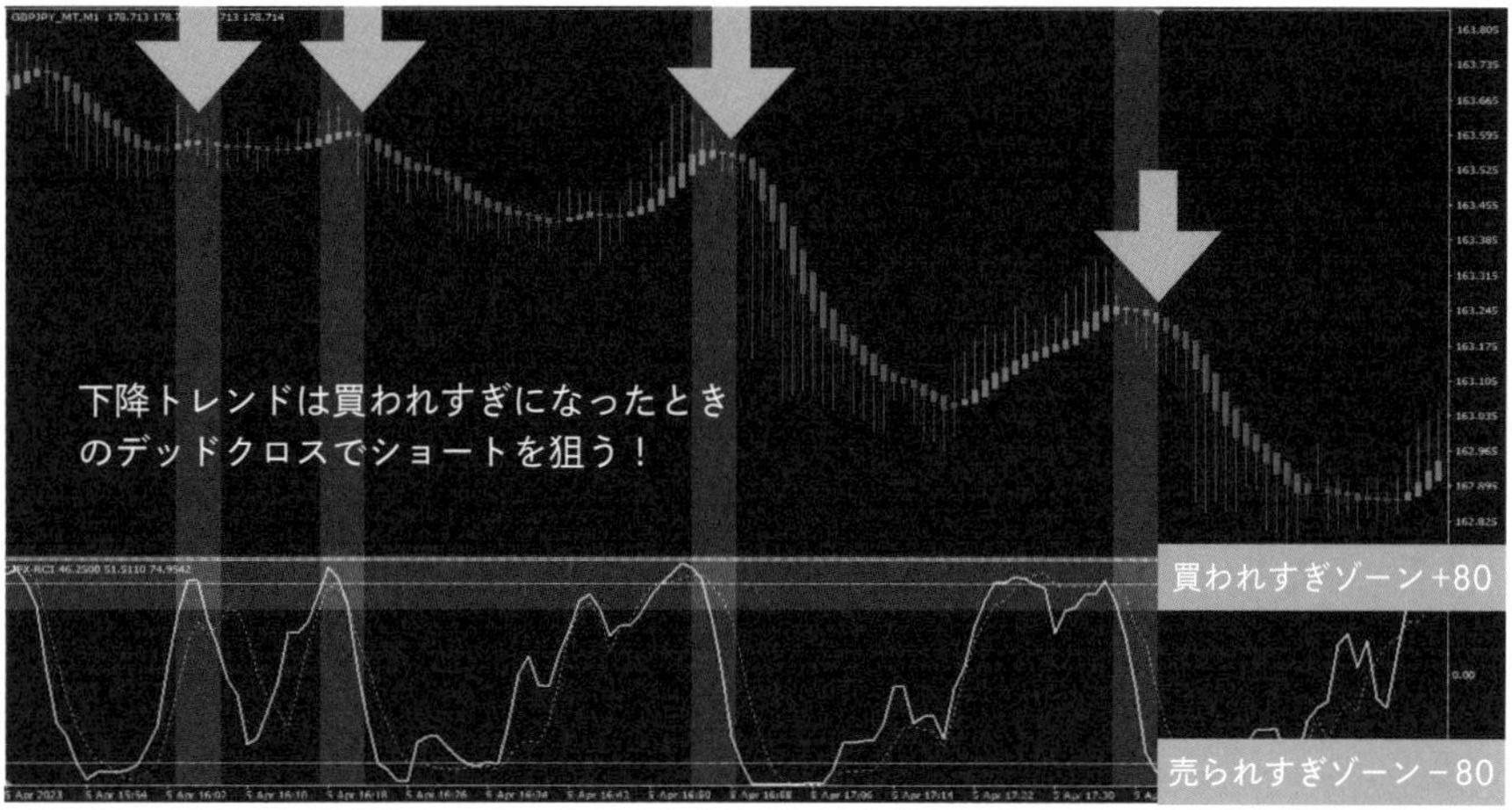
下降トレンドは買われすぎになったとき
のデッドクロスでショートを狙う！
買われすぎゾーン+80
売られすぎゾーン−80

RCIが売られ過ぎになったらショートはしない、
RCIが買われすぎになったらロングはしない、
なども見ていくと負けエントリーが減ります。

第5章 08

平均足とRCI【応用①】MACDの5分足に流れを合わせる

☑MACD＋RCIの合わせ技！

1分足のチャートに表示させている5分足のMACDでトレンドを確認し、RCIでエントリーのタイミングを計る手法です。

特に初心者の方には順張りエントリーがわかりやすく、少し練習をすれば、簡単にできるようになります。

5分足のMACDがずっと売られすぎの状態からゴールデンクロスしてきたら、平均足の色変わりも参考にしながらRCIが売られすぎになった状況からゴールデンクロスに向かう、このタイミングを狙っていきます。（左上図）

☑平均足の色変わり

平均足の色変わりよりもRCIのエントリーサインの方が少し早めに出ることが多いので、平均足の色変わりまで待ってエントリーしましょう。

【上級者向け】

平均足の色変わりより先にRCIのサインでエントリーをする時は、**中期、長期の平均足やボリンジャーバンドの±2σなどにタッチした後にエントリーを**狙うとタイミングを取りやすくなります。第5章09で紹介します。

MACDとRCIの合わせ技

●5分足MACDにRCIを重ねることで、エントリーがわかりやすい！

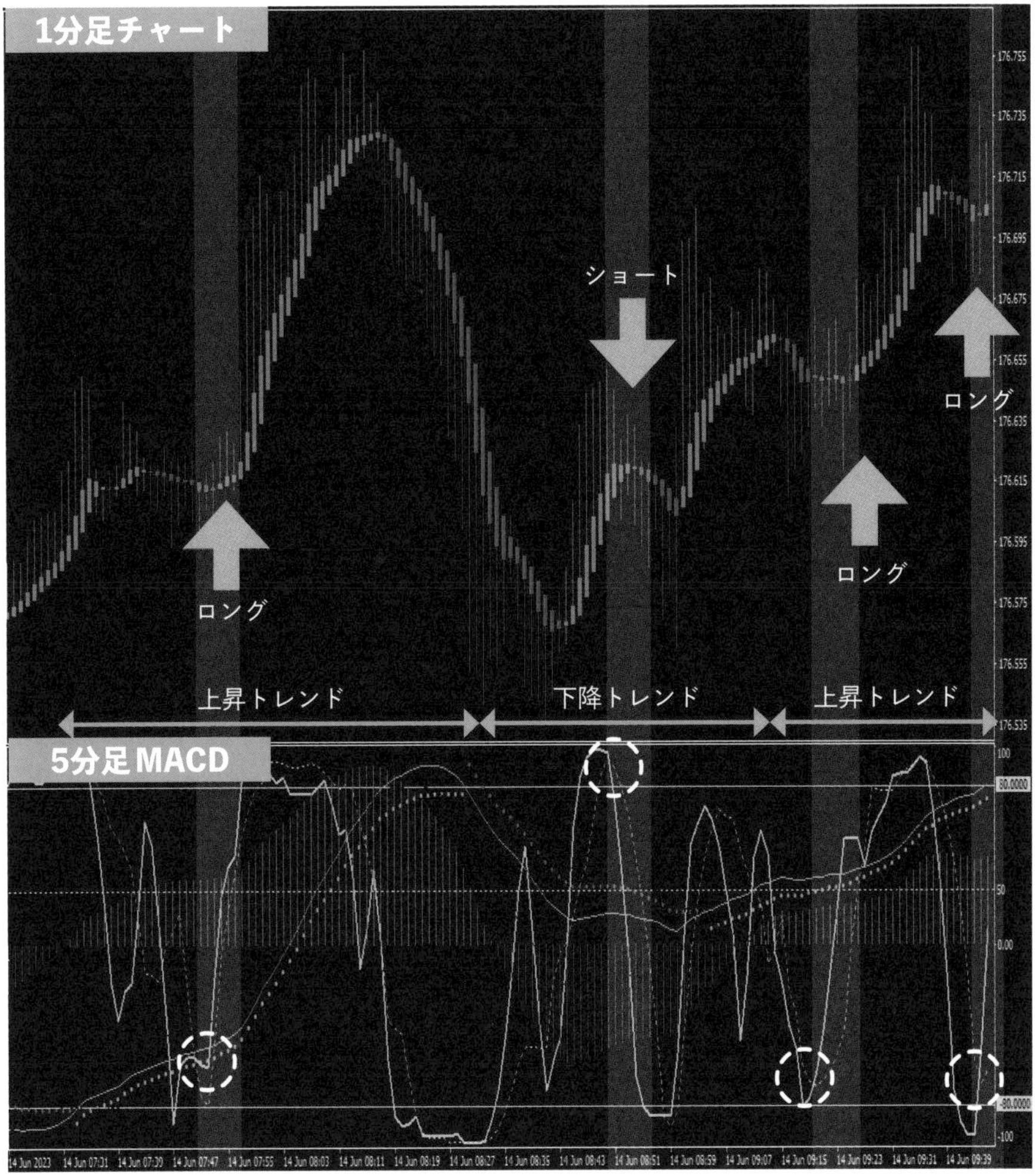

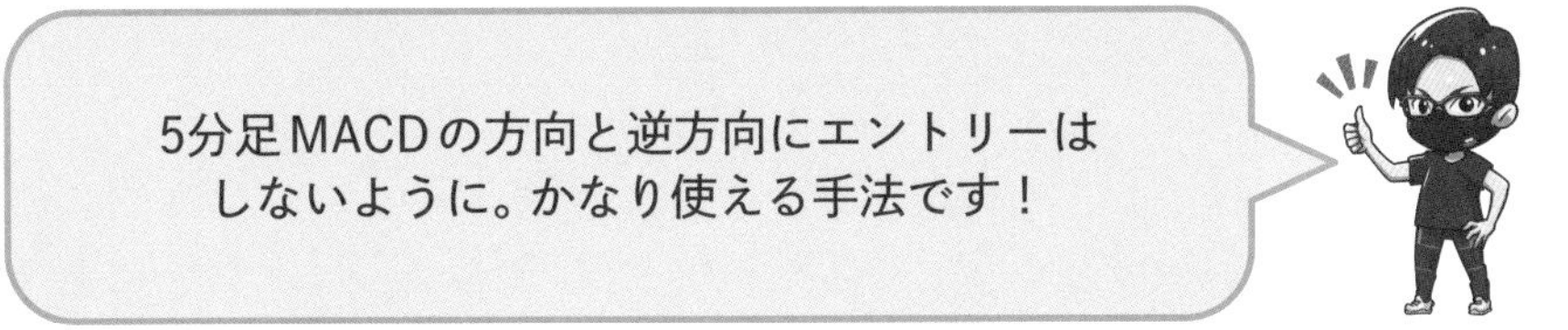

第5章
09

平均足とRCI【応用②】ボリンジャーバンド逆張り手法

☑さらに早いエントリー

逆張りといっても、平均足や上位足の方向を見ながらトレードすることは変わりません。いままでやってきたことの精度を上げるためにボリンジャーバンドを加えると考えてください。

ＲＣＩや平均足の反転サインを待っているとスキャルピングの場合、タイミングが遅くなってしまうケースがあります。

タイミングが少し早いだけで利益が全然違いますので、**少しでも早いエントリーで利益を多く狙うために、ボリンジャーバンドの±２σ・±３σでタイミングをとります。**

☑ボリンジャーバンド逆張り手法例

たとえば、中期や長期の平均足が赤の時、ボリンジャーバンドの－２σ、－３σにタッチしたらロングして先にエントリーしてしまいます。

当然逆張りになるので、そのまま下がってしまうこともありますが、**一番利益が取れるポイントでもあるので、上位足と複数根拠が重なれば逆張りでエントリーを狙うこともあります。**

そこから上昇して安値も切り上げてくれば徐々に上昇に向かいやすくなっていきますので値幅もとりやすくなります。（左図）

平均足の色変わりやRCIより前にエントリーしたい場合

●タイミングが少し早いだけで利益が全然違います

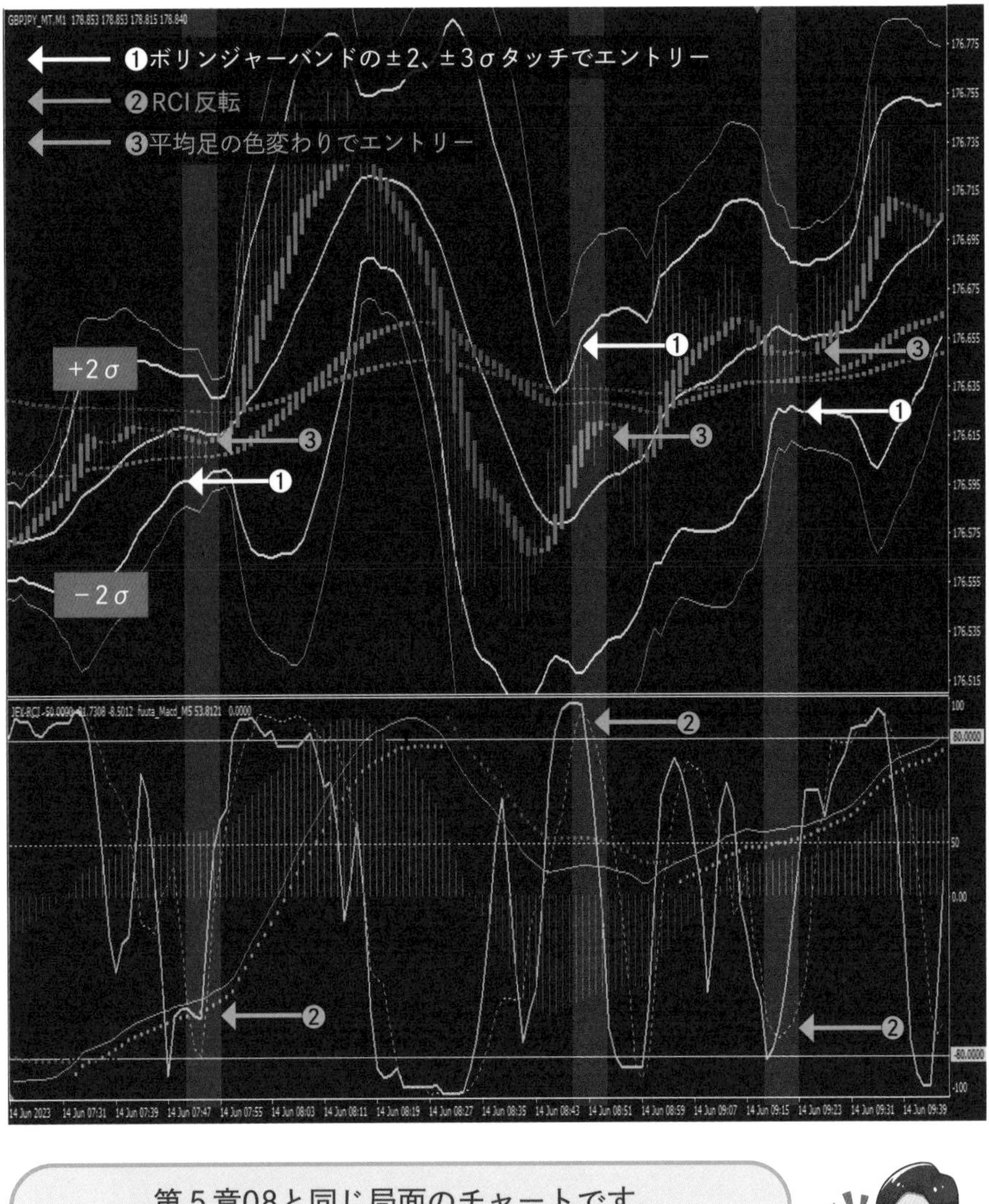

第５章08と同じ局面のチャートです。
①±2、±3σタッチ→②RCI反転→
③平均足色変わり→利益確定をイメージ
してください！

コラム

ファンダの先読みはするな！

相場は基本的にチャートの分析をもとに値動きが形成されているため、チャートの分析をすることで、ある程度の未来が予測が可能となります。

ニュースや経済指標、要人発言などのファンダメンタルズは、大きな要因があればチャートの流れを変える位の勢いがありますが、ファンダメンタルズ分析で未来の値動きを予想することは難しいのでギャンブルトレードになりがちです。

トレードをギャンブルにしていては安定的に儲けることはできません。ギャンブルしていて勝ち続けられるほど相場は甘くはありませんからね！

・経済指標発表の15分前後はエントリーしないようにする！
・経済指標でのギャンブルトレードはしないこと！

を意識し、ファンダメンタルズ分析でのトレードは基本的にしないことが大切です。トレードは楽しくても遊ばないこと！

ただし、日足レベルの大きなファンダメンタルズ的要因（2022年の円安）がある時はその流れに逆らわずトレードしましょう。

第6章

【相場の法則】

当てはめて勝つ！
法則＝絶好の狙い目です！

・チャートパターン・ダウ理論・エリオット波動
・グランビルの法則・ネックライン・為替は時間帯で

第6章 01

相場の法則① チャートパターン

☑覚えるのは7種類のみ

天井や底など、大きな相場の転換が起きるポイントに出現しやすいのがチャートパターンです。

入門書にはたくさんのチャートパターンが紹介されていますが、私は左図にある頻繁に出現する7つのチャートパターンに絞ってエントリーを考えています。

どれも頻繁に出現しますので見つけられるようになりましょう。

チャートパターンは水平線やトレンドラインを引くことで見つけやすくなります。水平線やトレンドラインは自分で引けるように練習をしましょう。

☑自分で見つけるには練習が必要!

Wボトムと上昇三角の２つのチャートパターンを見つけてください。(答えは章末)

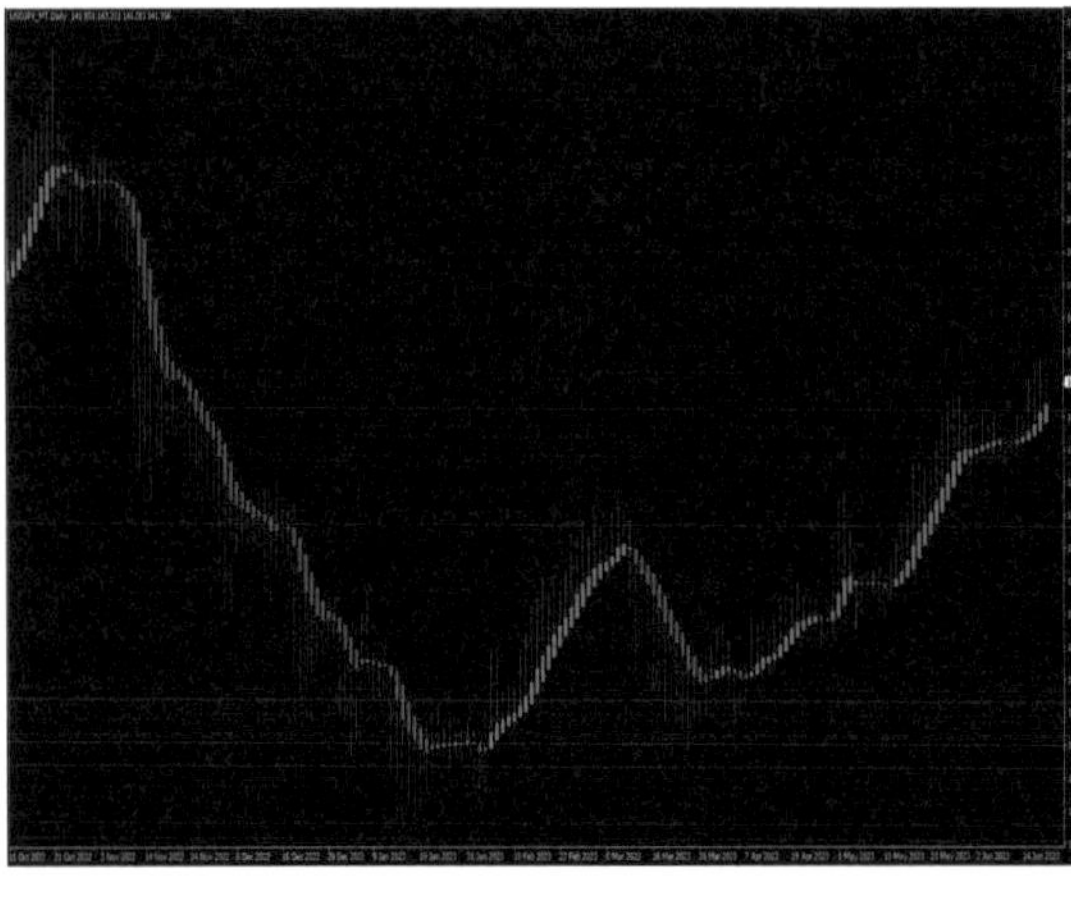

7つのチャートパターン

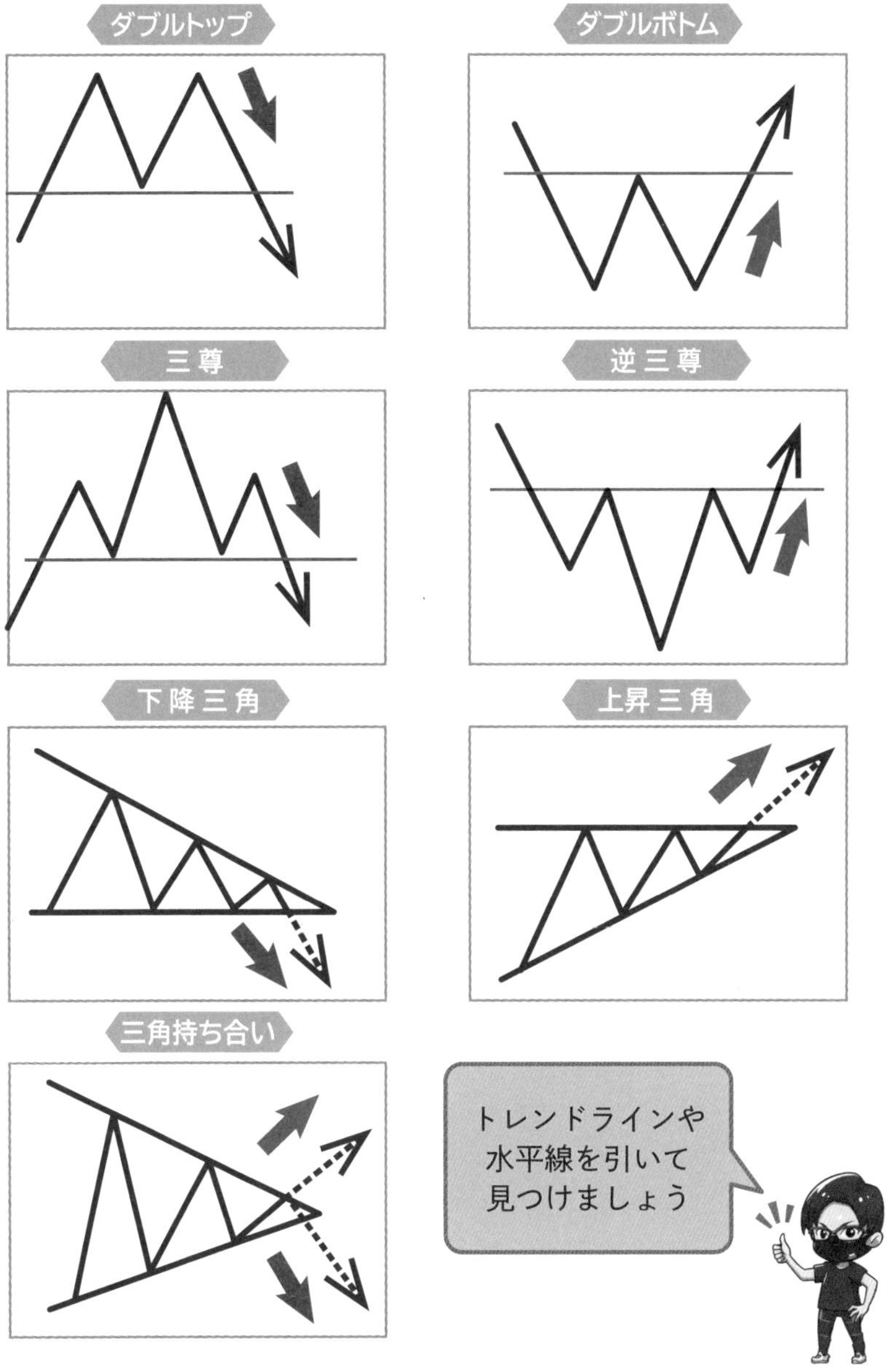

相場の法則② ダウ理論

☑ダウ理論とは上昇トレンドと下降トレンドの定義です

ダウ理論というと、最初はすごく難しい印象を持ってしまう方が多いのですが、覚えることはシンプルです。

・上昇トレンド＝高値も安値も切り上げ
・下降トレンド＝高値も安値も切り下げ

と覚えましょう。（左図）

トレンドを確認したら、

・上昇トレンド時は押し目買い
・下降トレンド時は戻り売り

を狙ってトレードをしましょう。

テクニカル分析の基本的な考え方ですので、頭に入れておきましょう

☑トレンドの転換

トレンドが変わる時はダウ理論の法則が逆になる時です。

・上昇トレンド中に高値更新しなくなり直近の高値を切り下げたら下降トレンドになる可能性を考えます。
・下降トレンド中に安値更新しなくなり直近の安値を切り上げたら上昇トレンドになる可能性を考えます。

トレンドの把握はとても大事なので、オリジナルインジケーター（Fuuta_DowLine）で高値と安値の位置に自動で水平線が引かれるように工夫しています。（第6章03参照）

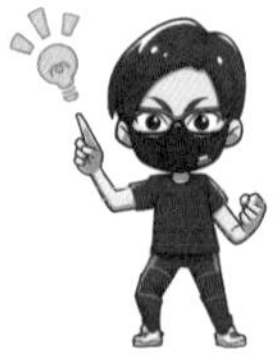

ダウ理論

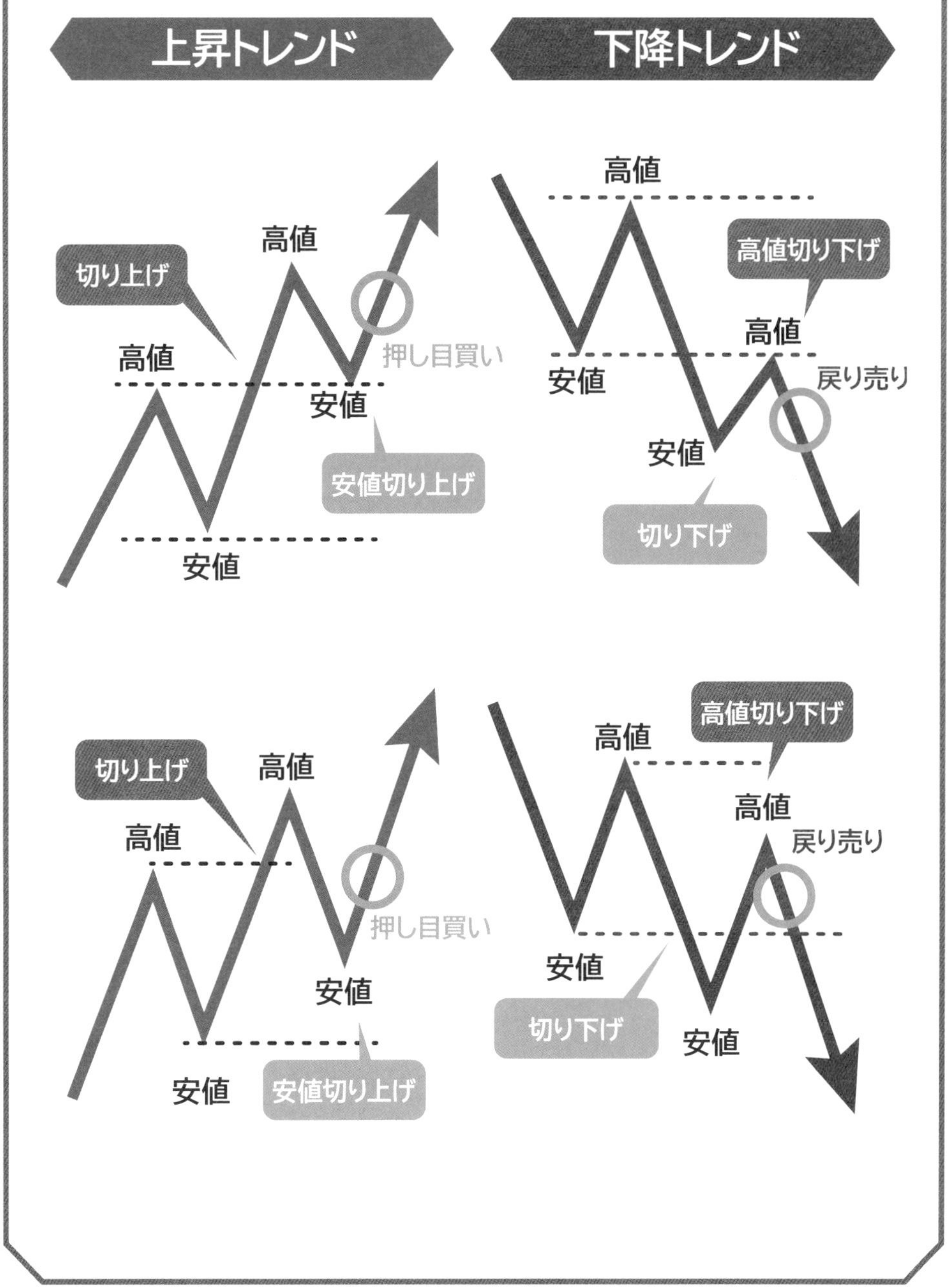
上昇トレンド
下降トレンド
切り上げ
高値
高値
押し目買い
安値
安値切り上げ
安値
高値
高値切り下げ
高値
安値
戻り売り
安値
切り下げ
切り上げ
高値
高値
押し目買い
安値
安値
安値切り上げ
高値切り下げ
高値
高値
戻り売り
安値
切り下げ
安値

第6章
03

相場の法則③ エリオット波動

☑形で覚える

エリオット波動の考え方は、トレンドが5つの波で表現されることです。

上昇トレンドの場合は、

- 上昇1波、3波、5波
- 下降2波、4波

の合わせて5つの波です。上昇5波が終わると、目先のトレンドが落ち着く可能性を考えます。

「波動」と聞くと難しそうに感じる方もいらっしゃると思いますが、波動(波)がわかりやすい時に第3波や第5波を狙うようなイメージで使うといいでしょう。(左図)

☑ダウ理論と合わせて考える

- 下位足で安値を切り上げ始めたら「上昇第3波」になる可能性を考える
- 下位足で高値を切り下げ始めたら「下降第3波」になる可能性を考える

この時に波動(波)の変化を平均足で判断したり、あとはチャートパターンなどと組み合わせたり、ネックラインを超えてくるかなども併せて考えると精度が上がります。

第3波がわかれば第5波に対応は可能ですが、第5波がわかりづらいときは様子見でもよいです。

エリオット波動

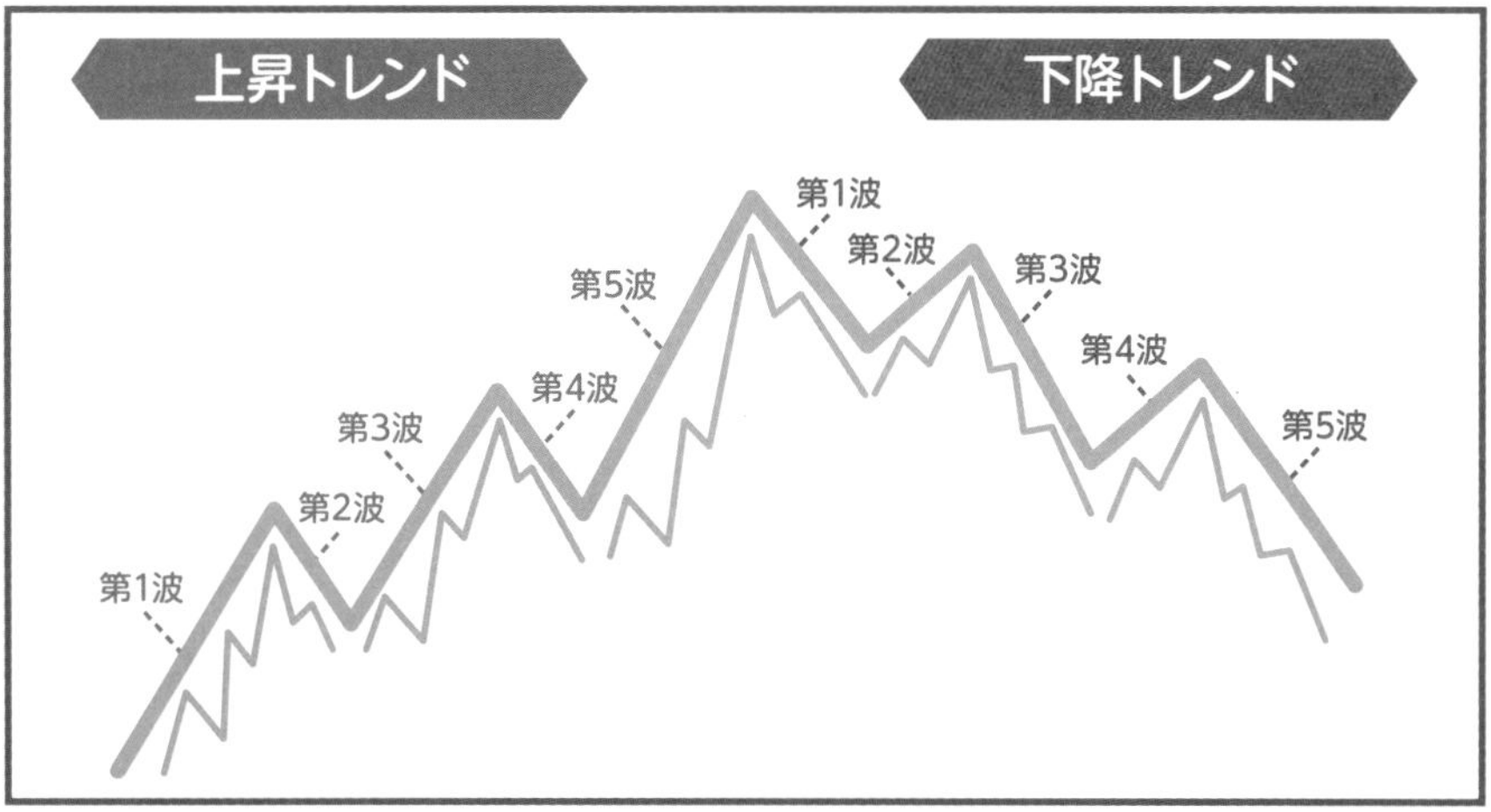

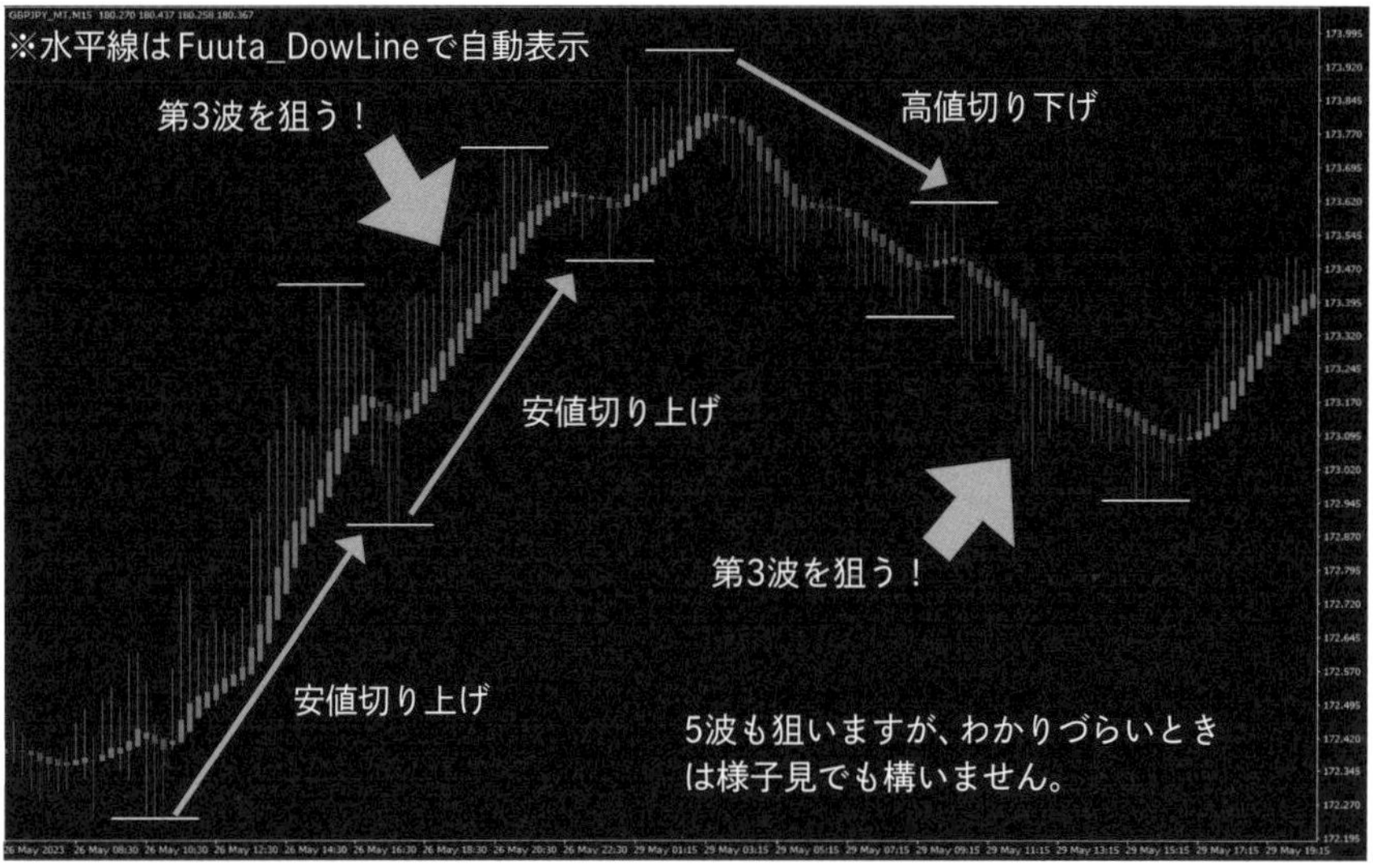

上昇も下降も「第３波」を積極的に狙いましょう！

第6章
04

相場の法則④　グランビルの法則

☑イメージを覚えてください

グランビルの法則とは、私が考えるのはダウ理論とエリオット波動の組み合わせで、かつ、エントリーや決済ポイントをイメージさせてくれるものです。

グランビルの法則はテクニカル分析の基本的な考え方をイメージさせてくれるので、このチャート図を頭にイメージしてテクニカル分析すると普段のトレードに役立ちます。（左図）

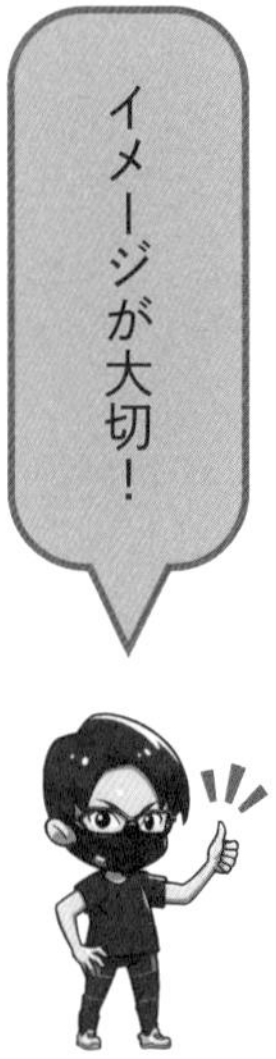

☑ボリンジャーバンドのミドルラインで判断

グランビルの法則とは一般的にローソク足と移動平均線で判断しますが、私の場合は、ローソク足ではなく平均足、移動平均線ではなくボリンジャーバンドのミドルラインでグランビルの法則を活用します。ローソク足と平均足とでは形は異なりますが、見方は同じです。

左図のように、平均足がボリンジャーバンドのミドルラインをゴールデンクロスまたはデッドクロスするポイントは、平均足の色変わりのポイント付近とも重なり、判断しやすいチャートの形を作ってくれます。

グランビルの法則

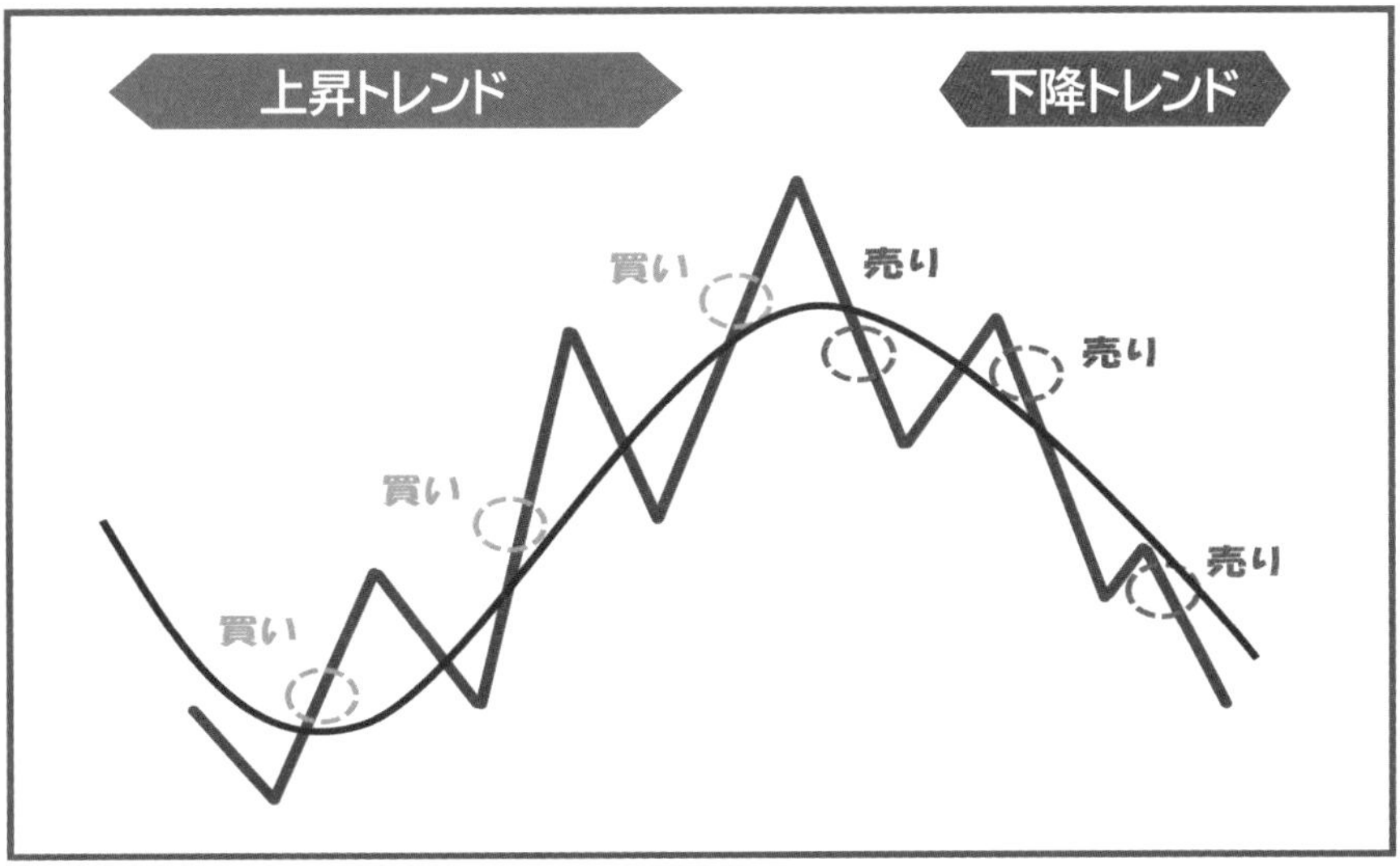

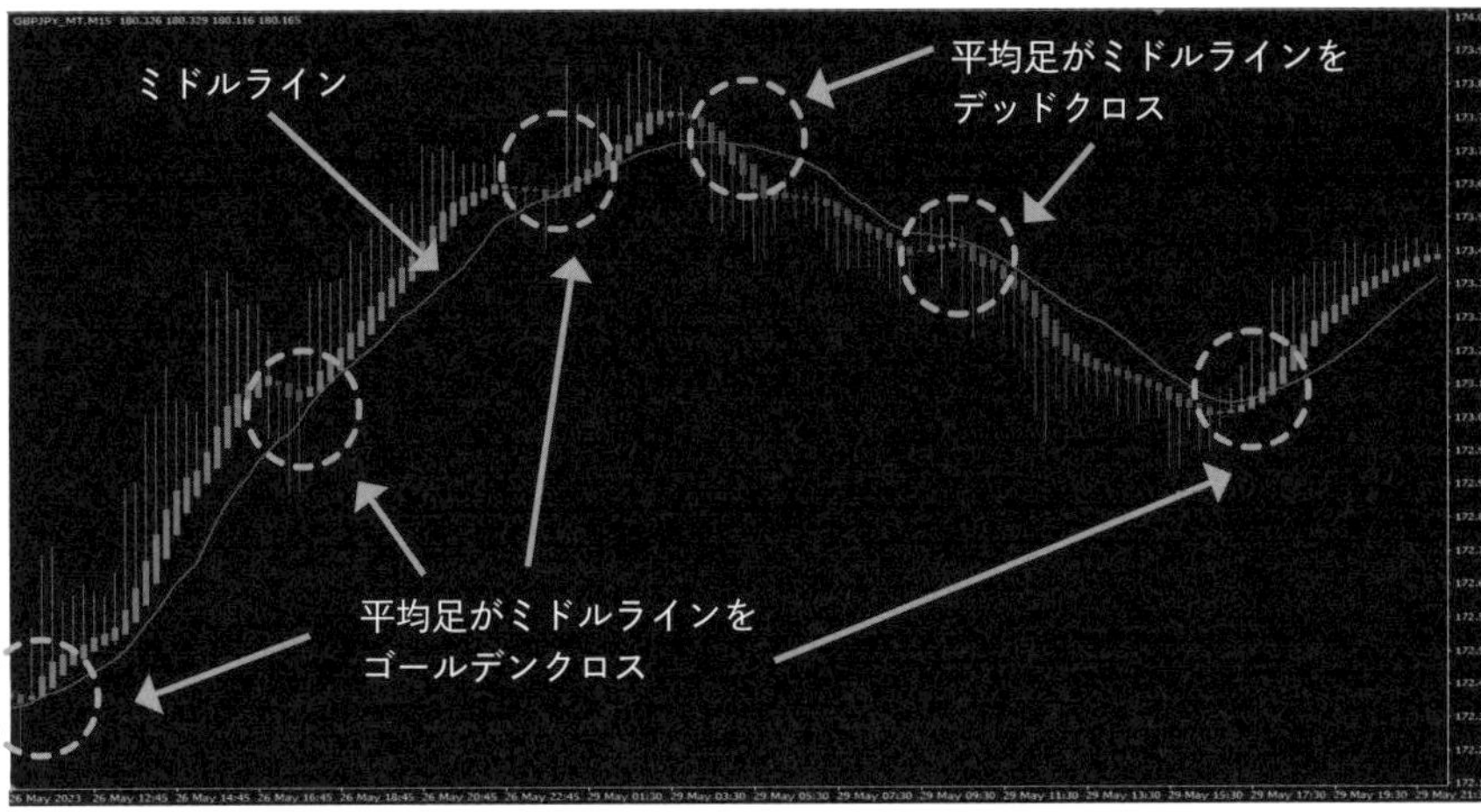

「グランビルの法則」の流れを意識して、
エントリーポイントをイメージすることが大切です。

第6章 05

相場の法則⑤ ネックライン

☑ネックラインとは？

ネックラインとは、折り返したポイントで引かれる水平線を指します。

・上昇であれば押し目をつけたポイント
・下降であれば戻りをつけたポイント

となります。（左図）

ネックラインまで押し戻されたときには

・反発するのか
・下に抜け下落するのか

を確認します。

節目としてとても意識されやすいためブレイクした場合は大きく動く可能性があります。

☑1つ目のネックラインは重要！

トレンド転換の目安になるのが、1つ目のネックラインを抜けたときです。Wボトムや Wトップのチャートパターンにもネックラインがあり、トレンド転換になっています。ネックラインはしっかり引いていきましょう。

ダブルボトム

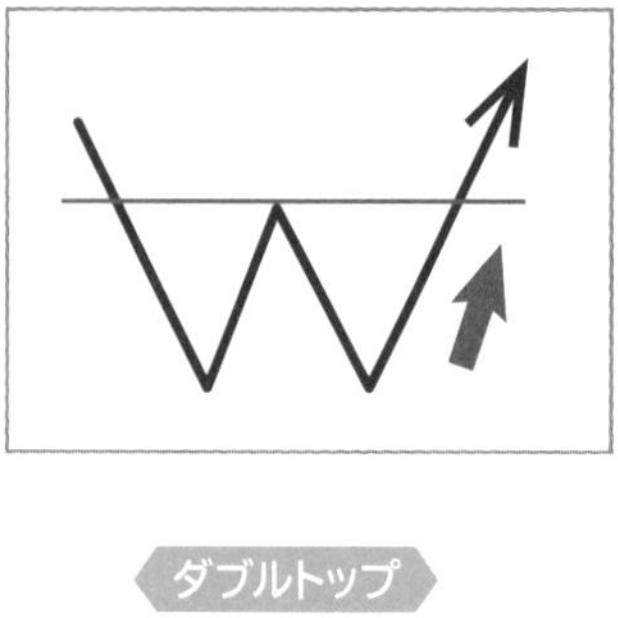

ダブルトップ

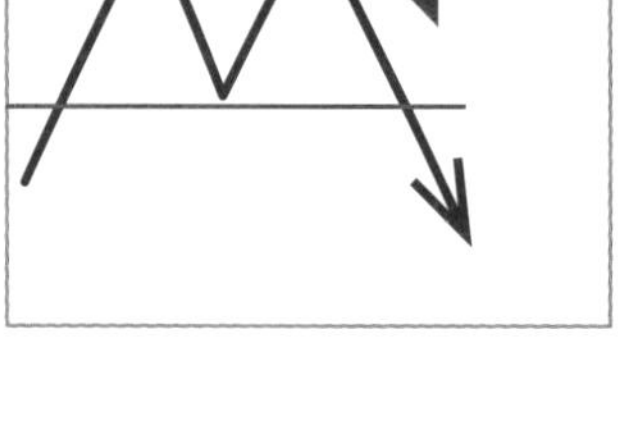

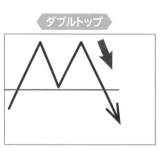

ネックライン

●ネックラインを意識しましょう

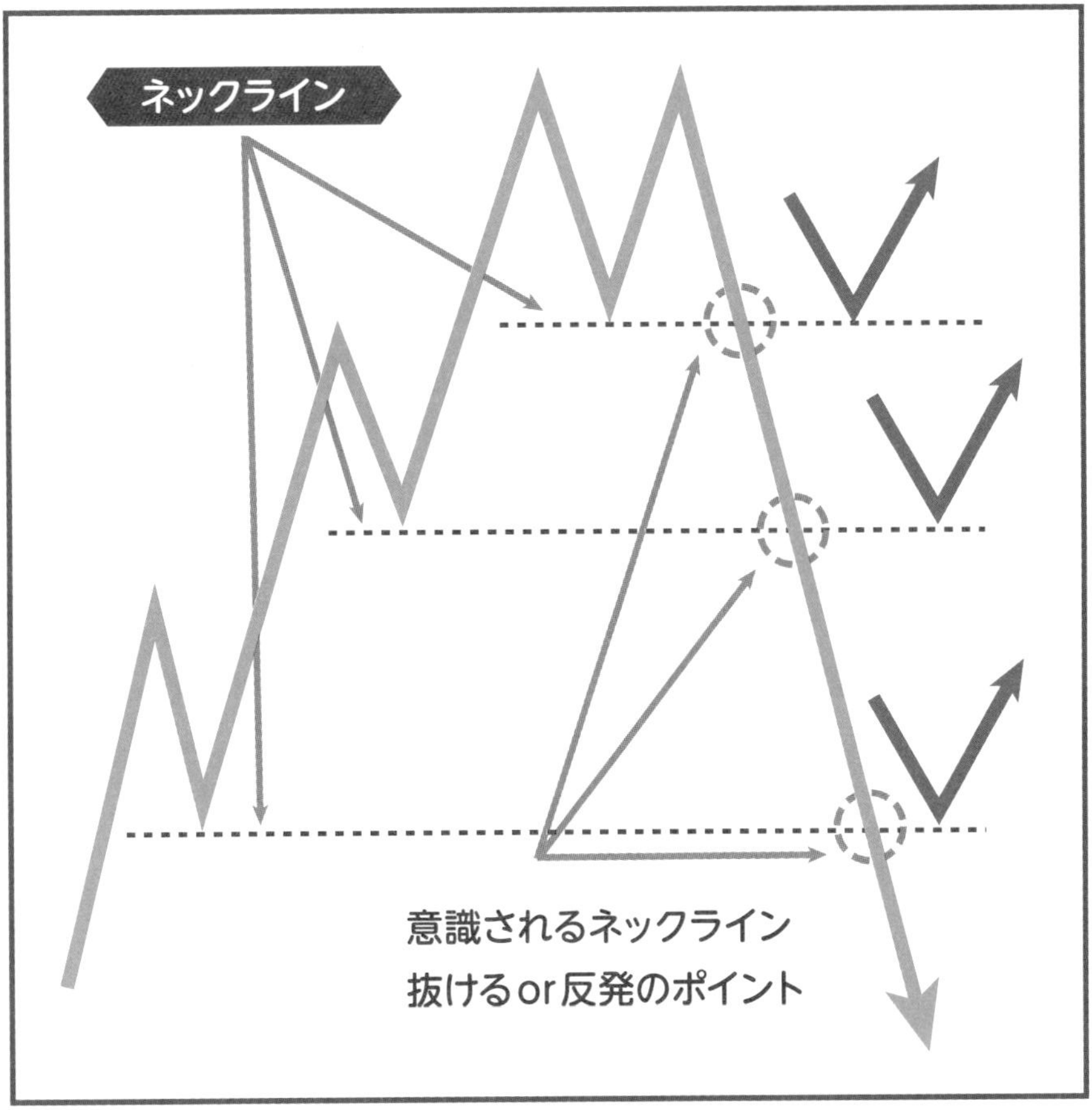

1つ目のネックラインはトレンド転換！
ネックラインは節目としてとくに意識されます！
上位足だけでなく、下位足にも同じように
引いておくと節目としてとても意識されやすいため、
トレンド転換などにもすぐに気づくことが
できるようになります。

第6章 06

為替の特徴ー時間帯で値動きが異なるー
為替の世界3大市場

☑為替の世界3大市場

為替の世界3大市場とは、

・アジア市場(9～15時)
・ロンドン市場(夏16～24時　冬17～25時)
・NY市場(夏22～翌5時　冬23～翌6時)

の3つの市場のことで、市場ごとに値動きの特徴が違うため、時間帯を意識したトレードが必要となります。

知っておくことは

・各市場のスタートする時間帯を狙うこと
・アジア市場は逆張りマーケット
・ロンドンとNY市場は順張りマーケット

この3つです。

☑アジア市場

・9～10時にかけて一方向に動きやすい
・レンジになりやすく逆張り狙いが有効
・値幅が3つの市場の中で最も狭い

☑ロンドン市場

・最も取引量の多い市場で活発に動く
・逆張り禁止。順張りを徹底する
・値幅が大きくスキャル向き

☑NY市場

・オープンからトレンドが発生しやすい
・逆張り禁止。順張りを徹底する
・経済指標発表時に急変が起きやすい

世界の株式市場の時間帯

●世界の株式市場の時間帯

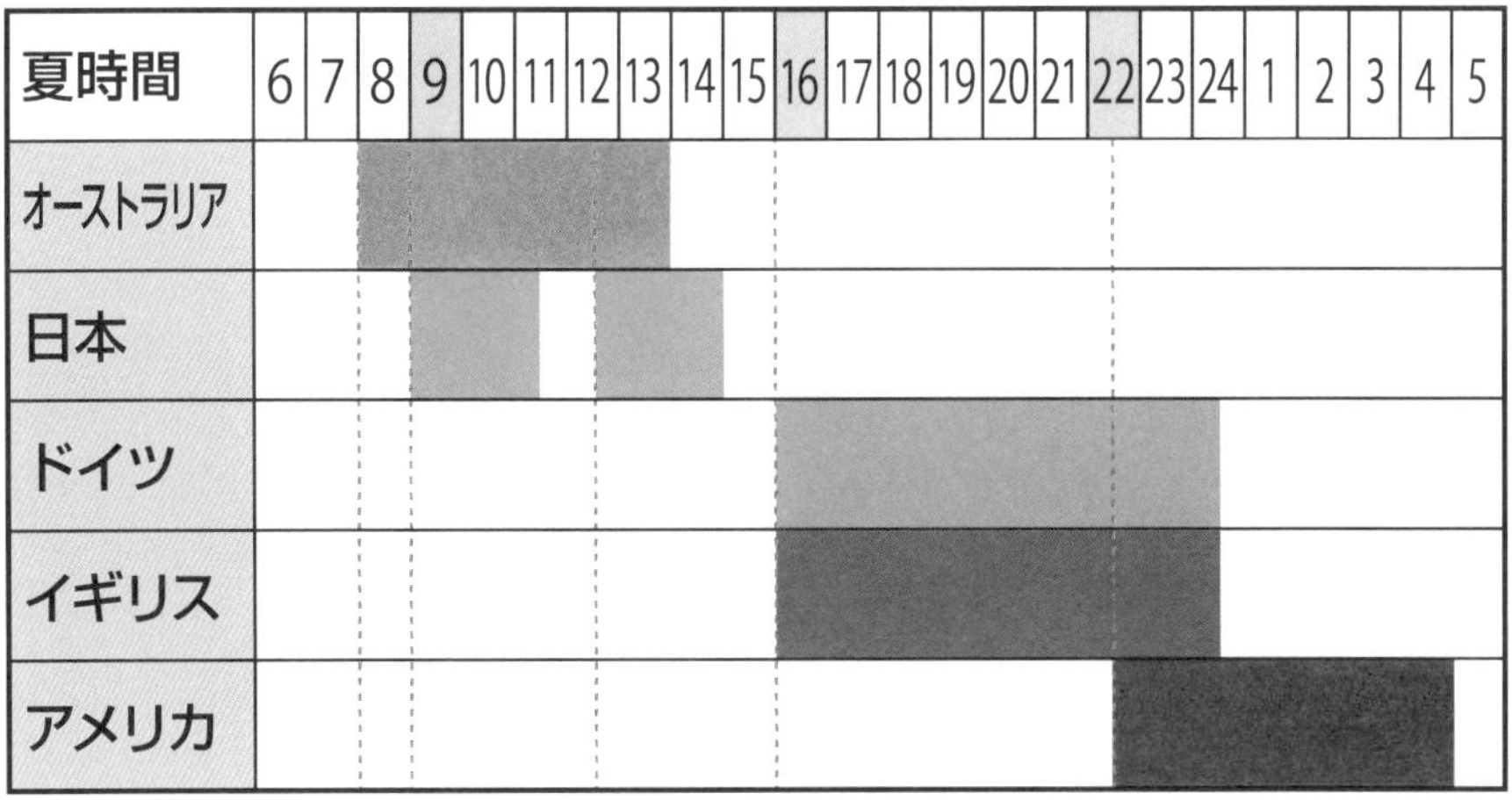

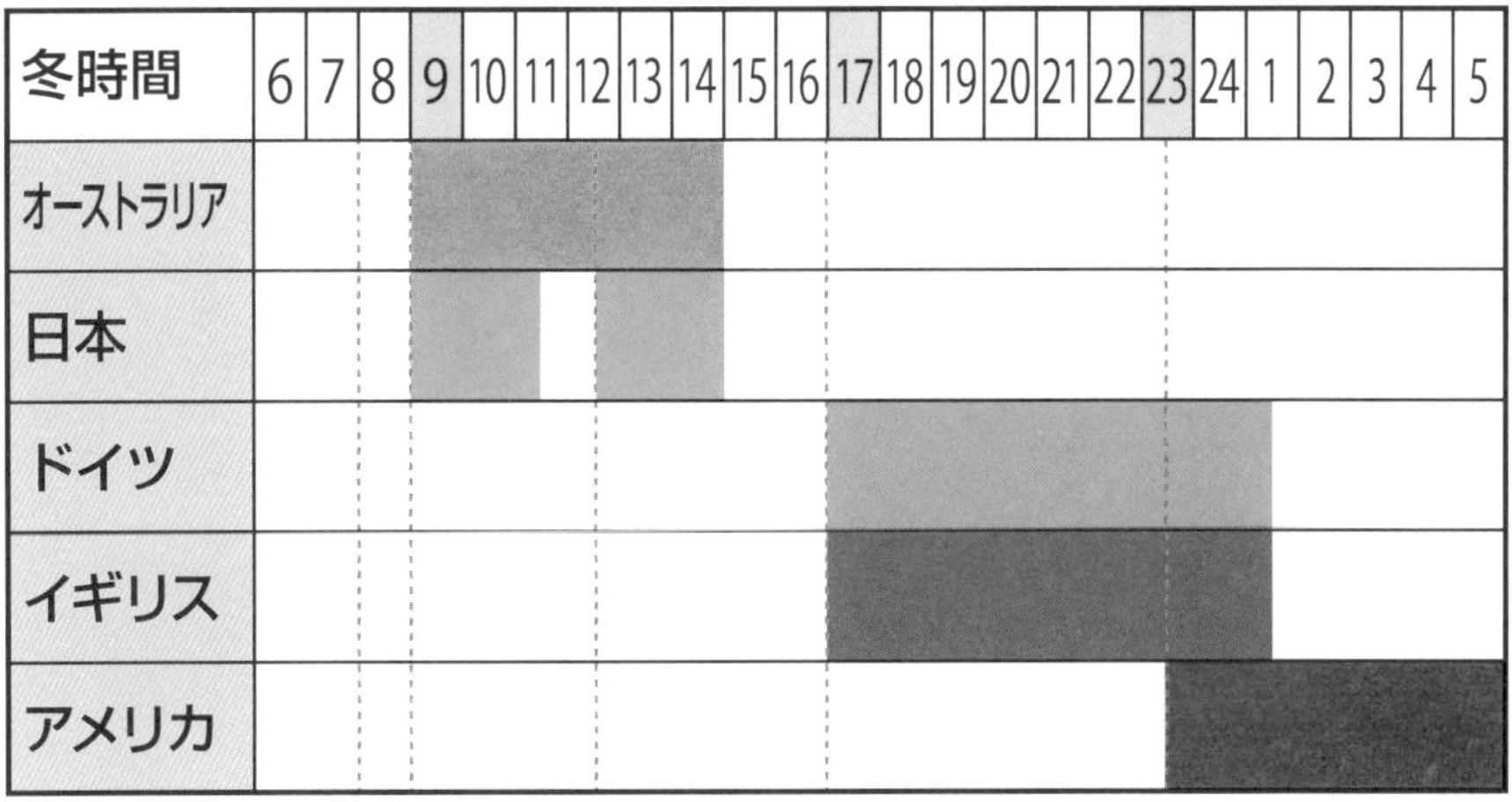

為替の各市場の主な時間帯は株式市場の時間帯と考えて問題ありません。
株式市場のスタートから1時間は流れが起きやすいので値動きの激しい時間帯となります。

コラム

利確は正義、損切りは勇気！

トレードをしているとどうしても欲が出てしまいます。利益が出てくるともう少しもう少しと欲張ってしまったり、逆に含み損が出るとまだ大丈夫と損切りをためらったりしてしまいます。

トレードは欲との闘いでもありますので、利益が出ても欲張らずに「謙虚」に利確すること、エントリーに失敗してしまい、含み損になっても自分のミスを認めて大きな損失に膨らむ前に損切りをするようにしましょう！

それにはエントリー前に、エントリーしたらどこで利確をするのか？損切りをするのか？　をしっかり決めておくことが重要。それに合わせて「リスクリワード」、利益と損切りのバランスもしっかり考えながらトレードしていきましょう。

トレードは「謙虚さ」が大切ですので、勝てるようになっても調子に乗らずにいつまでも謙虚な気持ちを忘れないようにすると相場に生き残っていけるでしょう！

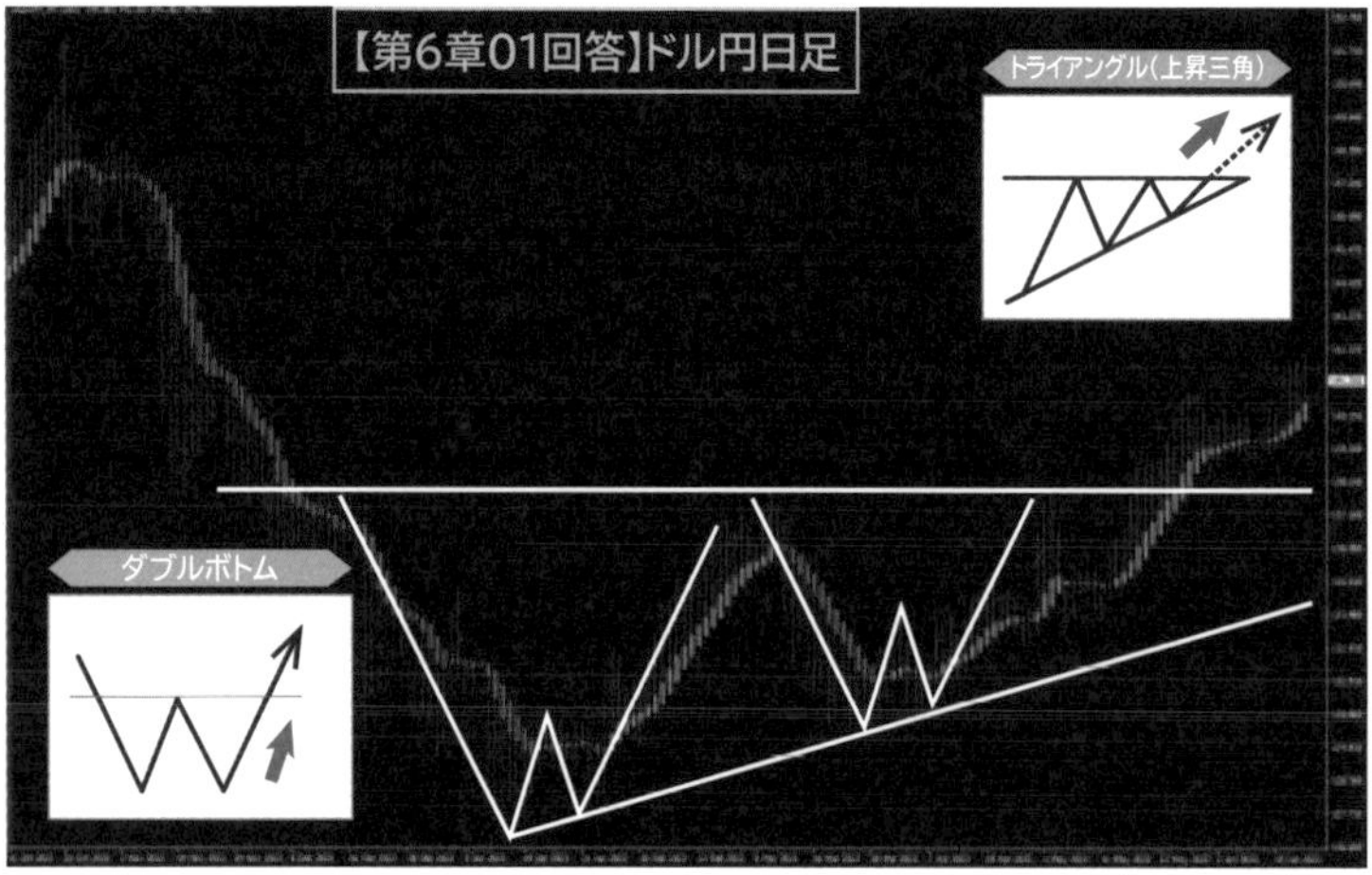

第7章

【ライン分析】

適材適所で大活躍！
ここぞ！で強いライン分析

・水平線・ラウンドナンバー・斜め線（トレンドライン）
・フィボナッチリトレースメント

第7章
01

ライン分析①　水平線　使う目的が最も大事

☑折り返したポイントには必ず引くこと

水平線は、抵抗線や支持線になりやすいので押し目買い・戻り売りを狙うポイントにするために引きます。

・折り返したポイント（ネックライン含む）
・直近の高値または直近の安値
・過去に意識されていそうなポイント
・何度かもみ合いをしたポイント

この4か所に引きます。

日足から、4時間足、60分足に水平線を引いて、あとは15分足、5分足、1分足にはネックライン（水平線）を中心に目先の高値と安値にも細かく引いておきます。

☑目標レートの考え方

スキャルピングやデイトレの場合、60分足・4時間足の水平線を常に目標にしてトレードするわけではありません。

目標までの値幅がかなりある時は下位足のネックラインが目標として意識されやすいからです。

1分足のネックラインをブレイクしたら、5分足・15分足のネックラインが意識されやすいので、そこまで伸びしろがあるのかどうかを考えます。

ネックラインはそのまま利確や損切りのポイントとなります。

水平線

●効く水平線の引き方

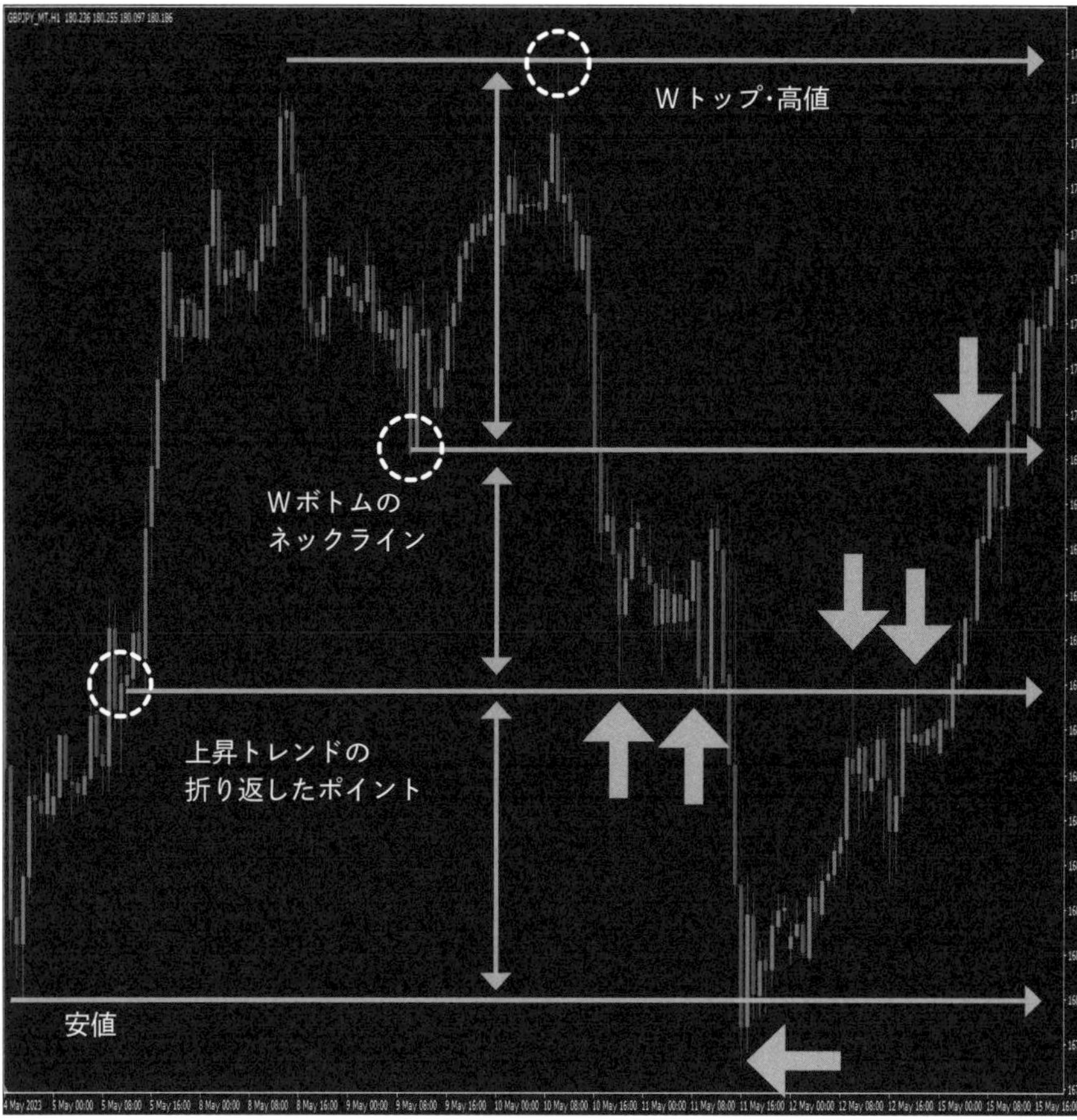

GBPJPY_MT,H1 180.236 180.255 180.097 180.186
Wトップ・高値
Wボトムの
ネックライン
上昇トレンドの
折り返したポイント
安値

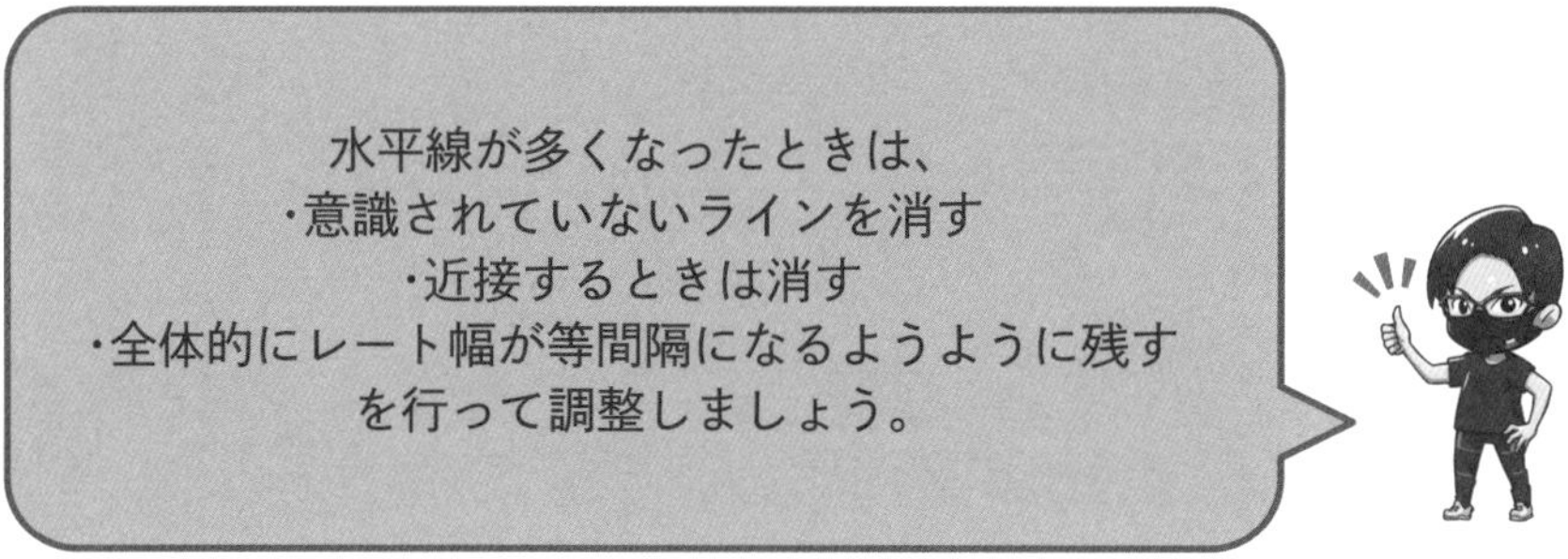

水平線が多くなったときは、
・意識されていないラインを消す
・近接するときは消す
・全体的にレート幅が等間隔になるようように残す
を行って調整しましょう。

第7章
02

ライン分析② ラウンドナンバー
隠れた水平線でカウンターアタック!

☑ラウンドナンバーとは

ラウンドナンバーとは、172・00や173・00などの、通称「キリ番」のことです。水平線と同じように意識されやすくサポートやレジスタンスとなります。

ラウンドナンバーでエントリーを狙う根拠は、「・50」「・70」付近からある程度の値幅を伴って下落した時は、ラウンドナンバー(・00付近)では1回は反転するだろうと考えられるからです。

「・30」「・20」でもみ合ってから下落した時はラウンドナンバーでの反発がなくそのまま下落することもありますので基本的に狙いません。

☑ラウンドナンバー手法

ロングエントリーする時は、「・05」「・00」「・95」の3か所で分割エントリーを考えてチャンスを逃さないようにします。利確は、最初の反発で「・10」か「・12」を狙います。

その後に垂れてきてWボトム＋安値切り上げで再度ロングエントリーを狙い、反発があれば「・20」「・25」付近に向かいやすくなりますのでその際に引っ張ることがあります。

ラウンドナンバーを狙った3ヶ所の分割エントリーをしてもなかなか反転せず「・07」までしか行かないときはいったん抜けて様子見します。損切りは「・90」を割り込んだら損切りするようにしています。

ラウンドナンバー手法

●電光石火のカウンター手法です。

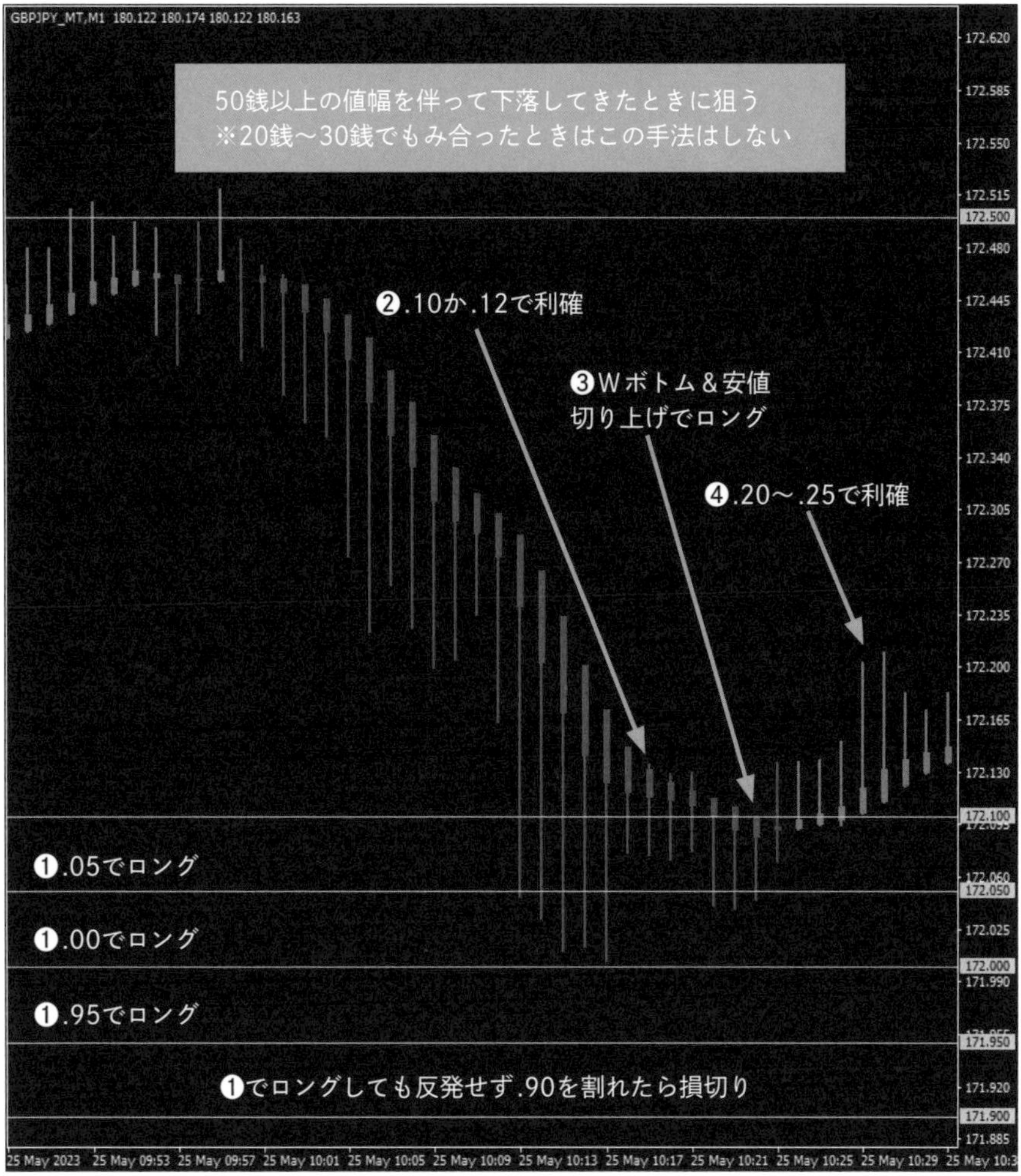

GBPJPY_MT,M1 180.122 180.174 180.122 180.163
50銭以上の値幅を伴って下落してきたときに狙う
※20銭～30銭でもみ合ったときはこの手法はしない
❷.10か.12で利確
❸Wボトム＆安値
切り上げでロング
❹.20～.25で利確
❶.05でロング
❶.00でロング
❶.95でロング
❶でロングしても反発せず.90を割れたら損切り

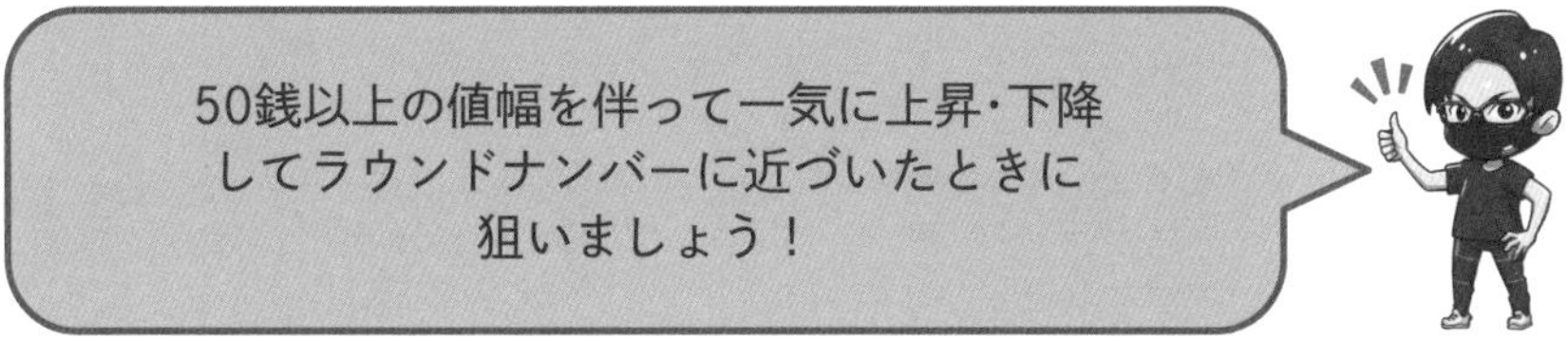

50銭以上の値幅を伴って一気に上昇・下降
してラウンドナンバーに近づいたときに
狙いましょう！

第7章 03

ライン分析③ 斜め線（トレンドライン） 正しく引ければ勝率が劇的に変わる！

☑引き方が大事

トレンドラインは、水平線と同じように折り返したところに引くと正しく引けます。

上昇トレンドであれば、直近の安値から安値切り上げをしてきたらその2点のひげの先端にトレンドラインを引きます。（①のポイント）その後に垂れてきた時に引いたトレンドラインが支持線として機能することがあるので、押し目買いポイントとして狙います。（②のポイント）

水平線と同じく反転反発ポイントとして使いますが、いつまでもサポートされるわけではないので4回目、5回目となると抜けていく可能性を考えましょう。

☑上位足と下位足のトレンドライン

基本的な使い方は、5分足・15分足のトレンドライン付近での反転反発を狙います。

トレンドラインを抜けてしまった場合は、一つ上の上位足（1分足を見ていたら5分足、5分足を見ていたら15分足など）のトレンドラインと水平線を確認し、目標がどこにあるのかを探します。**上位足にトレンドラインや水平線があるときは強いサポートになり、そのままずっと流れが継続することがよくあるからです。**

上位足が下降トレンド時は、1分足が一時的に上昇トレンドになってきてもエントリーは控えるようにすると負けにくくなります。逆張りロングをするなら、5分足で安値を切り上げてからが無難です。

ヒゲ先とヒゲ先の2点を結ぶナナメ線（トレンドライン）

●折り返し地点で引くと正しいトレンドラインが引けます

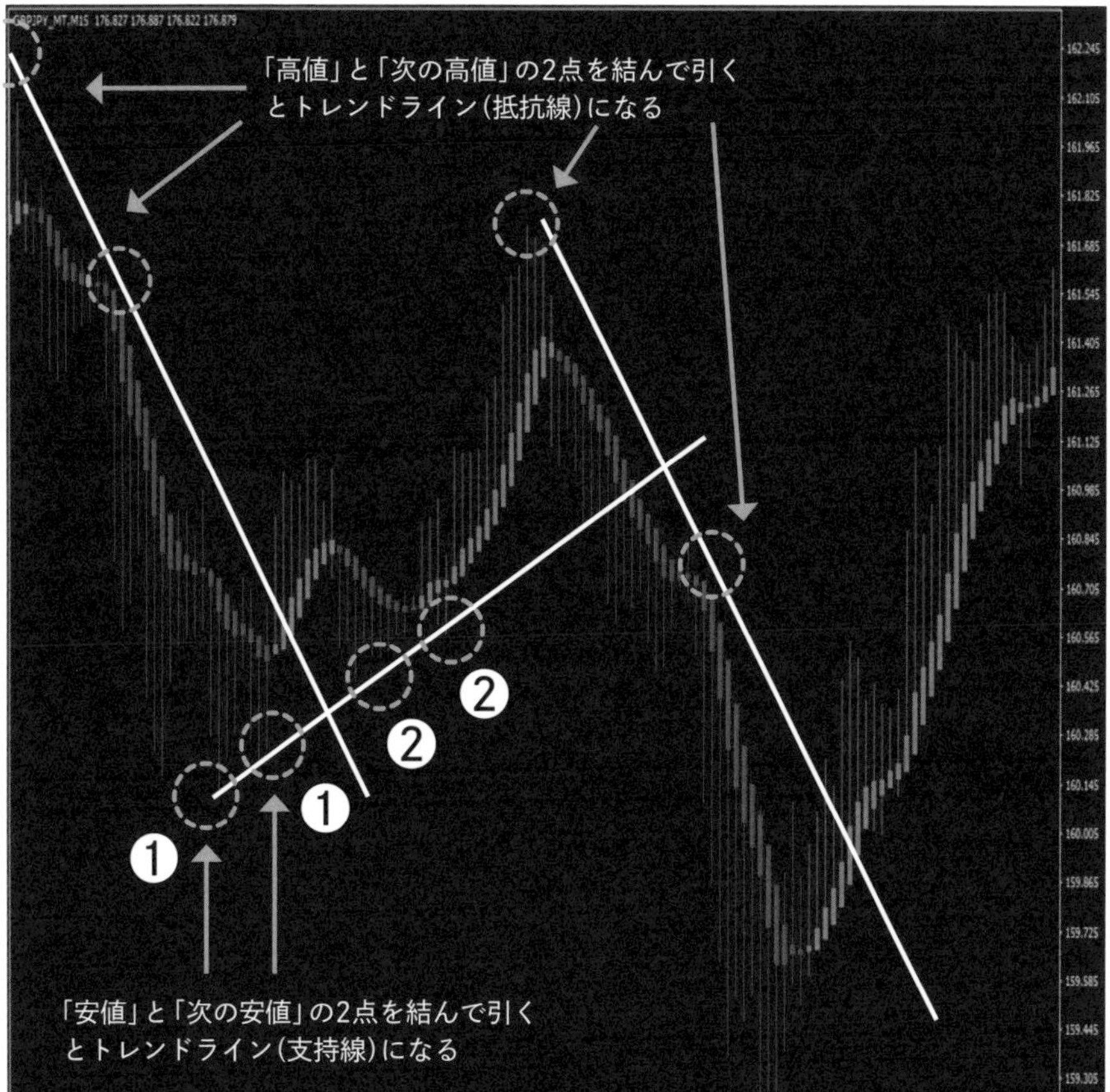

「高値」と「次の高値」の2点を結んで引くとトレンドライン（抵抗線）になる
①
①
②
②
「安値」と「次の安値」の2点を結んで引くとトレンドライン（支持線）になる

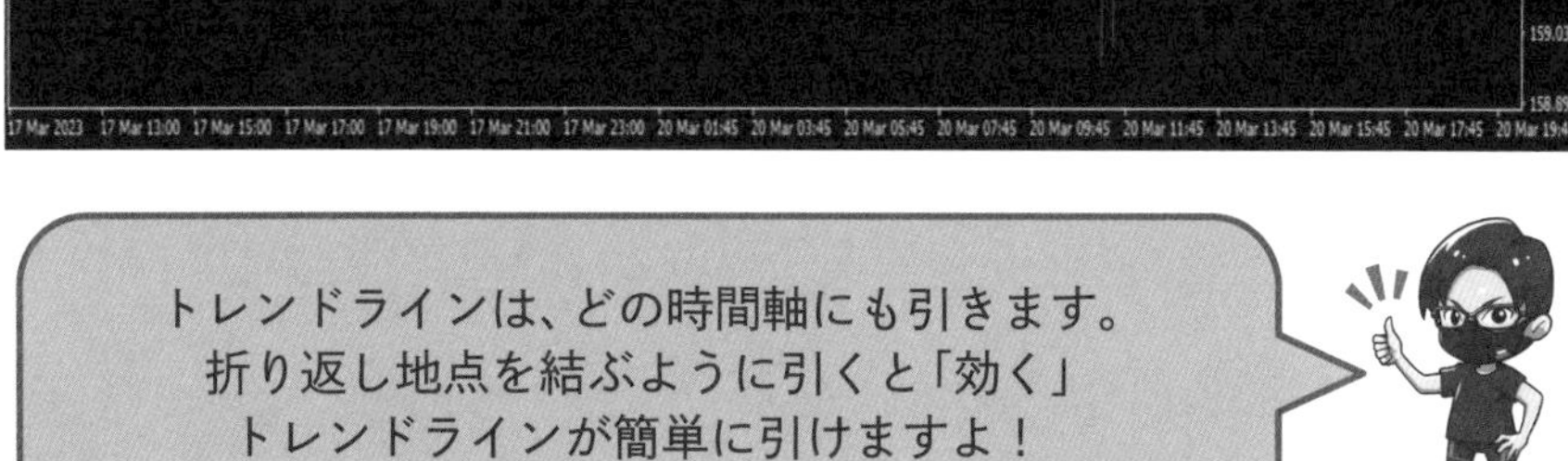

トレンドラインは、どの時間軸にも引きます。
折り返し地点を結ぶように引くと「効く」
トレンドラインが簡単に引けますよ！

ライン分析④ フィボナッチ どこまで調整するかを知る黄金比率

☑押し目買い、戻り売りが狙いやすい

フィボナッチは私が勝てるようになりはじめたきっかけでした。

フィボナッチは「そろそろ上昇が止まったかな」「垂れてきたな」と思ったときに上昇幅や下落幅に対して、何%調整が入れば反転反発しやすいのかエントリーの目安にすることができます。

基本的に50%付近を狙うようにしていますが、上位足のトレンドが強い時は下位足だと浅めで反転することも多いのでその時は38・2%付近でエントリーを狙い、逆に上位足のトレンドに逆らってエントリーする時は61・8%の深めを狙うイメージで考えています。

☑フィボナッチの使い方

●23・6%…高値保ち合い。横ばいになるので基本的にエントリーはしません。

●38・2%…押し目買いが強いとき。上位足を見てまだまだ伸びしろがあるときは38・2%も狙っています。

●50・0%…1番無難なのは50%。どんなときでも1度は反発しやすいのでエントリーによく使っています。

●61・8%…上位足が下降トレンドで売りが強いときに下位足で押し目買いをするときは、50%よりも深めの61・8%を狙ったりしています。

フィボナッチ

●50%狙いが一番無難

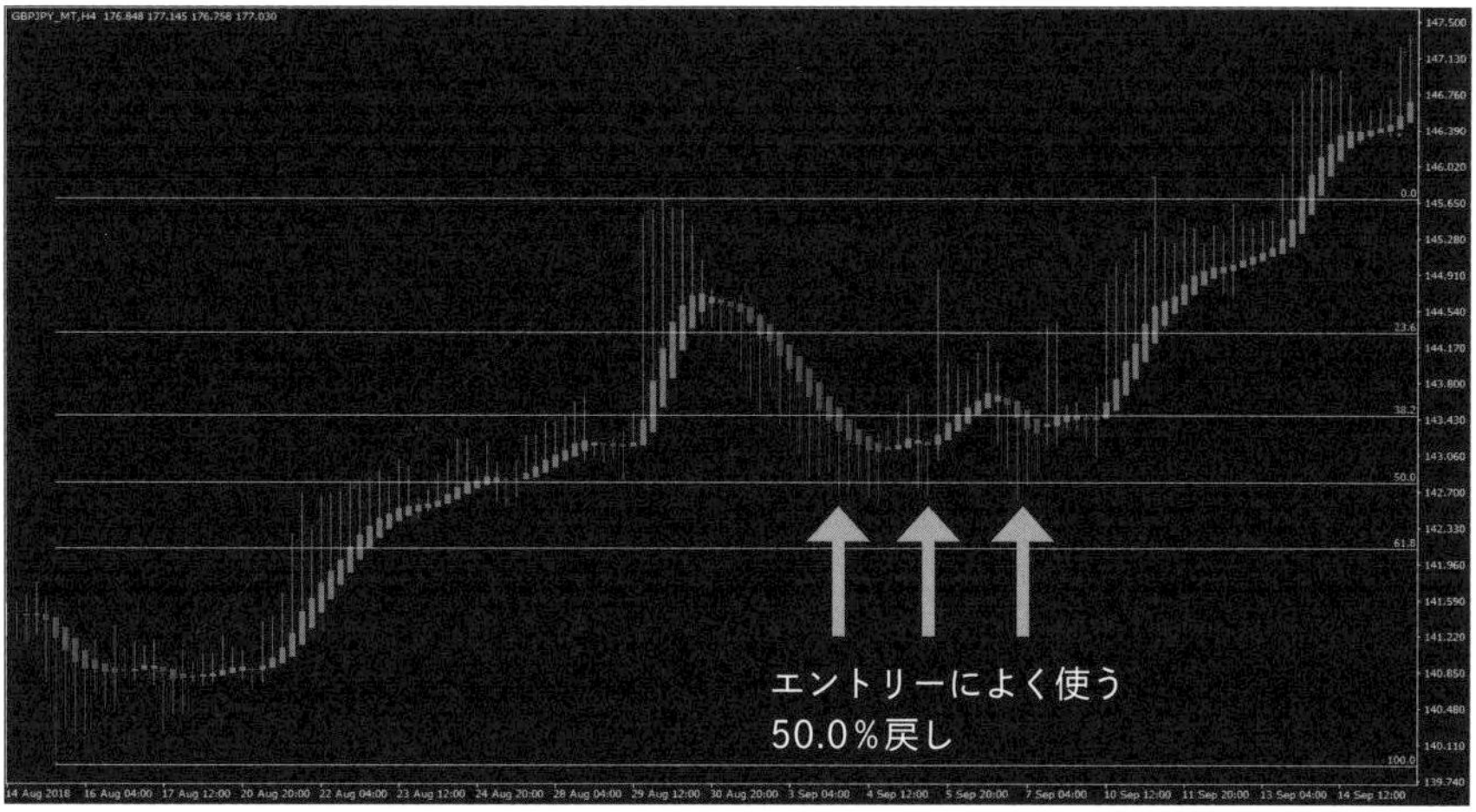

●23.6%高値保ちあい　61.8%上位足下降トレンドでの反転狙い

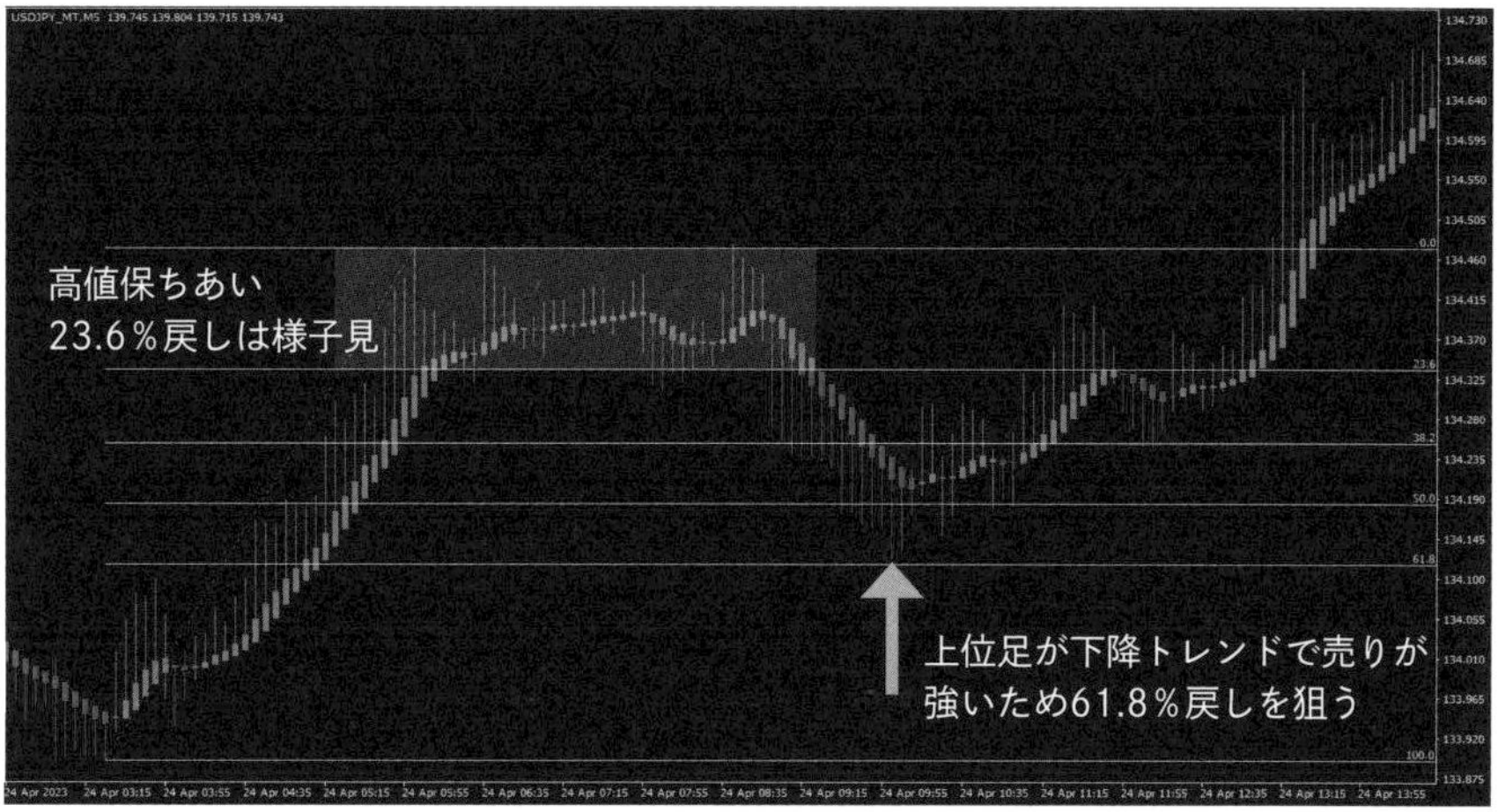

【応用編】1分足のフィボナッチ50%が、
5分足や15分足の移動平均線・ボリンジャーバンド、
60分足のボリンジャーバンドと重なる点が多い
ほど反発は強固になるので、タッチした瞬間の
ロングエントリーは結構やっています。

コラム

トレードは
毎日コツコツ頑張ることが大切

結果がすぐに出なくても才能がない、などと焦ったり諦めないことが大切です。毎日コツコツと継続して頑張っていればいつかは扉が開きます！

トレードを始めて、少額であったり、デモトレードでスキャルピングやデイトレードで利確するpips数が少ないと利益が少なく感じますが、トレードが上手くなってきたらロットを上げれば利益は増やしやすくなりますので、最初の一年は相場に生き残って勉強、翌年から勝てるようになればいいくらいで考えていくといつかは勝てるトレーダーになると思います。

心を燃やせ！ 自分の限界を超えろ！ 諦めるのは簡単、最後まで諦めるな！ 謙虚に毎日コツコツと継続！ 頑張りましょ〜！！

＜JFX小林社長さんとの新年のLIVE放送で撮った写真です＞

第8章

検証・トレーニングで実力UP

初心者でも勝ちやすいパターンのまとめです。
実際の相場でもよく出現しますので
繰り返し見て
展開をイメージできるようにしてください。

平均足は「色の変化」と「クロス」で勝率アップ

第8章 01

●1分足：平均足、中期長期の平均足

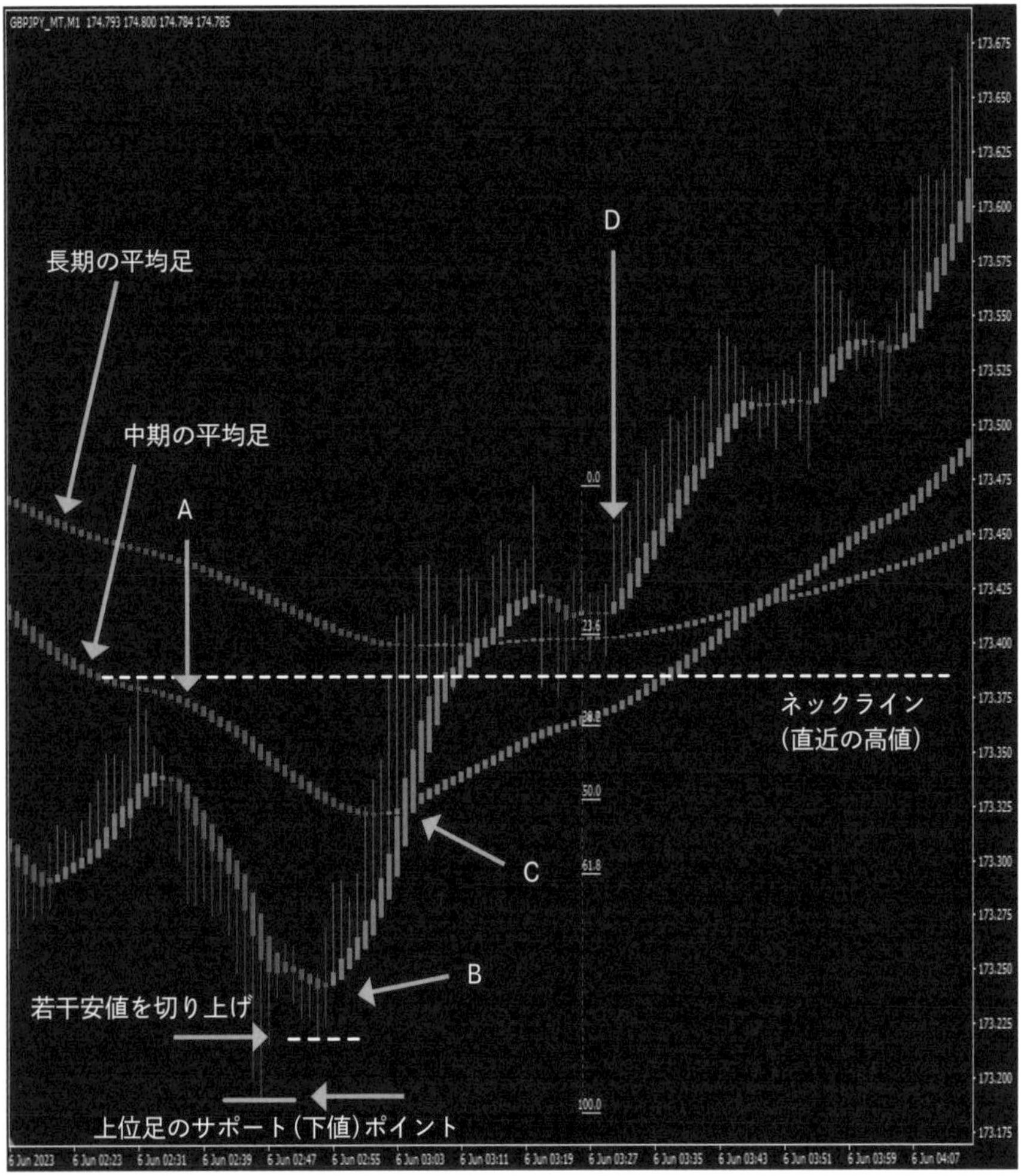

ゴールデンクロスやパーフェクトオーダーと
なるポイントは相場の転換ポイントです。
ネックラインや直近高値を確認し、エントリー
しましょう！

●イメージ

平均足の色変わりがエントリーのポイントですが、中期と長期の平均足をクロスしてきた後の流れに注目していくとトレンド転換していくのがわかります。

●A地点

下降トレンドが継続中なので戻り売り狙いです。中期と長期の平均足が赤、平均足が赤になったらショートエントリーです。

●B地点

A地点から下落して上位足のサポートに到達していますが、その後の反転具合もみたい局面です。上がろうとして若干安値を切り上げて、平均足が青になってから勢いよく上昇し始めます。上位足のサポートに到達してロングエントリーできた場合には、反発がしっかりあればAの直近の高値付近を利確ポイントとして考えます。

●C地点

A地点では抵抗線になっていた中期の平均足をCのポイントではクロスして超えて買いが強まったのがわかります。A地点の直近の高値を超えてくるか様子見したい局面。この時直近の高値を勢い良く超えて値幅も伴っているとその後の押し目買いの確率も高まります。

●D地点

A地点の直近の高値がネックラインになりますので、今度はネックラインでサポートされて反転してくるか注目します。平均足が青になったらロングエントリーして、更に上昇していくか踏ん張りたい局面。この時ネックラインを少し割り込むこともありますので、フィボナッチも引いておくと少し下落してもフィボナッチの50％や61・8％も意識すると冷静に対処ができるようになると思います。

上位足の流れを1分足で見る！

●1分足：平均足、中期長期の平均足、50EMA・150EMA

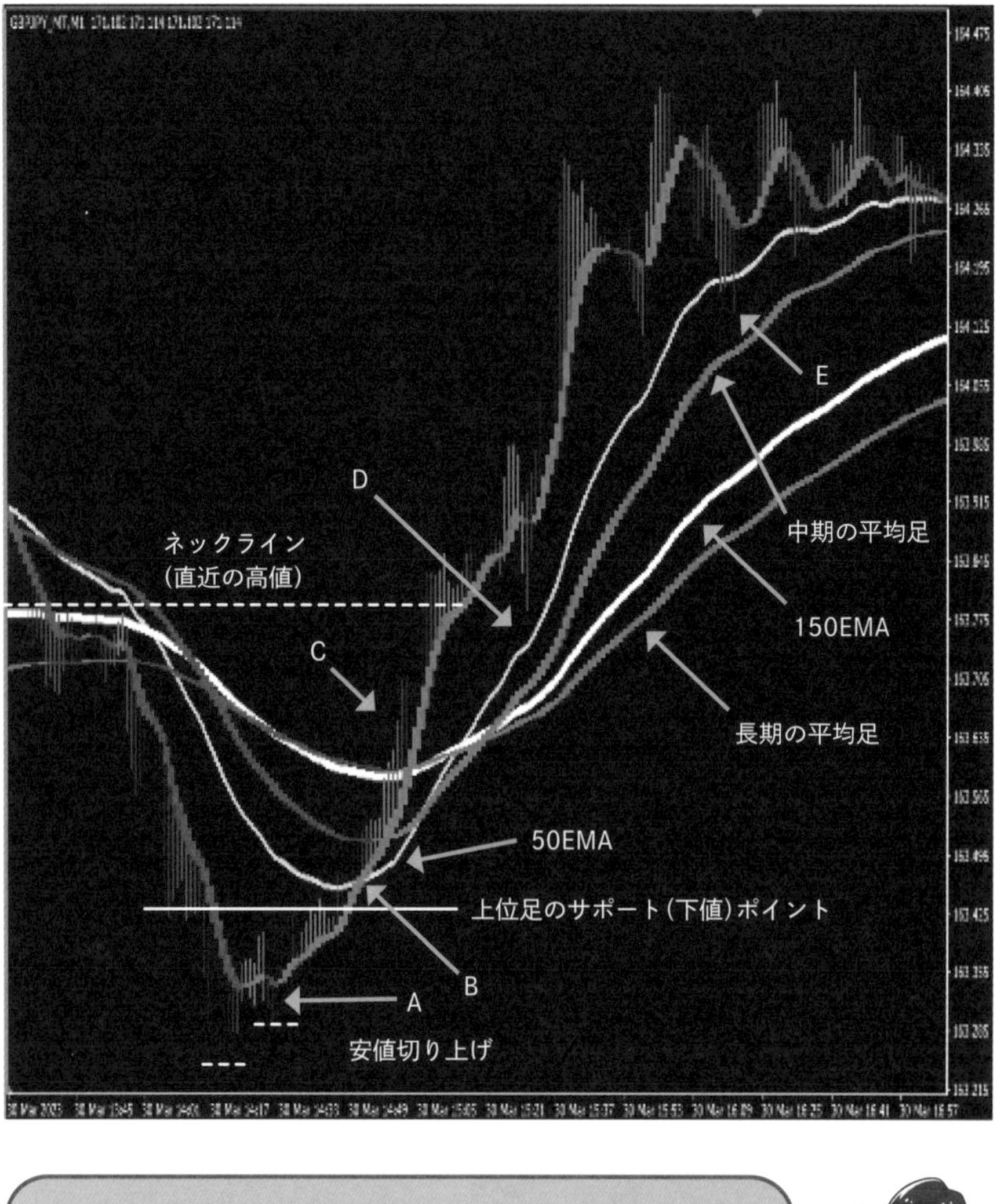

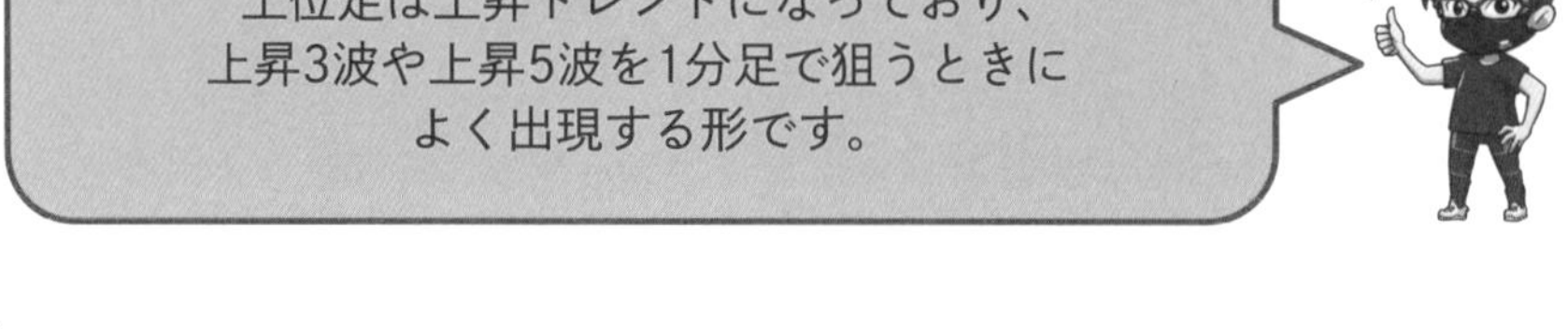
上位足は上昇トレンドになっており、

● A地点

パーフェクトオーダーで下がってきていますが、上位足のポイントに到達し、安値切り上げが起きた状況です。平均足が青→赤→青へ切り替わったA地点でロングします。

● B地点

A地点から上がってきたら、B地点で50EMAを超えてくるかどうかに注目します。50EMAまでに値幅あれば一旦は抵抗線になる可能性、値幅がなく上昇の勢いが強ければ50EMAを超えてくる可能性を考えます。状況に応じた決済とポジションの保有が大切なポイントです!

● C地点

150EMAも抜けたC地点まで来るような強い展開になると、直近の高値が意識されそうなので、直近の高値を確認します。直近の高値がターゲットとなるので、追いかけて買えるかどうかを考えます。

150EMAも抜け、中期長期の平均足が青になると、5分足の平均足も青に変わるタイミングとなります。ここまでくると大きく伸びてくる可能性が高くなります。

● D地点

大きく伸びたときは浅めの押し目買いを狙います。D地点は50EMA手前で反発しましたが、50EMAのほかに、1分足のミドルラインや－2σも押し目買いの目安となります。ロングして追っかけられるかどうか都度判断します。追いかけるのは難しいポイントですので無理しないように。

● E地点

1分足では結構上がっているポイントなので、上がりが弱くなっています。ロングはせず様子見とし、ロングするならフィボナッチの36・8%や50・0%まで引き付けてからロングします。

第8章 03

5分足の平均足の色変わりがエントリーチャンス！

●5分足：平均足、中期の平均足

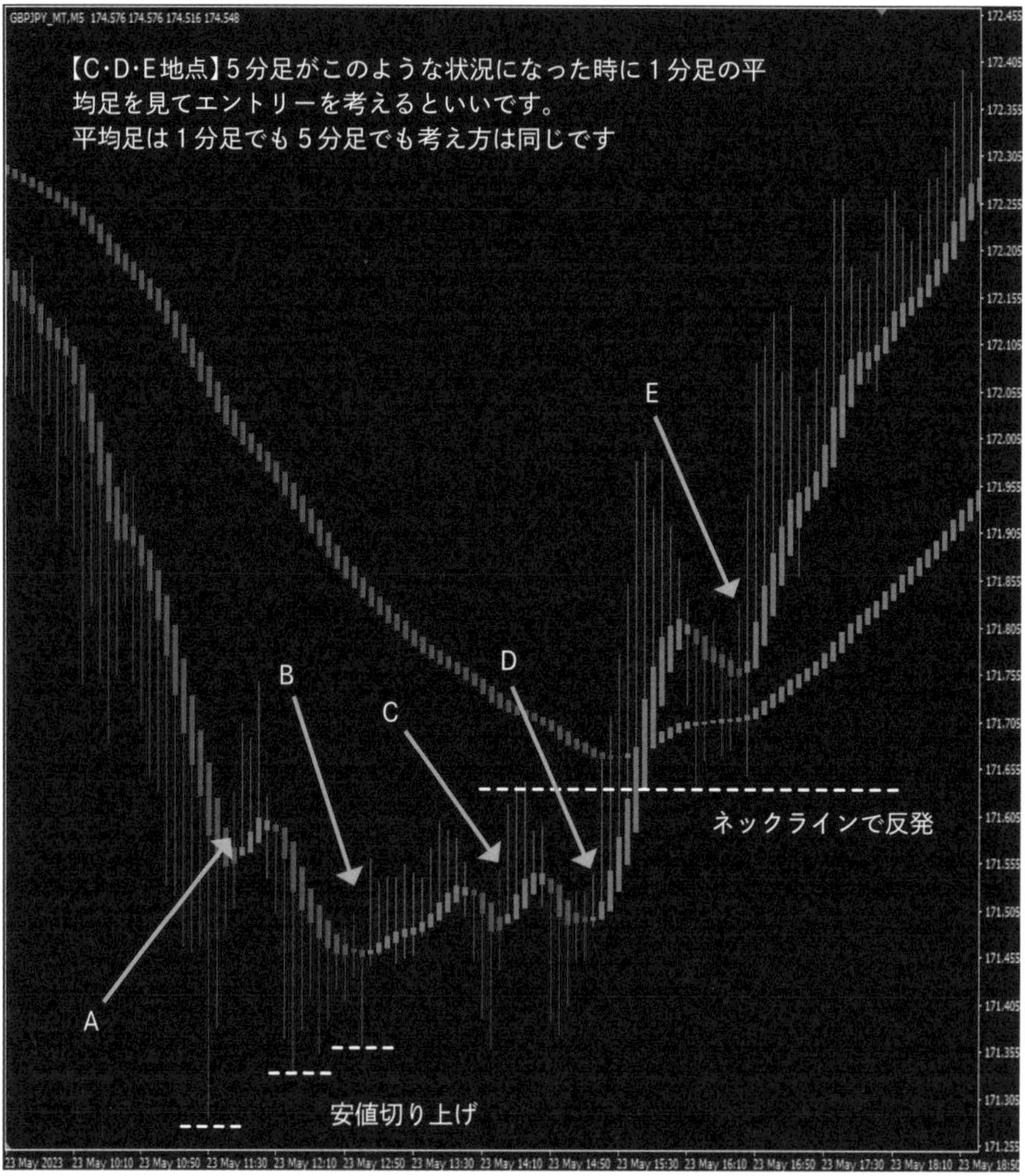
【C･D･E地点】5分足がこのような状況になった時に1分足の平均足を見てエントリーを考えるといいです。
平均足は1分足でも5分足でも考え方は同じです
A
B
C
D
E
ネックラインで反発
安値切り上げ

【ワンポイントアドバイス】
B地点でショートをもっていた場合は、
B地点の直後の平均足が青になったときに
損切りをするようにしてください

●5分足の平均足

LIVE配信では、5分足の平均足は、「青がずっと続いたときに赤になったらショートできるか」「赤がずっと続いたときに青になったらロングできるか」とよく話をしています。この目線で見るとチャンスにも乗れるし待つことができます。

●A地点

売りが強く安値を更新中、基本的には戻り売りを狙う局面。上位足のポイントに到達、またはダブルボトム、安値切り上げなど反転のシグナルが出るまではロングは様子見がベストです。

●B地点

A地点で一旦反転してその後も売りが出ますが、安値を更新することなくBのところで平均足が青に変化、ダブルボトム、安値切り上げ後の青でロング目線に切り替えたいポイントです。

●C地点

売りがひと段落した状況で、安値も徐々に切り上げつつあり、トリプルボトム後に反転して平均足が青に色変わりを狙ってロングエントリーです。

●D地点

上値が重く買いに勢いがありませんが、何度も売り込まれるも安値更新はしないので、そろそろ反転の兆し！C地点でのロングエントリー後にそのまま保有、またはC地点でロングエントリー出来なければD地点でロングエントリーです。

●E地点

D地点からの上昇でネックラインも超えてきたので、今度は安値切り上げを狙う局面。ネックライン付近で反発して安値切り上げも確認したらE地点で平均足が青に変化したらロングエントリーです。

ボリンジャーバンドと平均足を合わせて勝率激高

●5分足:平均足、ボリンジャーバンド

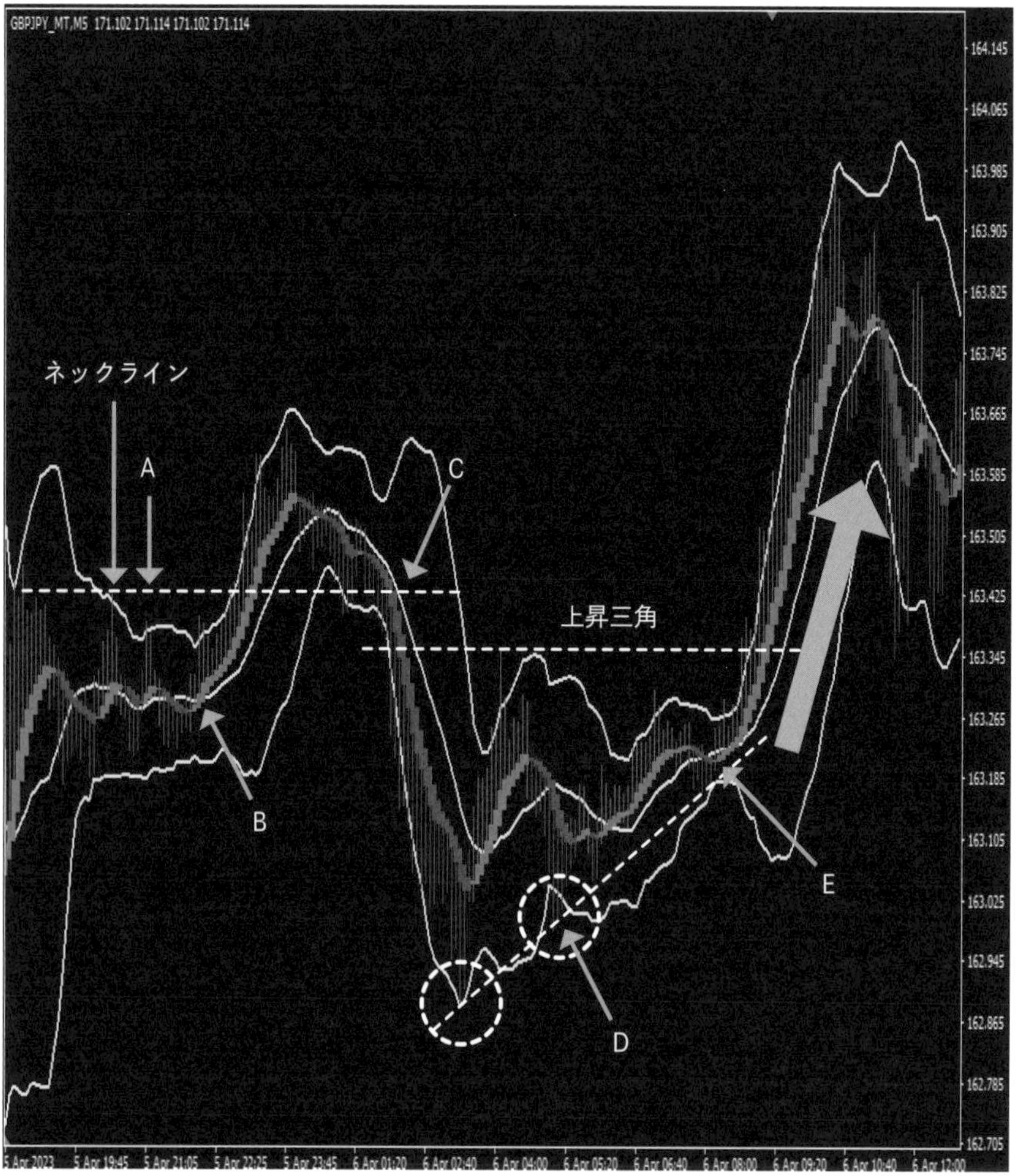

B･D･Eの局面をよく理解して、
同じ状況があれば狙ってみてください。
LIVEでもよく解説しているパターンの
ひとつです。

●A地点

ボリンジャーバンドがエクスパンションからスクイーズになり、方向感のないレンジでの推移になっている局面です。この局面は、このあとどっちにいくかわからない状況なので様子見をします。

●B地点

ボリンジャーバンドはスクイーズしていますが、B地点はA地点と違い、トリプルボトム後というのがポイント。直近の安値はトリプルボトムとなったため、ロング目線で考えます。トリプルボトム後の平均足の色変わりでロングして、+2σを超えエクスパンションする動きになるのか注目。利確は平均足が青の上昇過程のどこかで行うようにしましょう。

●C地点

上昇後に垂れてきたので－2σ付近、ネックラインでもありますのでロングを狙うポイント！　しかし、平均足が変わってロングしてもミドルラインが下に向いてきて上値が重く垂れてきてしまいます。C地点のようなポイントで押し目買いを狙いますが、平均足が青に変わっても買いが強まらなければすぐに決済するか、平均足が赤に転じたら決済。ボリンジャーバンドが下にエクスパンションして安値を更新しても決済です。

●D地点

D地点はC地点からエクスパンションで下落したときの安値を切り上げたポイントです。ボリンジャーバンド－2σタッチ後に1分足の平均足の色変わりでロングします。

●E地点

安値切り上げで上昇三角型のチャートパターンとなっている局面です。D地点から引けるトレンドラインと－2σタッチ、安値を少しずつですが切り上げてきていますので平均足が青に変わったらロング、三角持ち合いから上抜けを狙いたい局面です。

トレンドフォローの秘策！5分足MACD

●1分足：平均足、5分足MACD、ボリンジャーバンド

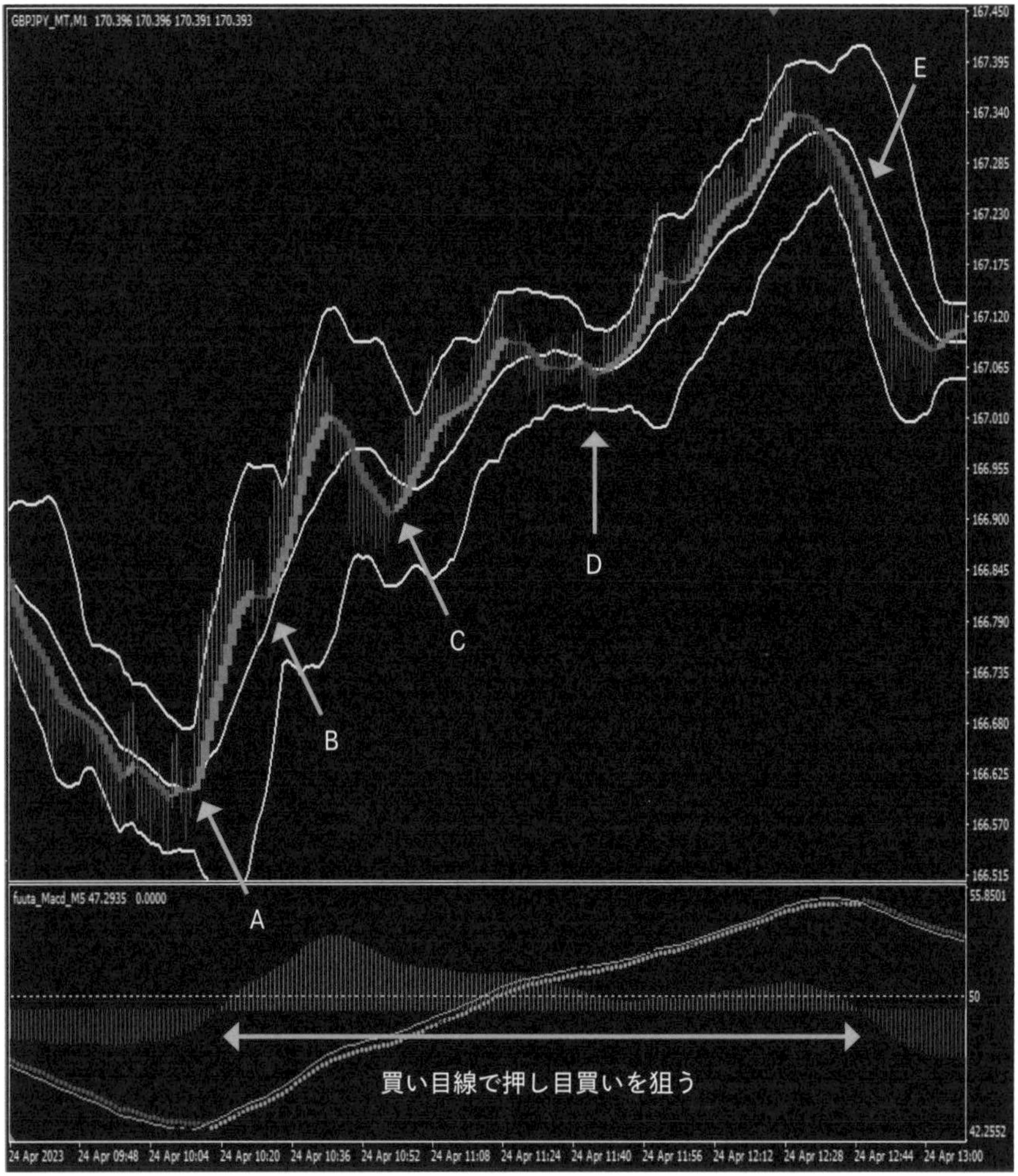

5分足のMACDを意識したトレードです。
ボリンジャーバンドを目安にエントリー
を考えていきましょう。

●イメージ

1分足チャートに5分足のMACDを表示。5分足のMACDがゴールデンクロスして青になったら、上昇トレンドが続いていくかどうか上位足を確認しながら考え、トレンドが継続しそうであれば、1分足で押し目買いが狙えるポイントでロングしていきます。

●A地点

1分足で下げ止まりダブルボトムから反転するポイント。ここは無理せず様子見でもOK。反転上昇したことで5分足のMACDがゴールデンクロスしていきます。5分足のMACDがかなり下がった位置でのゴールデンクロスなのでロング目線にシフト。

●B地点

ボリンジャーバンドのミドルラインにサポートされて反転して、平均足が青に変わったらロングと言いたいところですが、判断に迷ってロングできなかった場合は次の押し目狙いに切り替えていきましょう。

●C地点

B地点と違い、ある程度下落幅と時間がかかっているので、理想的な押し目となっています。平均足が青に変わったらロングです。このC地点で自信をもってエントリーできるといいですね！

●D地点

ボリンジャーバンドがスクイーズし－2σでサポートされ、小さいWボトムを形成した後に平均足が青に変わったらロングできるかの局面。上位足で更に続伸しそうなときに1分足でこのような展開になりやすいです。

●E地点

上位足のポイントなどに到達して一旦は調整が入ったポイント。1分足でもある程度上昇したら高値付近でのロングは要注意、その後に下落してMACDがデッドクロスに向かいますので今度はショート目線に切り替えましょう。

絶好のタイミングを狙う！RCI

●1分足：平均足、5分足MACD、RCI、ボリンジャーバンド

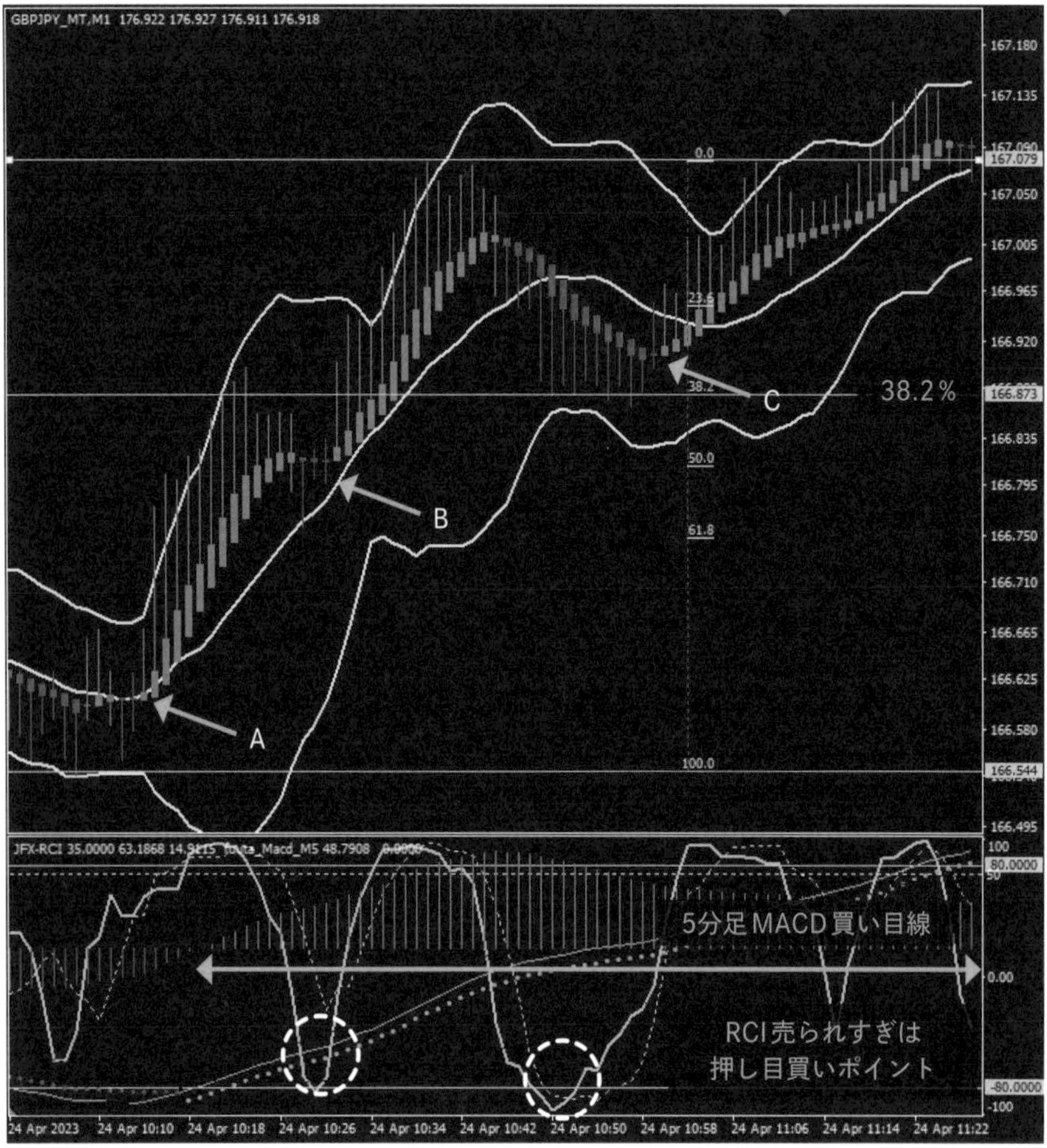

第８章05のチャートを拡大しました。
私の１分足のチャートでは「5分足のMACDにRCIを重ねて表示」しています。RCIを入れて比較するとエントリーポイントがさらにわかりやすくなります。

● イメージ

5分足のMACDがゴールデンクロスして上昇トレンドになったら、RCIが－80まで下げたところを押し目買いで狙っていくイメージです。第8章05と比較するとわかりやすいと思いますが、RCIの方が先にエントリーサインをだしてくれますので、RCIで検知し、ボリンジャーバンドのサポートを確認し、平均足の色変わりでエントリーする流れをしっかりイメージします。C地点のエントリーが更にわかりやすくなっていますね！

● A地点

5分足のMACDのゴールデンクロスのポイントです。RCIは買われすぎになっていますね。次の押し目でロングすることをイメージして、様子見で良いと思います。トレンドの変わり目で判断に迷うときは無理しないことも大切です。

● B地点

もう少し下がってくれたら買いやすいですが、直前にRCIが－80まで下がっているので勇気のいるポイントですが平均足の色変わりでロングです。RCIが下げているのにレートがそれほど下がらないと、売りが弱いということなので、そのあと上がるケースが多いですね。

● C地点

RCIのゴールデンクロス直後のロングも狙えますが、無難に平均足が青に変わったタイミングでロングです。直近高値からフィボナッチ38・2%のポイントであること、RCIとボリンジャーバンドが買いサインを出しているC地点のような局面は、上昇トレンド中によく出現しますので積極的に狙っていきましょう。

攻略！ トレンド転換の初動を捉える方法

●5分足：平均足、中期平均足、MACD、10EMA、20SMA

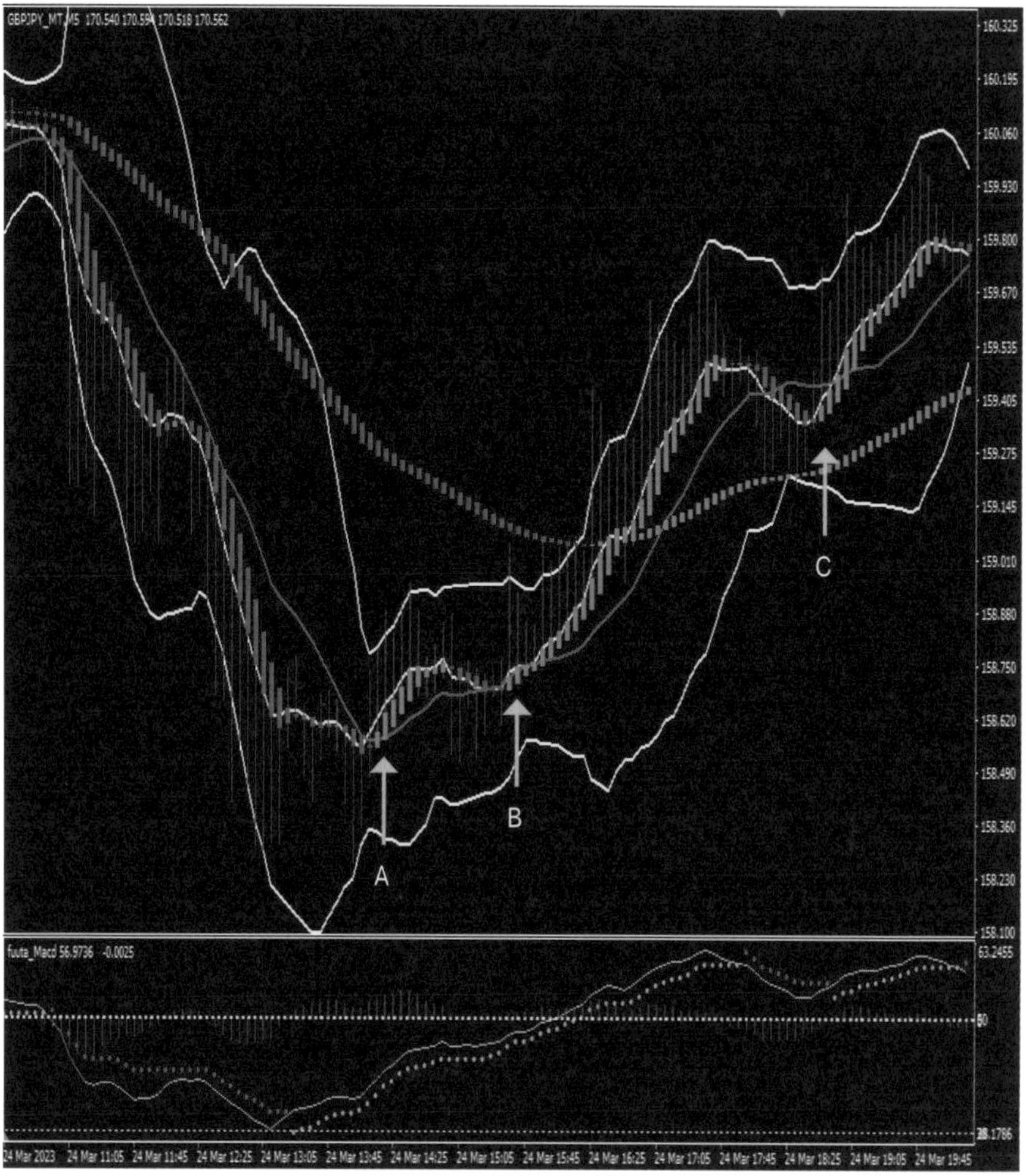

トレンドの転換をしっかり読み取って、
安値切り上げ後の平均足の色変わりで
エントリーを狙いましょう！

●イメージ

さて、本書をここまで読んでいただいた方は、どこがトレンドの転換点なのか説明できますでしょうか？MACDのゴールデンクロス・Wボトム・移動平均線のゴールデンクロス・安値切り上げ・中期の平均足の色変わりなどたくさんのヒントがありますね！トレンドが転換する局面では、このチャートのように複数の転換サインがトレンドの転換を教えてくれます。A・B・C地点はいずれもロングするポイントですが、とくにB・C地点で自信をもってロングできるようになるといいですね！

●A地点

MACDのゴールデンクロス後にWボトムとなったため、この時点でロング目線に切り替え、平均足が青になったらロングです。初動は難しいかもしれないので様子見でも構いません。

●B地点

移動平均線もゴールデンクロスし、A地点から上がってボリンジャーバンド＋2σにタッチし、下がったけれども直近の安値を切り上げてきたポイントです。安値切り上げが決定的ですね。この時点でショートはしないようにしましょう。平均足の色変わりでロングです。上昇すればここが上昇3波のスタートになるため、ある程度値幅も狙えるポイントとなります。

●C地点

B地点から大きく上昇し、平均足が赤になって下がってきた局面です。中期の平均足とボリンジャーバンドの－2σがちょうど重なるポイントで下げ止まったことを確認し、平均足が青に色が変わったタイミングでロングです。複数の線が重なるポイントはサポートになりやすいので、押し目買いを狙うとても良い目印になります。

3段構え！ 分割エントリーでチャンスを待て！

●1分足：平均足

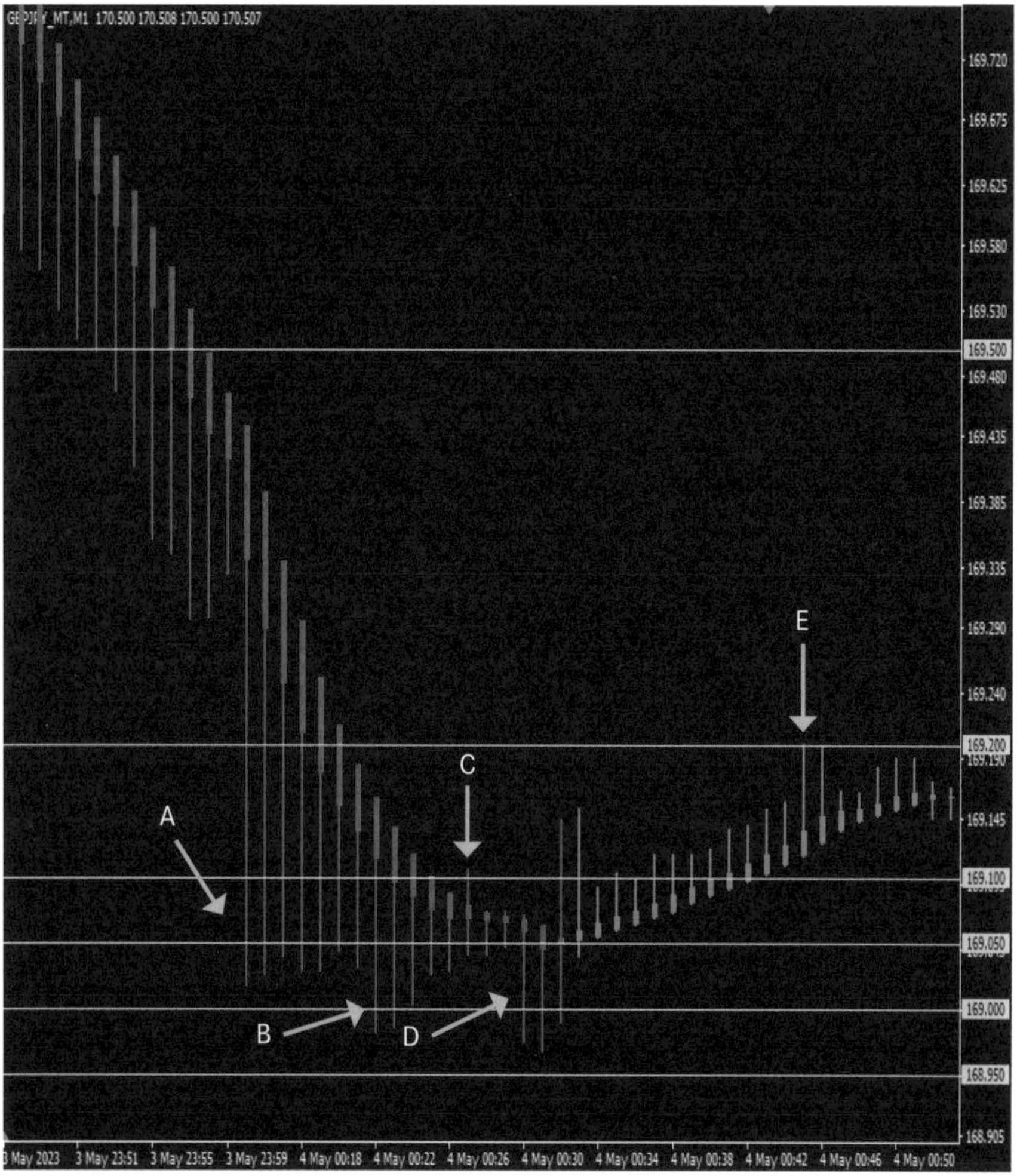

ラウンドナンバー(キリ番).00でぴったり
止まるわけではないので、.00付近を目安に
3分割でロングエントリーします。

●**イメージ**

50銭以上の値幅を揉みあうことなく一気に下落してきた時に、ラウンドナンバーでのロングエントリーの局面です。このチャートはラウンドナンバー手法に当てはまるよくある形ですので形ごと覚えると役立つと思います。

●**A地点**

169・05付近からロングを狙っていきます。169・03付近からでもOKです。できるだけラウンドナンバーの169・00付近まで引き付けたいところですが、少し手前で反発することもあるので、分割エントリーを使って躊躇せずエントリーしましょう。3分割エントリーの1回目です。

●**B地点**

169・00になったのでロングです。3分割エントリーの2回目です。

●**C地点**

一度目の反発は10から12付近が抵抗線となり、また下落していきやすいので、一瞬の反発で一旦利確します。

●**D地点・E地点**

D地点169・05と169・00でロングです。2回目のエントリーはWボトムで安値切り上げれば「・20」まで上昇する可能性があるので狙っています。E地点で169・20に到達したため利確です。ここまで引っ張らなくても、D地点直後の169・10や169・15で利確してもよいです。

●**注意点**

このトレードの損切りポイントは、168・90付近を割り込んだら損切りします。90を割り込むと下落に向かうことが多いのでロングは一旦終了します。

難関！ じり上げ攻略法

●1分足：平均足、ボリンジャーバンド、RCI

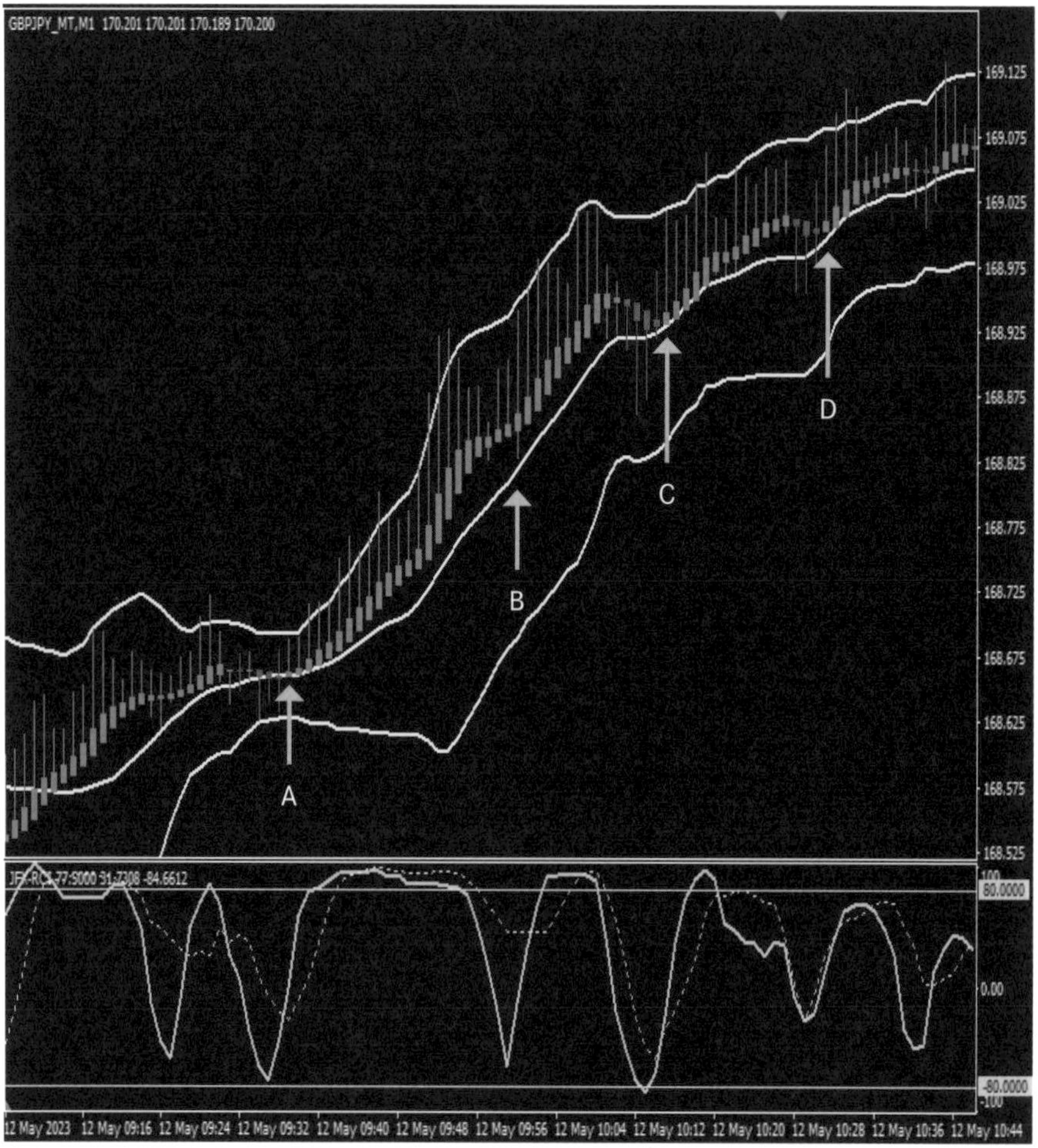

じり上げの局面は初心者には難しいかもしれません。
こういう時はトレードは控えるか、もしくは
1分足の－2σタッチ、ＲＣＩの売られ過ぎに
なった後を狙うイメージがベストです。

●イメージ

大きな下げがほとんどなくゆっくりと時間をかけて高値を更新する局面は、高値ゆえにロングができず、ほとんど下がらないまますぐに反転してしまうため、レートは上がっているのに見ているだけになってしまう状況になると思います。じり上げの局面ではＲＣＩの売られすぎを確認してロングが１～２回できればよいと考えています。

じり上げ、じり下げ時のトレードは難しいので、こういう時はエントリーの根拠が揃ったらにしましょう。

●Ａ地点

ボリンジャーバンドの－２σに到達しスクイーズしている状態で、ＲＣＩが売られすぎになり、平均足が青になったのでロングします。じり上げの場合は、平均足の色変わりまで待たずボリンジャーバンドの－２σ付近に迫ったときにロングしてもよいと思います。

●Ｂ地点

おすすめはしませんが、じり上げのときは平均足が赤にかわることがそもそも少ないため、下ヒゲがボリンジャーバンドのミドルラインにタッチしたときにロングする場合もあります。ＲＣＩが売られすぎに近い状況となっていることもあり、勇気がいりますがワンチャンスを狙いにいきます。

●Ｃ地点

ＲＣＩが売られすぎになったあとの平均足の色変わりでロングです。根拠はＲＣＩだけです。複数のエントリー根拠が揃ったときにエントリーするのがわたしのトレード方法ですが、じり上げ・じり下げだけは特殊です。

●Ｄ地点

Ｃ地点との違いはＲＣＩが売られすぎになっていないこと。ボリンジャーバンドのミドルラインで反発していますが、エントリーは見送ります。

効果絶大！フィボナッチで押し目買いを狙え

●1分足：平均足、中長期の平均足、5分足MACD、RCI、フィボナッチ

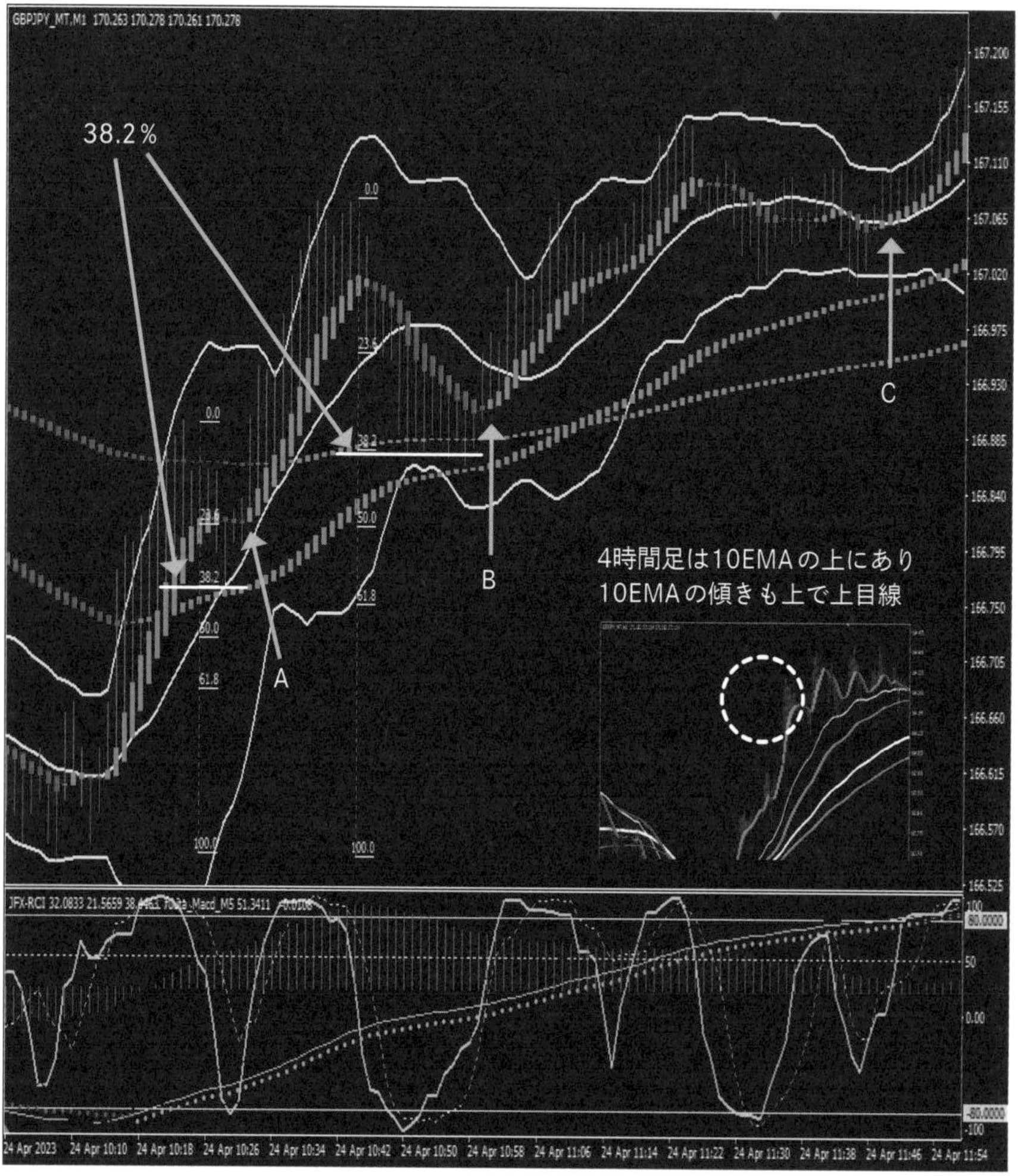

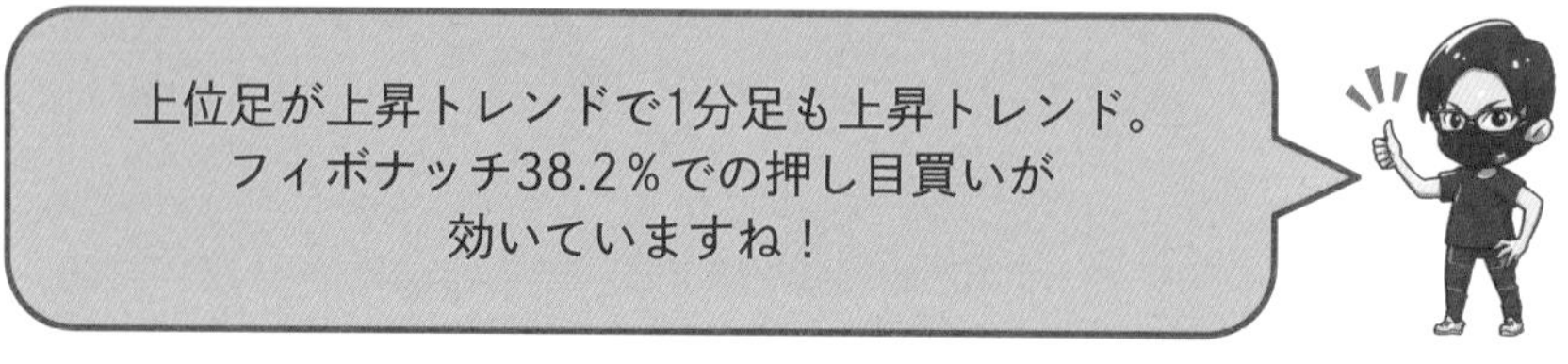

イメージ

4時間足は10EMAの上にあり10EMAの傾きも上なので上位足は上昇トレンドです。1分足は下がってきたところから5分足MACDがゴールデンクロスして再び上昇トレンドとなる局面です。フィボナッチで押し目買いを狙う水準をあらかじめ引いておくと自信をもってエントリーができます。

A地点

下落から勢いよく反転して上昇した後、少しだけ下落してきたポイントです。反発の勢いがあれば押し目買い狙いにシフトしたいところで、上昇の起点となった安値と直近の高値を結びフィボナッチを引いておきます。38.2%のところで下げ止まりますが、下げ止まったところがボリンジャーバンドのミドルラインと中期の平均足とも一致しています。強いサポートですね。平均足が青になったタイミングでロングです。

B地点

A地点から上昇し下落してきたポイントです。高値更新後にフィボナッチを改めて引き直すと、38.2%のポイントにはボリンジャーバンドの－2σもあり押し目買いポイント！　中期と長期の平均足も青になっていますので平均足が青になったタイミングでロングです。

C地点

5分足でも第三波継続になるかの局面、更に上昇に向かう時は高止まりをして更に続伸していきますので、下落しないなと感じたら1分足のボリンジャーバンドの－2σ付近でダブルボトム後に平均足が青でロングエントリー。上位足の上値ポイント付近だったり、上昇の余地がないなと分析した場合は上昇しない可能性もあるため様子見でもいいでしょう。

ボリンジャーバンドの特徴！スクイーズ後のブレイクに乗れ！

第8章
11

●1分足：平均足、中長期の平均足、ボリンジャーバンド、5分足MACD、RCI

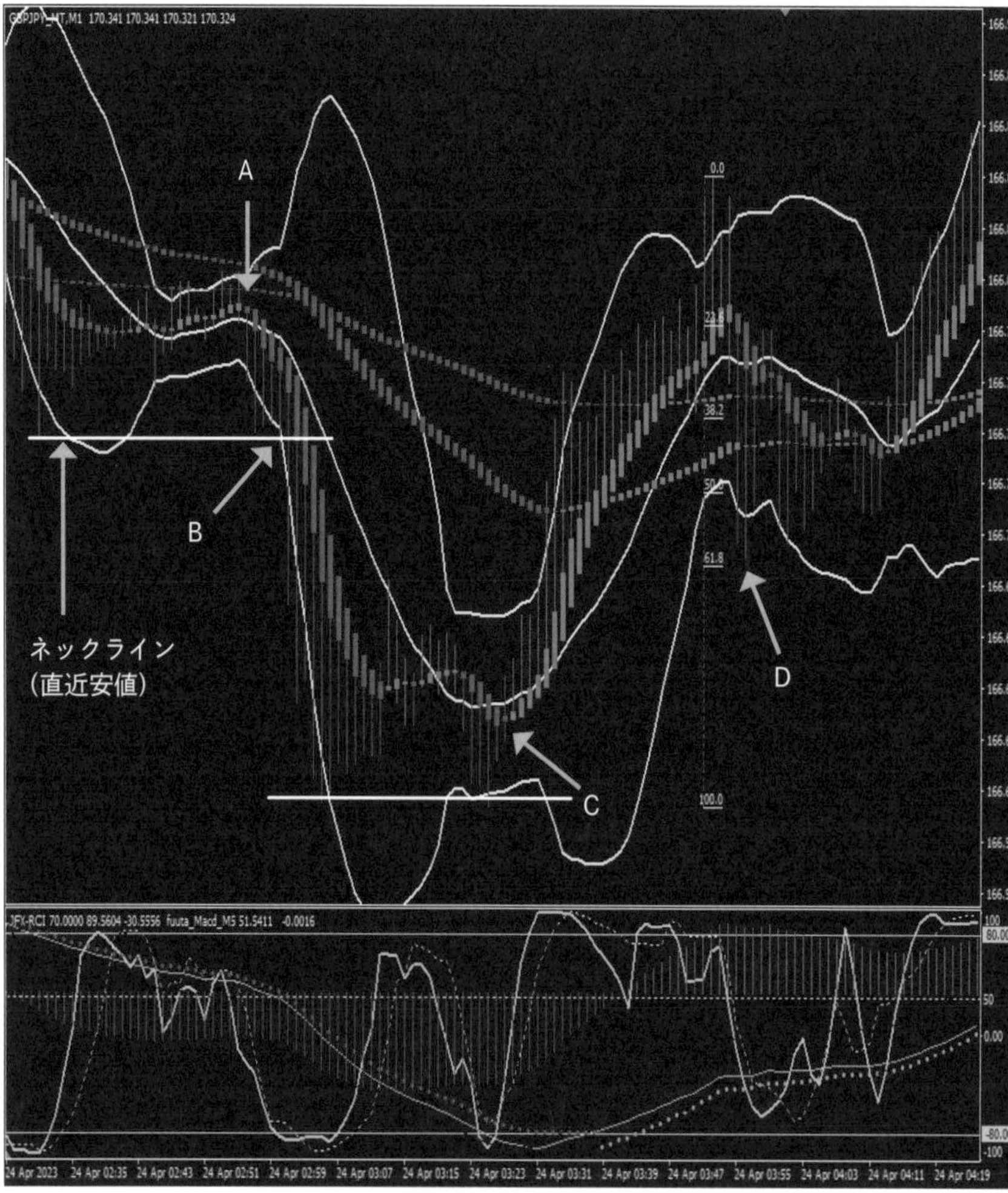

幅が狭くミドルラインが横ばいの
スクイーズは、次のエクスパンションで
大きく一方向に動きやすいのが「特徴」です。

●イメージ

下降トレンド中に幅の狭いスクイーズが発生したA地点、エクスパンションして下がっていくB地点、下げ止まったポイントで幅の狭いスクイーズが発生したC地点、一瞬で急落したD地点をクローズアップしました。

●A地点・B地点

A地点は、5分足MACDはデッドクロス、中期と長期の平均足は赤で抵抗線となっていますので下目線にシフト。ボリンジャーバンドは幅の狭いスクイーズとなっているため、エクスパンションすると大きく一方向に動きやすい特徴がありますが、下目線になる局面ですので、平均足が赤に変わったところでショートします。ボリンジャーバンドがエクスパンションして直近の安値を更新したB地点付近では、追加ショートをしてもよいポイントとなります。

●C地点

A地点と同じくボリンジャーバンドは幅の狭いスクイーズとなっていますが、違いは、A地点は下降トレンド中での戻り売り目線。C地点はある程度値幅を伴って下落して、上位足などのポイントに到達での反転するかのポイントです。直近の安値を更新せず反発してダブルボトムで反転、5分足MACDはまだゴールデンクロスしていませんが、上位足の下値ポイントでダブルボトムなどのチャートパターンが出現すると反転することが多いので、平均足が青になったポイントでロングできるかチャレンジです。

●D地点

A地点からの下げ幅以上に上昇したあと短期間で下げたポイントがD地点です。ボリンジャーバンド−2σを突き抜ける強い下げですがフィボナッチ61.8%まで短期間で下げたのでロングします。スキャルピングでワンチャンス狙えるポイントです。

ふうた平均足を使うには

「ふうた平均足」はJFX株式会社のMT4のみで利用することができます（販売はしておりません）。入手方法は私のYoutubeのLIVE放送や動画の【概要欄】に記載しておりますので、確認をお願いいたします。

Youtube:スキャトレふうたFX大学
https://www.youtube.com/@fuuta_fx/featured

JFXさんからインジケーター一式が届いたら

1 インジケーターをダウンロードして、パソコンに保存する

↓

2 パソコンに保存したインジケーター一式をMT4に保存する

※保存方法は私が動画でナビゲートしていますのでご安心ください。

↓

3 組表示の切り替えで私と同じ設定が表示できます。

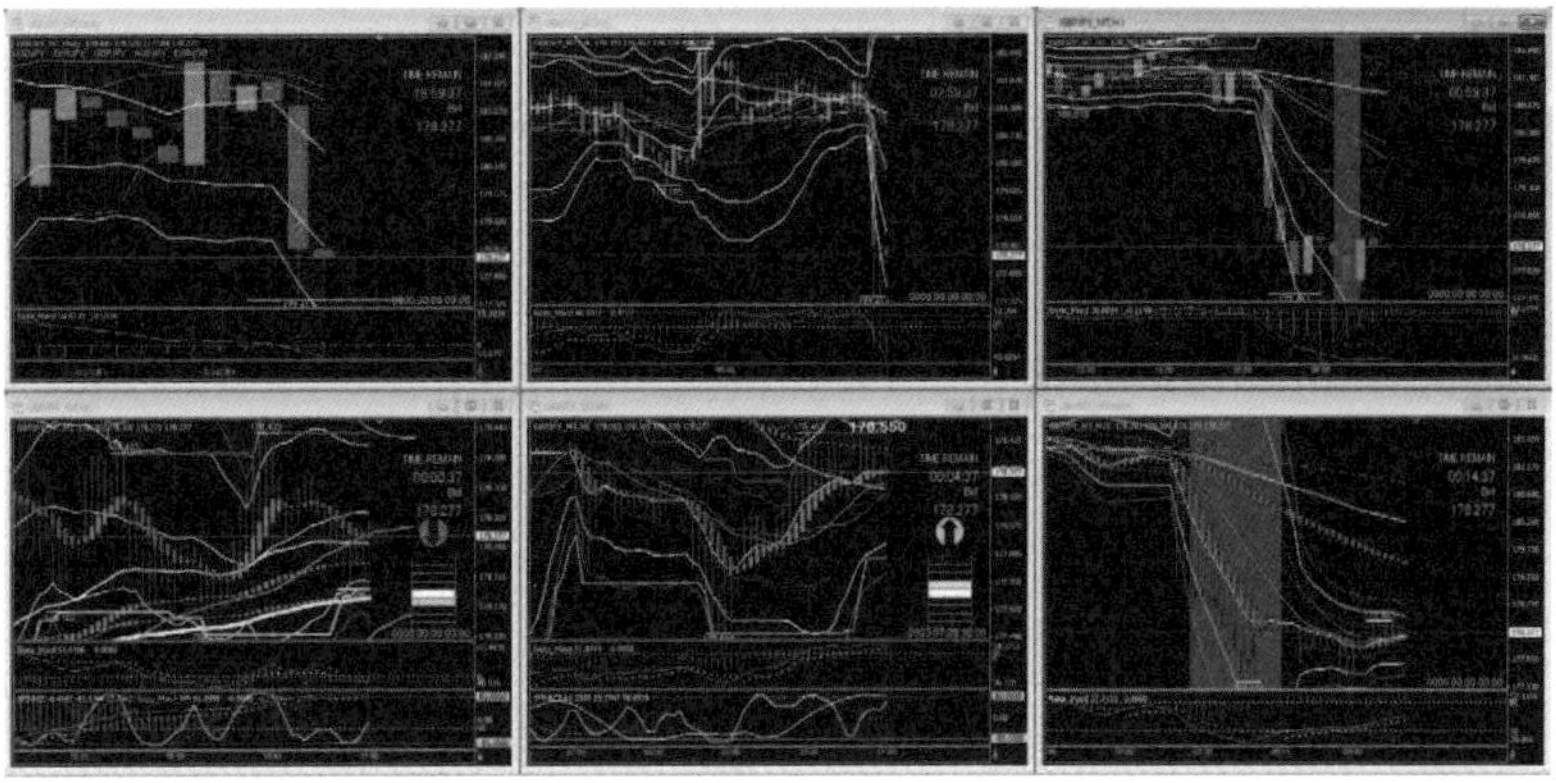

↓

4 毎日17時～のLIVE放送を見て、やり方を覚える。

私のエントリーポイントを一緒に
考えてみてください。
勝ち組になれたら卒業です！

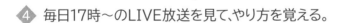

あとがき

最後までお読みいただき、ありがとうございます。

私はFXを始めたころにたくさんの本を読みましたが、テクニカル分析など基本的な見方について書かれていても、実際にどうやったらそれらを活用して利益を出せるのかという核心が書かれておらず、いつか自分が本を出すときがきたら、とにかく勝てる本を作ろうと思っていました。

お金を稼ぎたい、生活を楽にしたいという気持ちからトレードを始める方が多いと思いますが、お金を稼ぐには努力が必要です。でもどうやって努力したらいいのかわからない。何を勉強したらいいのかわからない。かつての私と同じように困っている人は多いと思いますので、参考にしていただけましたら幸いです。

基本的なテクニカルの使い方だけではどうしても勝てません。どうやって実践的に使えば儲かるのか。私が10年以上ＦＸトレードをしていて感じたこと、基礎のポイント、気を付けなければいけないこと、トレード手法などをほぼすべて書きました。

私のチャートは表示するものが複数あるので、少し難しいと言われますが、なぜそのようにしているかというと、シンプルすぎると説明できない局面が多く、いつまでたっても結局勝てるようにはならないからです。テクニカルを複合的にみて、根拠が重なるところでエントリーを仕掛けていくことを初心者のうちからやっていくほうが、安定して勝てるようになると思っています。

まずは1年相場に残るイメージで勉強とトレードを練習していけば、次の2年目はかなり色々とわかってくるはずです。焦ってお金を儲けようとすると、大半の方が負けてしまい相場から退場してしまいますので、そうならないためにもまずは焦らず勉強、トレードに練習、相場がわかって、トレードの勝率、利益も上がってきたら少しずつロットを上げていき勝ちトレーダーを目指してください。

メッセージ

トレードで継続して勝つためには

毎日コツコツ継続することが大切です。

本書には私のノウハウがたくさん詰まっています。

是非、繰り返し読んでいただき、

リアルの相場で検証をしながら勝ち組になってください。

これからもYoutube等の活動を通じて、

皆様が勝てる様に頑張っていきますので、

よろしくお願いいたします！

焦らず、慌てず、諦めずに
毎日頑張りましょう！
Youtubeで待っています！

スキャトレふうた（すきゃとれふうた）
Youtubeチャンネル登録者数7万人、Twitter（現X）フォロワー数5.3万人、株とFXで投資歴16年目のFXトレーダー。トレードの基礎や思考、チャートのテクニカル分析、トレード手法やメンタル等、トレードの実践に役立つ内容の動画が好評を博す。セミナーの他、雑誌での執筆やテレビCMの出演などＦＸ関連のメディアでも活躍中。

イラスト　まるみや

億《おく》トレーダースキャトレふうたのＦＸバイブル

2023年10月4日　初版発行
2023年11月20日　4刷発行

著　者　スキャトレふうた
発行者　和田智明
発行所　株式会社　ぱる出版
〒160-0011　東京都新宿区若葉1-9-16
03(3353)2835－代表
03(3353)2826－FAX
印刷・製本　中央精版印刷(株)
本書籍に関するお問い合わせ、ご連絡は下記にて承ります。
https://www.pal-pub.jp

ISBN978-4-8272-1391-1 C0033